公認心理師の基礎と実践 5

野島一彦・繁桝算男 監修

心理学統計法

繁桝算男　山田剛史 編

巻頭言

心理学・臨床心理学を学ぶすべての方へ

　公認心理師法が2015年9月に公布され，2017年9月に施行されました。そして，本年度より経過措置による国家資格試験が始まります。同時に，公認心理師の養成カリキュラムが新大学1年生から始まります。

　現代日本には，3万人を割ったとは言えまだまだ高止まりの自殺，過労死，うつ病の増加，メンタルヘルス不調，ひきこもり，虐待，家庭内暴力，犯罪被害者・加害者への対応，認知症，学校における不登校，いじめ，発達障害，学級崩壊などの諸問題の複雑化，被災者への対応，人間関係の希薄化など，さまざまな問題が存在しております。それらの問題の解決のために，私たち心理学・臨床心理学に携わる者に対する社会的な期待と要請はますます強まっています。また，心理学・臨床心理学はそのような負の状況を改善するだけではなく，より健康な心と体を作るため，よりよい家庭や職場を作るため，あるいは，より公正な社会を作るため，ますます必要とされる時代になっています。

　こうした社会状況に鑑み，心理学・臨床心理学に関する専門的知識および技術をもって，国民の心の健康の保持増進に寄与する心理専門職の国家資格化がスタートします。この公認心理師の養成は喫緊の非常に大きな課題です。

　そこで，私たち監修者は，ここに『公認心理師の基礎と実践』という名を冠したテキストのシリーズを刊行し，公認心理師を育てる一助にしたいと念願しました。

　このシリーズは，大学（学部）における公認心理師養成に必要な25科目のうち，「心理演習」，「心理実習」を除く23科目に対応した23巻からなります。私たち心理学者・心理臨床家たちが長年にわたり蓄えた知識と経験を，新しい時代を作るであろう人々に伝えることは使命であると考えます。そのエッセンスがこのシリーズに凝縮しています。

　このシリーズを通して，読者の皆さんが，公認心理師に必要な知識と技術を学び，国民の心の健康の保持増進に貢献していかれるよう強く願っています。

2018年3月吉日

監修者　野島一彦・繁桝算男

■ はじめに

　本書は，公認心理師を養成するためのカリキュラムにおいて，「心理学統計法」の授業の教科書として使われることを目的の1つとして刊行される。

　公認心理師がもつべき教養の1つが心理統計学であることはいうまでもないことのように思う。実際，公認心理師のカリキュラムの基礎科目として，「心理学統計法」があげられている。心理統計学に関する理論を理解することと，実際にデータ分析をする技法をマスターすることは，公認心理師として活躍するために必要な知識であり，スキルである。すなわち，公認心理師として，日々の実践における問題解決のためにどのようにデータを収集するかを計画し，得られたデータを分析する方法を知っていなければならない。また，それらのデータの収集計画の立案や分析の手順の背後にある，統計的な見方・考え方を理解しておくことも同じように重要なのである。この教科書では，統計の考え方を丁寧に説明し，かつ，具体的なデータ分析の方法とその結果の解釈に親しむことができることを目的としている。

　本書の執筆陣として，心理統計学の領域において先端的に業績をあげている研究者に声をかけ，執筆を快諾していただくことができた。本書の執筆に関して，編者からは，数式を多く展開するのではなく，統計的な見方・考え方を説明し，また，実際のデータ分析を行えるように具体的であってほしいという，難しい注文を出した。統計学は数式を用いて説明されることが多いため，本書を手にされている読者は，統計学に対して物理学のような整合的な体系をもつように考えられているかもしれない。しかし，統計学は多くの異なる考え方を含んでいる。本書は，それぞれの章が異なる執筆者の手によるものであり，各執筆者の研究の方向性を反映しているため，全体として叙述のスタイルを完全に一貫させることは難しくもあったが，編者としては一貫性を高めるために努力し，原稿の手直しをお願いすることもあった。編者の注文に応じていただいた執筆者の方々には感謝したい。結果として，執筆者の独自性が残ったところもあるが，それは統計学の多様性を示しており，統計学が現代社会の種々の問題解決のための強力な武器になっていることの証左であると思っていただきたい。

　繰り返しになるが，公認心理師として求められることは，統計学の理論を理解することと，実際のデータ分析ができることである。

はじめに

　最後になったが，用語の統一，記述の一貫性を確保するために，櫻井堂雄氏（ちとせプレス）に大変お世話になった。とくに本書は数式のチェックなど，統計関係ならではの難しさもあり，多大なご苦労をおかけしたことに感謝したい。

2019 年 1 月吉日

　　　　　　　　　　　　　　　　　　　　　　　　繁桝算男・山田剛史

目　次

はじめに　5

第1章　データ・変数・尺度水準　…………………………………………　13
脇田貴文
Ⅰ　データ　13／Ⅱ　変数とは　18／Ⅲ　尺度水準　19／Ⅳ　本章のまとめ　26

第2章　1つの変数の記述統計——データの記述　……………………　27
山田剛史・村井潤一郎
Ⅰ　データの視覚的表現　27／Ⅱ　基本統計量を用いたデータの表現　32／Ⅲ　データの標準化　38／Ⅳ　本章のまとめ　42

第3章　2つの変数の記述統計——相関と回帰　………………………　43
岩間德兼
Ⅰ　データの視覚的表現　43／Ⅱ　基本統計量を用いたデータの表現　46／Ⅲ　回帰直線によるデータの記述　55／Ⅳ　本章のまとめ　60

第4章　統計的推測の基礎　………………………………………………　61
山本倫生
Ⅰ　確率モデルと標本分布　61／Ⅱ　統計的推定　72／Ⅲ　統計的仮説検定　77／Ⅳ　本章のまとめ　84

第5章　クロス集計表の検定　……………………………………………　86
安永和央
Ⅰ　2つの質的変数の関係　86／Ⅱ　比率の差の検定　98／Ⅲ　対数線形モデル　102／Ⅳ　本章のまとめ　107

第6章　2群の平均値差の検定　…………………………………………　109
中村健太郎
Ⅰ　対応のある2群の比較　109／Ⅱ　対応のない2群の比較　117／Ⅲ　ウェルチの検定　121／Ⅳ　本章のまとめ　123

目 次

第7章　複数の群の平均値差の検定——実験計画と分散分析……………124
　　　　　　　　　　　　　　　　　　　　　　　　　　　　　　橋本貴充
　　Ⅰ　3群以上の比較　124／Ⅱ　要因が2つある場合　135／Ⅲ　本章のまとめ　138

第8章　重回帰分析と階層線形モデル………………………………………140
　　　　　　　　　　　　　　　　　　　　　　　　　　　　　　宇佐美　慧
　　Ⅰ　重回帰分析　140／Ⅱ　階層線形モデル　149

第9章　因子分析………………………………………………………………156
　　　　　　　　　　　　　　　　　　　　　　　　　　　　　　尾崎幸謙
　　Ⅰ　確認的因子分析と探索的因子分析　156／Ⅱ　確認的因子分析　159／Ⅲ　探索的因子分析　168／Ⅳ　本章のまとめ　172

第10章　共分散構造分析………………………………………………………174
　　　　　　　　　　　　　　　　　　　　　　　　　　　　　　室橋弘人
　　Ⅰ　共分散構造分析でできること　174／Ⅱ　モデルとパス図　176／Ⅲ　共分散構造分析によって得られる分析結果　182／Ⅳ　共分散分析を実際に行うために　187

第11章　そのほかの多変量解析………………………………………………189
　　　　　　　　　　　　　　　　　　　　　　　　　　　　　　小杉考司
　　Ⅰ　数量化理論　189／Ⅱ　多次元尺度構成法　199／Ⅲ　クラスター分析　203

第12章　ノンパラメトリック検定……………………………………………207
　　　　　　　　　　　　　　　　　　　　　　　　　　　　　　宮﨑康夫
　　Ⅰ　ノンパラメトリック検定法の分類　209／Ⅱ　独立な2群間の平均（または中央値〔メディアン〕）差のノンパラメトリック検定　210／Ⅲ　独立な3群以上の間の平均差のノンパラメトリック検定——クラスカル・ワリスの検定　216／Ⅳ　対応のある2群間の差の検定　219／Ⅴ　ノンパラメトリック検定法の基本原理　223／Ⅵ　シミュレーションによるランダマイゼーション検定　226／Ⅶ　ブートストラップ法　227／Ⅷ　本章のまとめ　231

第13章　テスト得点の分析——古典的テスト理論と項目反応理論……233
　　　　　　　　　　　　　　　　　　　　　　　　　　　　　　登藤直弥
　　Ⅰ　項目得点の分析　233／Ⅱ　テスト得点の分析　236／Ⅲ　古典的テスト理論　242／Ⅳ　項目反応理論　245／Ⅴ　本章のまとめ　258

第14章　効果量と信頼区間，メタ分析………………………………………260
　　　　　　　　　　　　　　　　　　　　　　　　　　　　　　岡田謙介
　　Ⅰ　仮説検定から言えることと言えないこと　260／Ⅱ　効果量　262／Ⅲ　信頼区間　267／Ⅳ　メタ分析　270／Ⅴ　本章のまとめ　274

目　次

第 15 章　ベイズ統計学 ……………………………………………… 275
繁桝算男

　Ⅰ　ベイズ統計学の導入　275／Ⅱ　複数の集団の比較　281／Ⅲ　ベイズ階層モデルの展開　286／Ⅳ　統計モデルのチェック，および評価　292／Ⅴ　本章のまとめ　295

読書案内　297

ギリシャ文字一覧　302

付　　表　303

索　　引　316

付　　録　320

執筆者一覧・編者略歴　巻末

ウェブサポートについて

　本書で示されたデータ分析の数値例を計算した統計ソフトウェア（R や SPSS など）のスクリプトの一部や，本書で説明されている内容の補足などを，遠見書房のウェブサイトに掲載しています。
　http://tomishobo.com/catalog/ca055.html
　上記の弊社ウェブサイトからお入りください。

公認心理師の基礎と実践

第 5 巻　心理学統計法

第1章　データ・変数・尺度水準

第1章

データ・変数・尺度水準

脇田貴文

⊶ *Keywords*　質的データ（研究），量的データ（研究），混合研究法，尺度水準（比尺度，間隔尺度，順序尺度，名義尺度），リッカート法

　本章では，心理学におけるデータとは何かについて解説する。またデータの質と量，尺度水準の考え方に関して説明する。本章で扱う事項は，その後の統計分析において，どのような手法を用いるべきか，もしくは用いることができるかを考えるうえで有用である。

Ⅰ　データ

1．データとは何か，なぜ必要か

　心理学は「こころの科学」といわれる。では，「科学」とは何だろうか。さまざまな定義がなされているが，重要なのは「客観的」という点であろう。

　客観的な証拠，つまりデータが存在しない場合，何かしらの主張をしても，説得力に欠ける。たとえば，営業の人が，顧客に対して商品を紹介する場面を考える。営業の人が「この商品は優れているので，買ってください」と伝えるだけでは，購入に至るのは難しいだろう。商品を買ってもらうためには，単に「優れているから買ってください」ではなく，その商品がどのような点で優れているかをアピールすることが必要になる。そして，アピールする際には，他社製品との比較やその商品の性能を，客観的な指標や評価に基づいてプレゼンテーションすることが有効だろう。ポイントは「客観的」という部分で，商品カタログにさまざまな数値が書かれているのは，その商品の特徴を客観的に知ってもらうためでもある。

　これは心理学においても同様である。たとえば，「男性と女性で思いやりが高いのは女性である」という主張をする際に，「経験上そうなのです」と主張しても，「あなたが出会った人ではそうなのでしょうね」で終わってしまうだろう。これ

13

を示すには，まず思いやりを科学的に測定し，それを科学的に比較する必要がある。心理学におけるさまざまな理論の構築や現象の報告は，すべてデータに基づき，実証されたうえでなされているといってよい。つまり，データは，理論や現象の報告の基礎となる客観的な証拠と定義することができるだろう。

さて，ここまでは商品のカタログや，思いやりの測定という「数値」を念頭に言及してきたが，データを客観的な証拠という視点で考えれば，インタビュー調査や面接における逐語禄やメモなどもデータの1つになる。次項では，心理学で用いられるデータの種類について述べる。

2．データの種類

データとは何かを理解する際に，データの種類をもとに整理しておくことは重要である。ここでは，質的データと量的データという分類を概説する。心理学の研究では，その研究がどのようなデータに基づいて行われているかによって，質的研究や量的研究という分類することがある。質的データ，量的データの順に解説する。

なお，第2章でも扱うようにおもに量的研究の文脈において，質的変数・量的変数という言葉が用いられる。これらに関しては後述する。

①質的データ

質的データを簡単に定義するのであれば，数値で表されていないデータと定義できるだろう。先述したように質的データには，たとえば，インタビュー調査や面接調査における逐語録，ロールシャッハテストのコード化における記号等が質的データといえる。とくに，前者の場合にはテキスト・データと呼ぶこともある。

後述する量的データでは，平均や標準偏差などの統計指標を用いることによりデータの要約ができるのに対して，質的データの特徴としては，データの要約が困難であることが挙げられる。データ分析の視点で見れば，質的データの分析では，内容分析やグラウンデッドセオリーなどの分析手法もさまざま考案されている。詳細は，それぞれ有馬（2007），戈木（2016）などを参照してほしいが，質的研究の手法にはさまざまな方法が提案されているため岩壁（2010）などの概論書を一読することも有益だろう。

これらの分析では，テキスト・データを，何らかの基準によって分類し，解釈を行うことが多い。しかし，その分類や解釈は一義的とはならない。質的データの分析では，その分析結果が分析者によって異なる可能性が高いという点で，量

的分析に比して客観性に乏しいといわれることもある。その点に関しては、複数の分析者の分析結果を比較し、一致の程度を報告することで、その客観性を担保しようとすることが多い。

　このような説明に矛盾を感じる読者も多いと思われるが、誤解を怖れずにいえば、データ自体は「客観的」であるが、質的データの分析は、量的データの分析に比して「客観性に乏しい」というのが適切だろう。このように述べると、質的データのネガティブな面を強調しているように捉えられるかもしれないが、そうではない。その点に関しては③質 vs. 量で言及する。

　なお、このデータ分析における客観性の乏しさを補うものとして、テキストマイニングという方法があり、近年その分析ツールの発展により、研究が増加している。

②量的データ

　量的データは、数値として得られるデータと定義してよいだろう。たとえば、身長や体重、時間（たとえばマラソンのタイム）、人数など挙げればきりがない。心理学の領域で考えると、何らかの心理尺度の尺度得点も量的データである（尺度得点に関してはⅢ節3参照）。

　量的データは、平均や標準偏差など統計指標を算出できるという特徴をもつ。データ分析という視点で見れば、用いるデータと分析方法・手順が同じであれば、誰が分析しても同じ結果が得られるというメリットがある。ただし、結果が一義的になるため、どのようにそのデータを得るかが非常に重要になる。たとえば、質問の仕方や回答形式、選択肢の種類等によっても結果が左右されるため、詳細な検討を行ったうえでデータ収集を行う必要がある。

③質 vs. 量

　質的データと量的データに関して説明をしてきた。どちらが優れているかという議論があるかもしれないが、それぞれ得意なこと、不得意なことがある。質的データと量的データの特徴を理解するうえでそれらを把握しておくことは重要である。

　a. データを要約すること

　量的データ、たとえば身長では、「このクラスに所属する人の平均身長は160cmである」というように1つの数値で表すことができる。このクラスに所属する人が、10人であろうと、100人であろうと、1,000人であろうと、「平均は160cmで

ある」と要約することができるという点がポイントである。

一方，質的データにおいては，Aさんに対するインタビューの結果，「Aさんは○○○と言っている」「Bさんは△△△と言っている」というようなデータになるため，100人いれば100通りのデータが生成され，それをまとめることは容易ではない。したがって，データを要約するという視点では量的データの方が優れているといってよいだろう。

b. 結果を一般化すること

データを分析した結果を一般化することに関しては，量的データの方が優れている。たとえば量的データでは，質的データに比べて数多くのデータを収集できる可能性が高い。数多くのデータをもとに導き出した結果は，また別の機会に収集したデータであっても，結果の方向が大きく異なることはないだろう。

一方で，質的データはそうはいかない。たとえば，10人のインタビュー調査で得られた質的データは，あくまで特定の被インタビュー者から得られたデータであるため，別の人にインタビューをすれば異なったデータが得られることになる。もちろん多大なコストをかけて数多くのデータを収集することは不可能ではないが，a.で述べたデータの要約という観点を踏まえるとあまり現実的ではない。

c. 仮説を検証することと仮説を生成すること

ある仮説，たとえば「年齢が高いほど，幸福感が高い傾向がある」という仮説があった場合に，年齢と幸福感を何らかの尺度で測定した結果である幸福感尺度得点があれば，検証することができる。b.の結果の一般化にも通ずるが，仮説を検証するという視点では，量的データの方が得意である。たとえば，20代の幸福感の平均は15.4点，30代の幸福感の平均は17.4点，……というように表現することができる。

一方，「あなたは幸せですか？」というインタビュー行い，その回答をデータ（つまり質的データ）とした場合，何をもって「幸福感」というかを定義するかは非常に困難である。また，「21歳の人の意見では○○○」「35歳の人の意見では△△△」と示しても，その意見が年齢とどのような関連があるかを示すことも同様に困難である。

ここまで，量的データの方が質的データに比べて優れていること，もしくは得意であることを挙げた。それでは，質的データが，量的データに比べて得意なことは何だろうか。

それは，「仮説を生成する際の根拠（データ）になること」である。たとえば，先に示した「年齢が高いほど，幸福感が高い」という仮説があった場合，なぜそ

のような仮説が成り立つのかという問いに対して，量的データが答えることは難しい。たとえば，「年齢が高いほど，自分の自由になるお金や時間があり，幸福感が高い」というのであれば，可処分所得や自由時間のデータを入手すればよい。しかし，「本当にそれだけなのか？」という問いかけがなされれば，そうとは言い切れないだろう。

そこで，幸福感に関するインタビュー調査を行い，その中で「なぜ幸福感が高いのか」や「あなたにとって幸福感とは何によって得られるか」を問いかけることで，幸福感に寄与する要因を知ることができる。もちろん一般化という意味では弱い部分もあるかもしれないが，多様な情報を得ることができる。そして，そこで得られたデータをもとに，仮説を生成することができる。

このような説明をすると，質的データは量的データに比べて得意なことが少ないと思われるかもしれない。しかし，「仮説を生成する」ということは，研究の源になるものであるため，質的データは重要といえるだろう。

d. 得られる情報の特徴

質的データ，とくにインタビュー調査等によるテキスト・データは，非常に多くの情報を含んでいる。臨床領域における事例研究に記載されているスクリプトをイメージすればよいだろう。たとえば「私は，10年前に……という出来事があって，それに関して……と感じ，その後……となった」という発言があった場合に，時間情報，出来事の情報，その際の感情に関する情報，そしてどうなったかという情報が含まれている。この発言からは，因果関係も捉えることができるかもしれない。

誤解を怖れずに言えば，多くの人に関して，共通の視点，切り口で捉えて，比較等をするのであれば量的研究でもよい。しかし，先述した内容分析やグラウンデッドセオリーなどの方法を用い，1人ひとりの情報をより深く，因果関係やその出来事に対する感情等などを詳細に捉えるためには質的な研究が不可欠である。心理学においては，質的データの果たす役割はとくに大きいと考えられる。

④混合研究法

③では，質的データ vs. 量的データという，対立するものとして比較しながらその特徴を概観したように，それぞれ得意なこと，不得意なことがある。近年，これらは対立するものではなく，両者を活用しようとする混合研究法が注目されている。混合研究法に関しては，テッドリーら（Teddlie et al., 2008）など多数の書籍が出版されている。

筆者は，医学領域で尺度開発を行うことが多いが，尺度開発を行う際に，はじめに概念を構想し，ある程度あたりをつけてから，インタビュー調査を実施する。そして，そのインタビュー調査の結果をもとに，尺度項目を作成，確定し，本調査に望むという手続きを用いている。尺度開発の文脈では，内容的妥当性を担保する情報の1つとして，インタビュー調査（つまり質的データ）を用いることが多い。

II　変数とは

1．変数の理解

心理学のデータ分析の文脈においては，変数は「個人によって異なる値をとりうるもの」と考えることができる。表1を見てほしい。これは，心理学でよく見るデータの形である。この例では，性別も年齢もQ01〜Q05や合計の値も，人によって異なる数値となるため，これらはすべて「変数」である。

ここで，心理学で用いることが多い尺度得点に関して触れておく。心理学では，外向性などの構成概念を測定するために複数の項目を提示し，その項目に対する反応から尺度得点を求めることが一般的である。表1の例では，たとえばQ01〜Q05が「私は人と接することが好きだ」というような外向性を測定するための項目（尺度項目）とすれば，これらの5項目の和（合計）をもってその人の外向性を表す指標（尺度得点）として扱う。

2．説明変数と目的変数

「変数」という言葉は，説明変数と目的変数という言い方でも頻繁に用いる。説明する側（もしくは原因側）の変数を独立変数，説明される側（もしくは結果側）の変数を従属変数という。この詳細については，第3章を参照のこと。

3．質的変数と量的変数

「変数」という言葉は，質的変数（カテゴリカル変数）と量的変数という用語にも用いられる。先述した，質的データ・量的データと混乱するかもしれないが，III節で説明する尺度水準とあわせて理解しておくことが望ましいため，詳細はIII節の各尺度水準の説明の中で言及する。

第1章　データ・変数・尺度水準

表1　データ分析に用いるデータの形

ID	性別	年齢	Q01	Q02	Q03	Q04	Q05	合計
001	1	20	5	3	2	3	1	14
002	1	19	3	4	2	4	1	14
003	2	22	4	5	3	4	5	21
004	1	21	5	5	3	4	2	19
005	2	19	1	2	1	2	2	8

Ⅲ　尺度水準

1．尺度水準の考え方

　尺度水準は，スティーヴンス（Stevens, 1946）によって提案された，数値データに関する考え方である。スティーヴンスによれば，数値データは，比尺度（ratio scale），間隔尺度（interval scale），順序尺度（ordinal scale），名義尺度（nominal scale）の4つに分類できる。この考え方は，その変数がどの尺度水準であるかにより使用できる分析手法が決まったり，ある変数を新たな変数に変換したりする際にも意識することが必要である。表2に示した仮のデータをもとに，留意すべき点を解説する。

性別：1 男性，2 女性
学部：1 法学部，2 文学部，3 経済学部
CES-D：うつレベルを測定する心理尺度。16点以上で，うつの診断
CES-D 診断カテゴリ：0 陰性，1 陽性
外向性得点，不安得点：心理尺度による測定
IQ：知能指数。標準得点から平均100，標準偏差16に変換（第2章Ⅲ節参照）
外向性順位：外向性得点が高い順に1位，2位……と示したもの

①比尺度（×・÷・＋・－が可能）
　日常生活で扱う数値といわれて想像（想起）される数値の多くが比尺度水準にあたる。たとえば，身長や体重，例に用いている年齢，マラソンのタイム，人数，本の冊数，物の価格などが挙げられる。これらの数値は，たとえば年齢は10歳の2倍が20歳，30歳の$\frac{1}{2}$は15歳という表現ができる。また，20歳と21歳の1歳の差と，21歳と22歳の1歳の差は等しい差といえる。また平均年齢も算出できる

第5巻　心理学統計法

表2　データ例

ID	性別	年齢	学部	CES-D	CES-D 診断カテゴリ	外向性得点	不安得点	IQ（標準得点）	外向性順位
001	1	20	1	12	0	21	10	106	2
002	1	19	1	23	1	10	12	102	5
003	2	22	3	14	0	13	8	93	4
004	1	21	2	15	0	14	10	112	3
005	2	19	2	20	1	22	19	98	1
尺度水準	名義	比率	名義	間隔	順序 or 名義	間隔	間隔	間隔	順序

（たとえば，例の5人の平均年齢は20.2歳）。

　なぜこのような計算ができるのだろうか。それは，年齢を表す数値が，⒜原点0をもつ，⒝等しい状態（もしくは，状況，属性，特性）の差が，等しい数値の差として表現されているという両方の特徴を備えているからである。⒜に関しては，0という数値が表す状態が，「無であること」を示すということである。0歳，0秒，0人，0冊など，いずれも0は，「存在しない」ということを示している。⒝に関してはより詳細な説明が必要であろう。

　⒝は，数値により表現される差が等しければ，その意味する状態（もしくは，状況，属性，特性）の差も等しいということを意味している。たとえば，時間で考えたとき，1秒と2秒の差（1秒）が意味する時間量と，2秒と3秒の差（1秒）が意味する時間量は等しいといえる。

　このことは，後に説明する順序尺度水準との違いを考えると理解が容易になるだろう。1位が100点，2位が90点，3位が70点の場合，順序尺度で表現した場合は，1位と2位の数値の差と，2位と3位の数値の差はいずれも1であるが，その実際の差は10点（100 − 90 = 10）と20点（90 − 70 = 20）で異なる。

　このように，⒜と⒝の特徴があることによって，上記の年齢のような計算が可能になるのである。

　まとめると，比尺度水準にある数値は，×，÷，＋，−の四則演算が可能である。このような説明をすると，このことは当然のことであって不思議に思うかもしれないが，以下の例を見れば，この⒜⒝の特徴は特別なことであるかがわかるだろう。

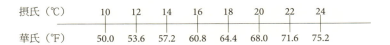

°F =（℃×1.8）+ 32

図1　摂氏と華氏の対応図

②間隔尺度（+・-が可能）

　間隔尺度水準にある数値は，比尺度水準にある数値の特徴のうち，ⓐ原点0をもつという特徴がなく，ⓑ等しい状態（もしくは，状況，属性，特性）の差が，等しい数値の差として表現されているという特徴のみを備えたものである。

　間隔尺度水準にある数値の例としてよく用いられるのが温度である。温度の0℃は，温度が「無であること」を表していない。ここで，10℃の2倍が20℃，30℃の$\frac{1}{2}$は15℃という表現が正しいか考えてほしい。

　図1を参照しながら，もう少し詳細に考えてみる。温度を表す単位は，日本では摂氏（℃）が用いられているが，華氏（°F）を用いるのが一般的な国もある。摂氏と華氏は，°F =（℃×1.8）+ 32 の関係がある。図1に示したように，摂氏で10℃は華氏では50°F，12℃は53.6°Fに対応している。同じ10℃という温度であっても，「10」と表したり「50」と表したりするということである。

　ここで，摂氏の場合，10℃の2倍は20℃であることが正しいかをもう一度考えてみる。たしかに，20℃/10℃ = 2 となり，数値上2倍であると計算できる。これを華氏で考えると，10℃に対応するのが50°F，20℃に対応するのが68°Fであるから，68°F/50°F = 1.36 となり，1.36倍となってしまう。摂氏で考えれば2倍，華氏で考えれば1.36倍となるのは具合が悪い。もちろん，どちらが正しいかということもない。

　つまり，摂氏や華氏という単位をもつ数値において，数値だけを見て○倍ということを考えることは適切ではない。これが，温度のような間隔尺度で測定されたデータについて掛け算や割り算は意味をもたないという理由である。

　温度以外の間隔尺度の例を挙げると，○時○分という○時という数値も間隔尺度である。2時の倍が4時ではないし，8時の半分が4時でもない。しかし，2時と4時の間の2時間と，4時と6時の2時間は等しい。他には，日付の5月10日の，10日の10も例として考えられる。（5月）10日の倍が（5月）20日ということはできない。また，例に挙げた知能指数IQも，間隔尺度水準と考えられる。「あの人は，私の1.5倍IQが高い」という表現をすることはない。あまり想定できな

21

い数値だが，IQ が 0 は，知能がないことを表さないからである。さらに，後述するような議論があるが，心理学の研究でよく用いられる尺度得点に関しても，間隔尺度であると見なして扱うことが一般的になっている。

なお，間隔尺度で測定されたデータについて掛け算や割り算が意味をもたないと述べたが，絶対に掛け算や割り算ができないということではない。温度の「差」に関して○倍ということを考えることはできる。摂氏の場合，10℃と14℃の差の4と，14℃と22℃の差は8は，8/4 ＝ 2となり，2倍の差があるといえる。一方，華氏の場合，50℉と57.2℉の差7.2と，57.2℉と71.6℉の差14.4は，14.4/7.2 ＝ 2となり，2倍の差があるといえる。このように差に関して比をとることは可能である。

③順序尺度

順序尺度水準にある数値は，ものの大小関係を表す数値である。例では，外向性の順位が順序尺度水準にあたる。順位でいえば，1位と2位では，1位の方がよいし，2位と3位では2位の方がよい。しかし，1位と2位の差と2位と3位の差が等しいとはいえない。1位は22点，2位は21点，3位は14点で，1位と2位の差は1点で，2位と3位の差は7点であり，差が等しくないことは明白である。

つまり，順序尺度水準にある数値は，間隔尺度水準にある数値の特徴である，ⓑ等しい状態（もしくは，状況，属性，特性）の差が，等しい数値の差として表現されているという特徴がないことがわかる。したがって，足し算や引き算も意味をもたない。

④名義尺度

名義尺度水準にある数値は，順序尺度水準の特徴である「大小関係を表す」という特徴もなくなったものである。この水準にある数値は単に分類を表すだけである。データ例では，性別の1，2や学部の1，2，3が該当する。

このデータ例の性別では，1が男性，2が女性を表しているが，1が女性，2が男性であっても問題はない。さらに1と2ではなく，10を男性，20を女性としても問題ない。つまり，同じ分類に属するデータに対しては，同じ数値が割り当てられているということである。したがって，男性を1，女性を2として表している変数の平均を求めても意味がない。データを要約する際も，男性○名，女性○名というように，度数分布を記述することになる（詳細は第2章参照）。

ここで先述した質的変数と量的変数の説明を加える。質的変数とは，このよう

第 1 章 データ・変数・尺度水準

に平均を求めることに意味がない変数と理解しておくのがよいだろう。したがって，名義尺度に関しては，質的変数と考えて差し支えない。一方で，身長や尺度得点，つまり，比尺度および間隔尺度は，平均を求めても大きな瑕疵はないため量的変数といえる。

では，順序尺度はどうだろうか。じつは，順序尺度を質的変数と扱うか，量的変数と扱うかは明確ではなく，書籍等においてもさまざまな記述がされているため混乱が生じている状態といえる。これは，質的変数と量的変数にどのような定義を与えるかによる。少し難しくなるが，質的変数は，離散量であり，量的変数は連続量であるという定義をすれば，順序尺度は質的変数に含まれる。一方で，分析の観点から考えると，データを要約する際に，度数として扱うものが質的変数であると定義すると，順序尺度は必ずしも質的変数には含まれない。

質的変数か量的変数かに関しては，このような曖昧な部分もあるという理解をしておく必要があるだろう。実際の分析等においては，4つの尺度水準を意識しておくことが有益であると考えられる。

2．尺度の変換

データ分析において，尺度水準の考え方が重要であることを述べた。そもそも尺度水準は何を意味しているのだろうか。あらためて図2に4つの尺度水準をまとめた。ここではじめて「情報量」という言葉を用いた[注1]。説明のために下記の例を用いる。

コンビニエンスストアで買い物をして，会計をする際に店員がレジを操作するところを観察してほしい。よく見ると，レジには図3のようなボタンがあり，店員はそのいずれかを押しているはずである。これは，性別・年齢情報と何を購入したかの情報を収集するために行われている。灰色と白は性別を表す。では，この年齢を表す 12, 19, 29, 49, 50 という数値はどの尺度水準になるだろうか。答えは順序尺度水準である。では，このコンビニエンスストアが，より正確な情報を収集するにはどうすればよいだろうか。現実的ではないが，会計時に店員が「何歳ですか？」と尋ねて，「○歳です」と客が答え，その数値を入力するのが最も正確な情報になる。

情報量の観点からこれを考えてみよう。たとえば 39 歳の人が購入した際に，39 という数値があれば，それを図3のような5つのカテゴリのうち「～49」のカテ

注1) なお，この図の情報量という用語は，技術的な専門用語としてではなく，データのもつ情報の総体の量という一般的な意味で用いている。

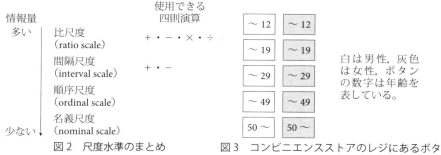

図2　尺度水準のまとめ　　図3　コンビニエンスストアのレジにあるボタンの例

ゴリにすることも，また別の20歳代，30歳代，40歳代というカテゴリに分ける際も「30歳代」とすることができる。しかし，図3のようなカテゴリで「〜29」というカテゴリにカテゴライズされた人の正確な年齢を知ることはできない。つまり，39歳（比尺度水準）→30歳代や，29歳〜49歳，20歳以上（順序尺度水準）などのカテゴリに変換することはできるが，30歳代（順序尺度水準）→39歳（比尺度水準）という変換は不可能である。ここで39歳という情報は，20歳以上や30歳代という情報よりも優れていることがわかる。あえて「優れている」といったが，情報量が多いということである。

データ例では，CES-D得点（間隔尺度水準）→うつの診断カテゴリ（0陰性，1陽性。順序尺度水準もしくは名義尺度水準）に変換している部分を確認してほしい。うつの診断カテゴリに関して，順序尺度水準もしくは名義尺度水準としたのは，陽性，陰性に順序性があると考えれば順序尺度水準と解釈できるし，とくに順序性がないと考えれば名義尺度水準とも解釈できるためである。

まとめると，比尺度水準→間隔尺度水準→順序尺度水準→名義尺度水準の順に情報量が減っていき，上位の尺度水準から下位の尺度水準に変換することはできるが，下位の尺度水準からより上位の尺度水準に変換することはできないという点を理解しておくことが重要である。これは，研究データを収集する際にも，どのような形式で回答を求めるかということにつながるため重要である。

3．心理尺度によって測定された数値はどの尺度水準にあるか

前項まで尺度水準に関して，くわしく解説した。ここで，尺度水準が関係する心理学における長年のテーマに関して触れる。それは，心理尺度によって測定された数値がどの尺度水準にあたるかということである。

第1章 データ・変数・尺度水準

	まったくあてはまらない	あまりあてはまらない	どちらともいえない	ややあてはまる	とてもよくあてはまる
1. 私には友達がたくさんいる	1	2	3	④	5
2. 私は人と話すことが好きである	1	2	3	4	⑤
3. 私は誰とでも仲良くなることができる	1	2	③	4	5

図4　リッカート法の例

　心理学のデータ収集方法で頻繁に用いられる方法としてリッカート法がある。データ例に用いた CES-D,外向性得点,不安得点はリッカート法により測定された得点を想定している。

　よく用いられている形のリッカート法は,項目に対して,複数の選択肢を提示してそれに回答を求める。そして,その選択肢それぞれに対して,得点を割り当て,その和を尺度得点とする方法である。図4は,外向性を測定する3項目として例示した。回答者がこのように回答した場合,4 + 5 + 3 = 12 で,その回答者の外向性は 12 点であるとするのがリッカート法の考え方である。

　各回答選択肢に割り当てられている 1,2,3,4,5 の数値はどの尺度水準に該当するだろうか。これは厳密には順序尺度水準であるといえる。「まったくあてはまらない」と「あまりあてはまらない」,「あまりあてはまらない」と「どちらともいえない」の距離（ここでは心理的距離）が等しければ,間隔尺度水準と考えられるが,それを証明することはできない。

　このように考えると,リッカート法の得点化方法で,各項目得点の和を用いているが,厳密には順序尺度水準にある数値を足してよいのだろうかという疑問が生じる。しかし,この項目得点を順序尺度水準であるとすれば,足し算をして尺度得点を求めることも意味をもたなくなってしまう。そこで,リッカート法により得られた数値は,厳密には順序尺度水準であるが,間隔尺度水準と見なしても大きな問題はないという扱いがなされている。しかし,できる限り選択肢間の心理的距離が等しくなるように,選択肢に与える表現を工夫することになっている。これはリッカート法の等間隔性の問題として知られている[注2]。

25

なお，データ分析において，複数の人の尺度得点の平均や分散を求める際に，尺度得点を除しているのは，間隔尺度水準にある数値を割っているため問題があるのではないかと疑問に思う読者もいるだろう。割り算ができないのは，尺度得点において 10 点の 2 倍が 20 点，つまり，20 点 /10 点＝ 2 という計算ができないということであり，10 点の人，20 点の人がいた場合に，2 人の平均が（10 点＋ 20 点)/2 人＝ 15 点という計算は差し支えない。これは，天気予報等で，大阪の 2017 年 3 月の平均最高気温 13.7℃は，各日の最高気温の和を 31 日という日数で割っているため，問題ないことと同様である。

■ IV　本章のまとめ

本章では，データとは何か，変数とは何か，そして，数値データに関して尺度水準の考え方をくわしく説明した。これらの内容は，非常に基本的で心理学を学ぶうえで表に出てこない部分ともいえる。しかし，心理学が「科学」である以上，さまざまな理論や考え方はすべてデータ，そしてその分析結果をもとに構築されているはずである。その意味で，重要な知識といえるだろう。

◆学習チェック
□　質的データ，量的データがどのようなものか理解した。
□　心理学における「変数」の意味を理解した。
□　尺度水準の 4 つの水準に関して理解した。

文　　献

有馬明恵（2007）内容分析の方法．ナカニシヤ出版．
岩壁茂（2010）はじめて学ぶ臨床心理学の質的研究―方法とプロセス．岩崎学術出版社．
戈木クレイグヒル滋子（2016）グラウンデッド・セオリー・アプローチ―理論を生みだすまで 改訂版．新曜社．
Stevens, S. S.（1946）On the theory of scales of measurement. *Science*, 103 (2684); 677-680.
Teddlie, C. & Tashakkori, A.（2008）*Foundations of Mixed Methods Research: Integrating Quantitative and Qualitative Approaches in the Social and Behavioral Sciences.* Sage Publications.（土屋敦・八田太一・藤田みさお監訳（2017）混合研究法の基礎―社会・行動科学の量的・質的アプローチの統合．西村書店.）
脇田貴文（2004）評定尺度法におけるカテゴリ間の間隔について―項目反応モデルを用いた評価方法．心理学研究 , 75; 331-338.

注 2)　リッカート法により得られるデータ（数値）が，順序尺度か間隔尺度かに関しては，脇田（2004）の問題と目的でくわしく扱っている。

第2章

1つの変数の記述統計

データの記述

山田剛史・村井潤一郎

Keywords 棒グラフ,ヒストグラム,箱ひげ図,代表値,平均値,中央値,最頻値,散布度,分散,標準偏差,標準化

　本章では,1つの変数の記述統計について解説する。記述統計,すなわち,データを視覚的に表現したり,データに関する基本統計量を計算したりといったことは,統計的分析の基礎となる。記述統計によりデータの様相を丁寧に見ていくことは,その後のさまざまな統計的分析に先立って行われる非常に重要なステップである。

I　データの視覚的表現

　データ分析の第一歩は,手に入れたデータ[注1]を,図表を用いて視覚的に表現することである。本節では,質的変数と量的変数[注2]の視覚的表現として,度数分布表とさまざまな図について説明する。

1．質的変数の視覚的表現

①度数分布表

　表1は,日本心理学会第81回大会[注3]におけるポスター発表の部門別発表件数のうち,上位6部門についての発表件数を整理したものである[注4]。

　表1のような表を度数分布表という。度数分布表とは,変数のとりうる値(表

注1）　データについては,第1章を参照のこと。
注2）　第1章では,質的データと量的データという区別が紹介されている。そこでは,質的データとして,テキストデータやコード化されたデータが説明されている。本章でも,前章の説明に沿い,「質的変数」とは,性別や血液型などのように,対象を分類することを目的とした,数値で表されていない変数,すなわちカテゴリカル変数のことと定義し,以下の説明を行う。
注3）　2017年9月20日から22日にかけて,福岡県の久留米シティプラザにて開催された。

表1 「日本心理学会第81回大会におけるポスター発表の部門別発表件数（上位6部門）」についての度数分布表

部門	教育	社会・文化	情動・動機づけ	認知	発達	臨床・障害
度数	93	166	61	161	123	153

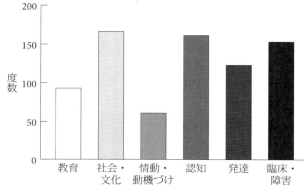

図1 「日本心理学会第81回大会におけるポスター発表の部門別発表件数」についての棒グラフ

1では，6つのポスター発表部門）とそれぞれの発表件数を表に整理したものである。各発表部門の発表件数のように，質的変数の各カテゴリ（ここでカテゴリとは，「教育」「社会・文化」といった，ポスター発表部門のとりうる値のことを意味する）に属するデータの個数のことを度数という。質的変数の分析の第一歩として，度数分布表を作成してみるとよい。

②棒グラフ

質的変数の度数分布表は，棒グラフという形で表現することができる。図1は，表1を棒グラフで表したものである。棒グラフで表現することで，各カテゴリの度数の大小関係がよくわかる。

③円グラフ

質的変数の度数分布表をグラフで示すとき，円グラフも有用である。図2は表1のデータを円グラフとして描いたものである。円グラフは，それぞれのカテゴリ

注4) 日本心理学会では，ポスター発表を20部門に分類している。表1では，発表件数が50より多かった上位6部門について取り上げた。2017年は合計1,059件のポスター発表があった。データは，『心理学研究』88(6); 608 より。

第 2 章　1 つの変数の記述統計

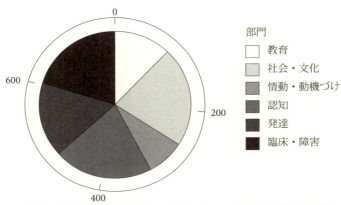

図 2　「日本心理学会第 81 回大会におけるポスター発表の部門別発表件数」についての円グラフ[注5]

が全体において占める割合を視覚的に捉えるのに便利である。図 2 を見ると,「社会・文化」「認知」「臨床・障害」のポスター発表件数が多いことがわかりやすい。

2. 量的変数の視覚的表現

8	1	−1	−3	2	−1	2	−6	0	0	5	4	−1	9	5
2	7	5	−4	−4	10	1	−1	−8	−1	2	−2	5	4	−5
3	2	−1	9	−2	7	−7	2	1	−1	5	2	−5	8	4
−1	0	7	−3	−2	9	0	1	3	2	11	−3	−1	−3	0
0	−5	−1	8	5	−2	4	0	−4	−1	2	3	0	−1	−1
0	0	0	−1	2	5	−2	11	10	4	6	6	2	0	4
4	2	3	5	2	1	−1	10	2	6					

上記は,孤独感の類型判別尺度（落合,1983）の中の「人間の個別性の自覚（LSO-E）」尺度[注6] 得点についての,大学生 100 名分の尺度得点である[注7]。この尺度は,「結局,自分は一人でしかないと思う」「自分の問題は,最後は自分で解

注 5）　図中の数字（200, 400 など）は,度数を表している。
注 6）　LSO とは,Loneliness Scale by Ochiai の頭文字をとったものである。「ルソー」と読む。
注 7）　尺度得点については,第 1 章を参照のこと。これらは,本章の著者の授業で受講生に回答してもらった実データの一部を利用している。実データのうち,100 名分をランダムに抽出した。LSO-E は,7 項目の得点（各項目は,−2, −1, 0, 1, 2 点のいずれかの得点をとる）の合計として尺度得点が算出される。

29

表2 LSO-E 尺度得点の度数分布表

階級	～-6	-6～-4	-4～-2	-2～0	0～2	2～4	4～6	6～8	8～10	10～12	合計
度数	3	6	9	27	19	11	11	6	6	2	100

決しなくてはならないのだと思う」といった7つの項目からなり，人間の個別性に気づいているほど高得点になるように得点化される。LSO-E 尺度得点がとりうる値の範囲は，-14点から14点である。100個の得点を眺めてみても，すぐにこのデータの特徴を読み解くことは難しい。そこで視覚的表現が有効となる。ここでは，量的変数の視覚的表現として度数分布表，ヒストグラムと箱ひげ図を紹介する。

①度数分布表

　質的変数のときと同様，量的変数についても度数分布表を作成することができる。質的変数の場合はとりうる値がいくつかのカテゴリであるが，量的変数の場合は数値なので，表2のように，変数のとりうる値をいくつかの範囲に区切って，その範囲に属するデータの数を数えるということになる。このときの区切られた範囲のことを階級と呼ぶ。量的変数の度数分布表は，階級に対する度数を表にしたものである。表2で「-6～-4」という階級は，「-6より大きくて-4以下」を意味している。この階級に属する値が6個あるということである。また，階級のちょうど中間の値を階級値という。「-6～-4」という階級における階級値は-5となる。

　量的変数のデータを度数分布表に表すことで，データの全体の様子をつかむことができる。しかし，グラフにした方がデータの特徴をより直感的に把握しやすい。そこで表2の度数分布表を図にしてみよう。

②ヒストグラム

　図3がヒストグラムである。このデータでは，得点の最小値が-8，最大値が11となっている。棒グラフ（図1）との違いは，棒グラフでは1つひとつの棒が離れていたが，ヒストグラムでは隣接している。それは，ヒストグラムで用いる変数が量的変数で値が連続しているためである。横軸の値が量的変数であるため，階級で分けて，各階級の度数を数えて図にしたのがヒストグラムである。図3を見ると，0点（得点範囲のちょうど中点）付近に値が多く集まっていて，プラスの値がやや多いことが読み取れる。

第2章 1つの変数の記述統計

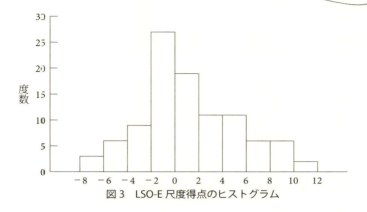

図3 LSO-E 尺度得点のヒストグラム

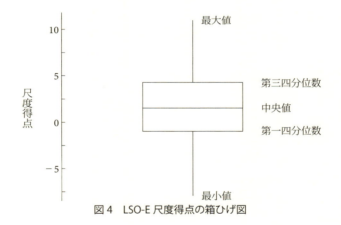

図4 LSO-E 尺度得点の箱ひげ図

③箱ひげ図

　箱ひげ図もヒストグラムとは別の形でデータの様子を視覚的に表現する。図4は，LSO-E 尺度得点の箱ひげ図である。データを小さい順に並べたときに，ちょうど真ん中の値を中央値，下から4分の1にあたる値を第一四分位数，下から4分の3にあたる値を第三四分位数というが，箱ひげ図では，箱の下の辺と上の辺がそれぞれ第一四分位数と第三四分位数に対応する。箱の中央の線が中央値である。箱から上下に延びた細い線がひげであり，ひげの下端が最小値，上端が最大値を示している。箱ひげ図は，最小値，第一四分位数，中央値，第三四分位数，最大値，という5つの統計量を用いて，データの分布の特徴を視覚的に表現するものである[注8]。

II 基本統計量を用いたデータの表現

データの特徴を数値で要約することを,数値要約という。数値要約のために用いられる,データから計算される値(平均値などの値)は,統計量と呼ばれる。本章で紹介する基本的な統計量を基本統計量という。基本統計量には,データにおける典型的な値を表す代表値と,データのちらばりの大きさを示す散布度とがある。

1.データの中心的傾向を記述する――代表値

代表値は,データがどのような値を中心に分布しているのかという中心的傾向を表す基本統計量である。代表値には,平均値,中央値,最頻値がある。以下,表3のデータを用いてそれぞれについて説明する。このデータは,臨床心理学を専攻する大学生5名について測定された心理学概論と心理統計学のテスト得点である[注9]。

①平均値

平均値は最もなじみ深い代表値である。すべてのデータの値を合計してデータの数で割る。「心理学」の平均値は,(55 + 55 + 70 + 80 + 90)/5 = 70 点,「心理統計」の平均値は,(30 + 35 + 50 + 40 + 45)/5 = 40 点,とそれぞれ求められる。

②中央値(メディアン)

中央値(メディアン)は,データを小さい順(または大きい順)に並べ替えたときにちょうど真ん中にくる値のことである。「心理学」の5つの得点を小さい順に並べ替えると,55, 55, 70, 80, 90 となる。ちょうど真ん中とは3番目の値であるので,この場合,中央値は70点となる。「心理統計」についても同様に並べ替えると,30, 35, 40, 45, 50 となる。真ん中の値は40点,つまり,「心理統計」の中央値は40点である。なお,この例では得点の個数が5個と奇数だったので,真ん中は1つだけであった。もし偶数個あった場合,たとえば得点の数が6個の場合,3番目と4番目の値の平均値を中央値とする。

注8) なお,箱ひげ図では,外れ値を除いて,ひげの上端と下端を定める場合もある。渡部ら(1985)を参照のこと。
注9) それぞれ心理学,心理統計と略記することにする。仮想データである。

第2章 1つの変数の記述統計

表3 「心理学」と「心理統計」のテスト得点データ

学生	心理学	心理統計
A	55	30
B	55	35
C	70	50
D	80	40
E	90	45

③最頻値（モード）

　最頻値（モード）とは，データの中で最も度数の多い値（言い換えると，出現回数の多い値）のことである[注10]。29ページのLSO-E尺度得点では，−1点の度数が27であり，最も度数が多くなっている。つまり，LSO-E尺度得点の最頻値は−1点である。なぜ，平均値や中央値のように「心理学」「心理統計」のデータを用いて最頻値の説明をしなかったというと，データの個数が5個しかないような小さなデータでは最頻値は不安定になるので，代表値として使用することがそもそも適切とはいえないためである。同様に，分布の形が双峰形（山が2つあるような形状）の場合も最頻値の使用は不向きである。

④代表値の使い方

　これまで平均値，中央値，最頻値という3つの代表値を紹介した。では，どのようにこれらの代表値を使い分ける（あるいはデータに応じて代表値を選択する）ことができるのだろうか。表3については，「心理学」「心理統計」ともに，平均値と中央値が一致していた（それぞれ70点と40点）。他にも，たとえば，左右対称で山型[注11]にデータが分布している場合，どの代表値を選んでも似たような値になる。しかし，そうでない場合，どの代表値を選ぶかは，ヒストグラムを見てから判断する方が良い。たとえば，以下のような例を考えてみよう。

注10）　I節2「量的変数の視覚的表現」で度数分布表・ヒストグラムを作るときに，データを階級に分けた。そのようにデータを階級に分ける場合は，最も度数が多い階級の階級値を最頻値とする。LSO-E尺度得点の例では，最も度数が多い階級が「−2〜0」，その階級値が−1なので，最頻値は−1となる。
注11）　第4章で紹介する正規分布は，このような左右対称の山型の形状をした確率分布である。

例題 1　残業時間の平均値

　飲食業界でブラック企業と噂の X 社が，自社に対する風評被害を払拭するため，データを用いて釈明することにした。同業 18 社の月あたり残業時間の平均値をもとに「わが社の月あたり残業時間は，同業 18 社の残業時間の平均値より短い。わが社の労働環境は業界の標準よりも良いと言えます」と発表した。

　以上のような新聞記事があったとする。この記事を読んであなたはどう考えるだろうか。

　「へえ，X 社は世間で言われているほどブラックじゃないんだな」と思ったとしたら，批判的に物事を考える力がやや不足しているかもしれない。代表値として平均値を報告しているのがポイントである。たとえば，同業 18 社の月あたり残業時間が以下のようなデータだったらどうだろうか。

16	25	20	25	10	28	36	34	28	28
125	145	25	34	25	31	45	140		

　このうち，X 社の月あたり残業時間は 45 時間（最後から 2 番目のデータ）であるとする。18 社の残業時間の平均値を求めると，45.56 時間となる。たしかに，X 社の残業時間は，18 社の平均値よりも短い。しかし，残業時間のデータをヒストグラムにしてみるとどうなるだろうか。図 5 は，18 社の月あたり残業時間のヒストグラムである。3 社が 100 時間を超える長時間の残業時間を示しており，それ以外の会社は平均値 45.56 時間を下まわっている。X 社の月あたり残業時間は，たしかに 18 社の月あたり残業時間の平均値を下まわっているが，18 社の中では 4 番目に残業時間が長い会社であり，「労働環境が業界の標準よりも良い」とはいいがたい。この例の 3 社の月あ

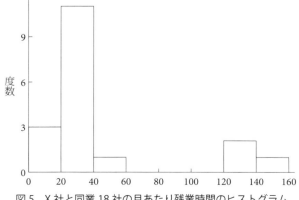

図 5　X 社と同業 18 社の月あたり残業時間のヒストグラム

たり残業時間のように，少数の極端な値を外れ値[注12]という。

このように平均値は外れ値の影響を受けるため，データに外れ値が含まれている場合，代表値として平均値を報告するのは問題があることがある。この残業時間のデータについて，他の代表値を求めてみよう。中央値は28時間，最頻値は25時間となる。この例の場合は，代表値として平均値を用いるよりは，中央値や最頻値を報告する方がより適切であるといえるが，そもそもの分布自体が双峰形に近いので，分布の形を報告したうえで中央値，最頻値に言及した方がよいだろう。代表値として平均値を用いることが望ましくない状況というのは，分布に偏りがある場合が多いが，その際，その都度，分布を図示するわけにもいかない。こうした場合，先に述べた第一四分位数，第三四分位数なども含め，複数の統計量の値を同時に示すことで，分布の様子をできるだけ正確に読み手に伝えるよう工夫した方がよいだろう。

2．データのちらばりを記述する——散布度

データの特徴を記述するのは代表値だけではない。データの中心的傾向を表す代表値に加えて，データのちらばりの大きさを表す散布度がある。散布度には，平均偏差，分散，標準偏差，レンジといった指標がある。これらについて説明する前に，まず偏差について説明しておこう。

偏差[注13]とは，データの値から平均値を引いたものである。偏差の符号を見れば平均値より大きいか小さいかがわかるし，偏差の絶対値を見れば平均値からの隔たり具合もわかる。表3の「心理学」テストの得点を例に説明しよう。

表4の3列目には「偏差」が書かれている。「心理学」の平均値70点を，学生AからEそれぞれの得点から引くことで偏差が求められる。学生AとBの偏差はともに−15で，2人のテスト得点は平均値より低いことがわかる。学生Cの偏差は0で平均値とちょうど同じ，学生Dの偏差は10，学生Eの偏差は20であり，どちらも平均値を上まわっているが，学生Eの方が学生Dよりも平均値をより上まわっていることがわかる。

①平均偏差

偏差，つまり平均値からの隔たり具合の程度はさまざまなので，これら偏差の平均値をデータのちらばりの指標として利用できないだろうか。そう考えて，偏

注12) 想定した範囲を逸脱する値のうち，間違いであり修正すべき値を異常値と呼ぶ。外れ値は，数値自体は正しいが極端に隔たっている値である。竹内（1989）を参照のこと。
注13) この場合は，正確には「平均からの偏差」という。

第 5 巻　心理学統計法

表 4　「心理学」のテスト得点データ

学生	心理学	偏差	｜偏差｜	（偏差）²
A	55	55 － 70 ＝ － 15	15	225
B	55	55 － 70 ＝ － 15	15	225
C	70	70 － 70 ＝ 0	0	0
D	80	80 － 70 ＝ 10	10	100
E	90	90 － 70 ＝ 20	20	400
平均値	70	0	12	190

差の平均値を求めてみると表 4 のように 0 となる。偏差にはプラスのものとマイナスのものがあるので，単純に偏差の平均値を求めると 0 となってしまう。これではデータのちらばりの指標としては使えない。そこで，表 4 の 4 列目のように偏差の絶対値（｜偏差｜と表記する）を求めて，それらの平均値を計算してみることにする。すると，｜偏差｜の平均値は 12 となる。この「偏差の絶対値の平均値」のことを平均偏差と呼ぶ。平均偏差が 12 点なので，平均的な「平均値からの隔たり」が 12 点であるということになる。

②分　　散

　平均偏差は，偏差の絶対値を求めることで，偏差におけるプラスマイナスという符号の影響を取り除いた。偏差を二乗することでも，偏差の符号の影響を取り除くことができる。表 4 の 5 列目には偏差の二乗が計算されている。これら偏差の二乗の平均値を求めると，190 となる。この「偏差の二乗の平均値」のことを分散と呼ぶ。分散は，心理統計学でよく用いられる統計量である。第 7 章で学ぶ分散分析や，第 10 章で学ぶ共分散構造分析など，分散と関わりの深い統計的方法がさまざまある。ここでは，偏差の二乗和を n（サンプルサイズ）で割ったものを分散と定義している。一方で，偏差の二乗和を $(n － 1)$ で割ったものを分散と定義する場合もある。前者を標本分散（s^2），後者を不偏分散（s'^2）と呼んで区別することもある。両者は母集団に関して異なるタイプの推定をしている。前者は最尤推定量，後者は不偏推定量に相当する（第 4 章も参照のこと）。

③標準偏差

　分散は，「偏差の二乗の平均値」として計算される散布度であった。分散はデータの値を二乗しているため，もとの値と単位が異なる。「心理学」の例だと，も

36

との単位は「点」だが，分散の単位は「点²」ということになり，分散の値の解釈が難しい。そこで正の平方根をとることで，単位をもとのデータと同じものに戻す操作を行う。心理学のテスト得点の分散 190 について平方根を求めると，$\sqrt{190} \fallingdotseq 13.8$ 点となる。この分散の正の平方根のことを標準偏差という。標準偏差は 13.8 点であり，標準的な「平均値からの隔たり」が 13.8 点ということになる。標準偏差の意味を，平均偏差ほど直感的に理解することは難しい。この場合でいうと，平均値からの隔たりの大きさはさまざまであるが，その標準的な値は 13.8 点である，ということである。なお，第 4 章では正規分布について学ぶが，標準偏差は正規分布との対応関係を考えると，値の意味を理解しやすくなる。

④レンジ（範囲）

レンジ（範囲）は，データの最大値から最小値を引いて求められる。「心理学」のテスト得点については，最大値が 90 点，最小値が 55 点なので，90 − 55 = 35 点がレンジとなる。

⑤散布度の使い方

以上，4 種類の散布度を紹介した。異なるデータの散布度を比較することで，どちらのデータのちらばりが大きいのか，といった比較が可能になる。「心理学」と「心理統計」のテスト得点について散布度を計算してみると，表 5 のようになる。

「心理学」と「心理統計」の散布度を比較すると，いずれの指標も「心理学」の方が値が大きい。これは，「心理学」のテスト得点の方が値のちらばりが大きいことを意味する。散布度はデータのちらばりを数値で表現するものであり，異なるデータの散布度の大小によって，データのちらばりの大きさを比較できる。それでは，どの散布度を用いるのがよいのだろうか。平均偏差は，偏差の絶対値の平均値ということなので，偏差が示す「平均値からの隔たり」の平均的な値として解釈しやすい指標といえる。これに対して，標準偏差は，偏差の二乗の平均値である分散の，正の平方根である。二乗したものの平均値についてさらに $\sqrt{\ }$ を求めるということで，ややこしい。このように，平均偏差の方が標準偏差に比べて直

表 5 「心理学」と「心理統計」のテスト得点についての散布度

	平均偏差	分散	標準偏差	レンジ
心理学	12	190	13.8	35
心理統計	6	50	7.1	20

感的な理解はしやすいのだが，心理学研究における基本統計量の報告で平均偏差が報告されることは少ない。心理学の論文では，代表値と散布度として平均値と標準偏差が報告されることが圧倒的に多い。その理由としては，平均値は偏差の絶対値の和を最小化する定数ではなく，偏差の二乗和を最小にする定数であるという点が挙げられる。このため，平均値と分散・標準偏差は相性がよいといえる。ほとんどの研究で代表値として平均値が用いられるので，偏差の二乗和を用いて計算される標準偏差は，平均値の利用とマッチしているといえる。また，標準偏差は，第3章で学ぶ共分散や相関係数や，第6章で学ぶ t 検定など，他の指標や統計的方法との関連が強い。このことも，標準偏差がよく利用される理由といえる。一方で，南風原（2002）は，「分布の散布度を記述・解釈するという目的のためには，意味のわかりやすい平均偏差がもっと多用されてもよい」と述べている。

█ III　データの標準化

あるクラスで実施された英語・数学・国語のテスト得点のように，同一の集団を対象に測定された異なる量的変数についてのデータがあるとする。このとき，それらの量的変数の値の大小比較（そのクラスに所属する A くんは，英数国でどの教科が得意かを知りたいといった場合）をどのように行えばよいだろうか。平均値や標準偏差が異なる変数を比較するためにどんな方法が使えるだろうか。ここでは，こうしたことを実現するための方法としてデータの標準化について説明する。

1．データの標準化

心理学研究では，得られたデータについて何らかの変換を施すことがある。たとえば，テスト得点について，クラス全員一律に 10 点加えるという場合であれば，テスト得点に + 10 という変換をしているということになる。データの標準化とは，こうした変換手続きの 1 つであると見なせる。

データの標準化とは，あるデータの平均値と標準偏差を，決まった値に変換する操作のことをいう。「平均値が 0 で標準偏差が 1 の得点」のように，平均値と標準偏差が特定の値に変換された得点を標準得点という。たとえば，「データの値から平均値を引いて標準偏差で割る」という操作をすると，平均値が 0，標準偏差が 1 の得点に変換することができるが，これがデータの標準化として代表的なケースである。

第2章　1つの変数の記述統計

2．標準得点

標準化によって得られる得点が標準得点である。代表的な標準得点として，z得点と偏差値がある。

① z得点

z得点は，平均値が0，標準偏差が1の標準得点である。z得点は，データの値から平均値を引いて（すなわち，偏差を求めて），標準偏差で割ることで求められる。つまり，以下のような式になる。z得点はしばしば標準得点とイコールの意味で用いられる。

$$z\,\text{得点} = \frac{\text{データの値}-\text{平均値}}{\text{標準偏差}} \tag{2.1}$$

②偏差値

偏差値は，平均値が50，標準偏差が10の標準得点である。偏差値はz得点を10倍して50を加えることで求められる。つまり，以下のような式になる。

$$\text{偏差値} = 10 \times z\,\text{得点} + 50 \tag{2.2}$$

具体的なデータを用いて，z得点と偏差値を計算してみよう。表3の「心理学」と「心理統計」のテスト得点データを用いて，学生Cはどちらが得意かを調べてみることにする。

例題2　平均値と標準偏差が異なるデータを比較する

表6は，表3と同一のデータであるが，表3に平均値と標準偏差の情報を加えている。学生Cは「心理学」が70点，「心理統計」が50点である。単純に点数だけを見ると，70 > 50であり，学生Cは「心理学」の方がよくできる，得意であると考えてしまいそうであるが，それでよいだろうか。「心理学」も「心理統計」も100点満点のテストであるが，平均値や標準偏差がずいぶん異なっている。この平均値，標準偏差の違いを考慮して2科目のテスト得点の値を評価したい。このためにz得点と偏差値を求めてみよう。

学生Cの「心理学」のテスト得点70点をz得点，偏差値に変換する。「心理学」の平均値は70点，標準偏差は13.8点だから，

39

第 5 巻　心理学統計法

表 6　「心理学」と「心理統計」のテスト得点データ

学生	心理学	心理統計
A	55	30
B	55	35
C	70	50
D	80	40
E	90	45
平均値	70	40
標準偏差	13.8	7.1

$$z\,\text{得点} = \frac{\text{データの値} - \text{平均値}}{\text{標準偏差}} = \frac{70 - 70}{13.8} = 0$$

$$\text{偏差値} = 10 \times z\,\text{得点} + 50 = 10 \times 0 + 50 = 50$$

となり，z 得点は 0，偏差値は 50 と求められる。学生 C の「心理学」の得点は平均値と同じなので，z 得点の平均値である 0，偏差値の平均値である 50 に，それぞれ変換されたことになる。同様に，学生 C の「心理統計」のテスト得点 50 点を z 得点，偏差値に変換してみる。「心理統計」の平均値は 40 点，標準偏差は 7.1 点だから，

$$z\,\text{得点} = \frac{\text{データの値} - \text{平均値}}{\text{標準偏差}} = \frac{50 - 40}{7.1} = 1.4$$

$$\text{偏差値} = 10 \times z\,\text{得点} + 50 = 10 \times 1.4 + 50 = 64$$

となり，z 得点は 1.4，偏差値は 64 と求められる。z 得点で「心理学」と「心理統計」を比較すると，$0 < 1.4$（偏差値で比較しても同様に，$50 < 64$）となり，学生 C は「心理学」よりも「心理統計」の方の成績がよいことがわかる。学生 C 以外の 4 人についても，z 得点と偏差値を計算してみると，表 7 のように結果を整理できる。

　ここで，「心理統計」の z 得点を用いて，z 得点の平均値と標準偏差を確認してみよう。表 8 より，z 得点の平均値は，$(-1.4 - 0.7 + 1.4 + 0 + 0.7) \div 5 = 0 \div 5 = 0$ である。偏差は，それぞれの値から 0 を引く（表 8 の 3 列目）。0 を引いているので，z 得点と同じ値となる。偏差を二乗し（表 8 の 4 列目），偏差の二乗の平均値を計算すると，これが z 得点の分散となる。分散は 0.98 と求められた。標準偏差は，$\sqrt{0.98} =$

40

第2章　1つの変数の記述統計

表7　「心理学」と「心理統計」のz得点と偏差値

学生	心理学	偏差	z得点	偏差値	心理統計	偏差	z得点	偏差値
A	55	55 − 70 = − 15	− 15/13.8 = − 1.1	− 1.1 × 10 + 50 = 39	30	30 − 40 = − 10	− 10/7.1 = − 1.4	− 1.4 × 10 + 50 = 36
B	55	55 − 70 = − 15	− 15/13.8 = − 1.1	− 1.1 × 10 + 50 = 39	35	35 − 40 = − 5	− 5/7.1 = − 0.7	− 0.7 × 10 + 50 = 43
C	70	70 − 70 = 0	0/13.8 = 0	0 × 10 + 50 = 50	50	50 − 40 = 10	10/7.1 = 1.4	1.4 × 10 + 50 = 64
D	80	80 − 70 = 10	10/13.8 = 0.7	0.7 × 10 + 50 = 57	40	40 − 40 = 0	0/7.1 = 0	0 × 10 + 50 = 50
E	90	90 − 70 = 20	20/13.8 = 1.4	1.4 × 10 + 50 = 64	45	45 − 40 = 5	5/7.1 = 0.7	0.7 × 10 + 50 = 57

表8　「心理統計」のz得点から平均値と標準偏差を求める

学生	心理統計のz得点	z得点の偏差	(z得点の偏差)^2
A	− 1.4	− 1.4	1.96
B	− 0.7	− 0.7	0.49
C	1.4	1.4	1.96
D	0	0	0
E	0.7	0.7	0.49
平均値	0	0	4.9/5 = 0.98

0.99 ≒ 1 となる。よって，z得点の平均値が0，標準偏差が1となることが確認できた。なお，z得点の計算過程で小数第二位を四捨五入して小数第一位までを計算したため，z得点の分散が0.98と計算されたが，正確な値を用いるとz得点の分散は1となる[注14]。偏差値も同様にして，平均値が50，標準偏差が10となることを計算によって確かめることができる。

注14)　実際の統計処理の場面では，ここで説明しているように途中過程で手計算をし，四捨五入をすることはまずない。しかし，結果を論文などにまとめるとき，コンピュータが算出した最終的な結果について，四捨五入して表に記載することは一般的に行われている。

IV 本章のまとめ

本章では,1つの変数の記述統計について学んだ。質的変数と量的変数の視覚的表現として,度数分布表や棒グラフ,ヒストグラム,箱ひげ図などを紹介した。さらに,データの数値要約のための統計量として,代表値と散布度について説明した。代表値には,平均値,中央値,最頻値があり,散布度には,平均偏差,分散,標準偏差,レンジ(範囲)があるが,これらの特徴・使い方について述べた。最後に,平均値や標準偏差が異なるデータを比較するための,標準化と標準得点について解説を行った。本章の内容は,次章以降で解説されるさまざまな統計的方法の基礎となるものである。

◆学習チェック
□ データを視覚的に表現する方法について理解した。
□ 代表値の種類と使い方について理解した。
□ 散布度の種類と使い方について理解した。
□ データの標準化と標準得点について理解した。

文献
南風原朝和(2002)心理統計学の基礎―統合的理解のために.有斐閣.
落合良行(1983)孤独感の類型判別尺度(LSO)の作成.教育心理学研究,31; 332-336.
竹内啓編集委員代表(1989)統計学辞典.東洋経済新報社.
渡部洋・鈴木規夫・山田文康・大塚雄作(1985)探索的データ解析入門―データの構造を探る.朝倉書店.

第3章

2つの変数の記述統計

相関と回帰

岩間德兼

> **Keywords** クロス集計表，散布図，連関係数，共分散，相関係数，擬似相関，偏相関係数，回帰直線，決定係数

　本章では，2つの変数の記述統計について解説する。2つの変数の関係を明らかにするため，データを視覚的に表現したり，データに関する基本統計量を計算したりする。1変数の記述統計と同様，さまざまな統計的分析に先立って行われる非常に重要なステップである。また，本章で扱う相関や回帰の概念は，さらに発展的な統計分析を理解するための基礎としても重要である。

I　データの視覚的表現

　本節では，2つの質的変数間および2つの量的変数[注1]間の関係についての視覚的表現として，クロス集計表，棒グラフ，散布図について説明する。

1．質的変数間の関係の視覚的表現

①クロス集計表

　心理学を学ぶ大学1年生160名に，数学が得意か不得意かと統計学が好きか嫌いかについて，どちらか一方を選んで回答してもらったところ，表1のようになったとする[注2]。

　表1のような表をクロス集計表という（第5章も参照）。クロス集計表とは，2つの質的変数のそれぞれのカテゴリの組み合わせ（セルと呼ぶ）に該当する度数を表に整理したものである。左端の見出しに配されるカテゴリ数（行数a）と上端の見出しに配されるカテゴリ数（列数b）を明示して「a×bのクロス集計表」のようにサイズをあわせて表現することもある。表1の2×2のクロス集計表に

　注1）　質的変数と量的変数については，第1章を参照のこと。
　注2）　このデータは仮想データである。

表1 数学と統計学についてのクロス集計表

数学＼統計学	好き	嫌い	合計
得意	24	24	48
不得意	28	84	112
合計	52	108	160

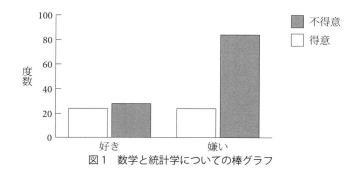

図1 数学と統計学についての棒グラフ

おいて，左上のセルの度数24は，数学で得意，かつ，統計学で好きのカテゴリを選んだ人の数が24であることを意味する。

　合計の欄には，セルの度数について足し合わせた2種類の値が含まれている。1つ目は全セルの度数を足した総度数である。表の右下の160がそれに相当し，個人や個体などのデータを観測する対象，すなわち観測対象の数に一致する。2つ目はセルの度数を縦もしくは横方向に足し上げた周辺度数である。一方の変数における各カテゴリの度数を表し，たとえば，表の一番右の列における48と112が数学に関する周辺度数である。次節で触れるように，クロス集計表におけるセルの度数のパターンは，質的変数間の関係に関する情報を示しており，基礎統計量による数値要約に先んじてクロス集計表を作成するとよい。

②棒グラフ

　クロス集計表のセル度数は，図1のようにして棒グラフで表現することができる[注3]。図1は，表1を棒グラフで表した例である。

　数学の得意，不得意を白と灰色で表現し，統計学の好き嫌いとの関係をより直感的に捉えることができる。たとえば，統計学が嫌いと答えた人においては，数

注3）　3次元棒グラフで表すことも可能ではあるが，角度により見えにくい部分が生じるため，あまり実用的ではない。

第3章　2つの変数の記述統計

表2　患者105名の抑うつ尺度得点とQOL尺度得点

患者	1	2	3	4	5	6	7	8	9	10	11	12	13	14	15	…
抑うつ尺度得点	11	9	8	5	19	19	12	7	4	17	12	6	2	14	12	…
QOL 尺度得点	37	45	55	53	22	32	35	34	35	34	36	47	46	44	48	…

学が不得意と答えた人が多いということが一目瞭然である。

2．量的変数間の関係の視覚的表現――散布図

　表2は，ある病の患者105名の回答によって得られた抑うつ尺度とQOL尺度[注4]の得点のうち，最初の15名分を示したものである[注5]。抑うつ尺度とQOL尺度はそれぞれ，高得点であるほど，抑うつ傾向が強く，生活の質が高いことを表すように得点化されている。同じ位置にある値は同じ観測対象から得られた数値である。たとえば，抑うつに関する第1番目の11とQOLに関する第1番目の37は同一人物から得られた値である。これらの2つの量的変数の関係を視覚的に表現する方法として散布図を紹介する。

　2つの量的変数の関係の視覚的表現にはもっぱら散布図が利用される[注6]。抑うつ尺度得点とQOL尺度得点に関する散布図が図2である。散布図は観測対象に

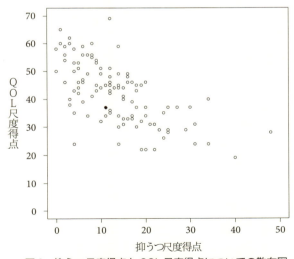

図2　抑うつ尺度得点とQOL尺度得点についての散布図

注4)　QOLはQuality of Lifeの略であり，生活の質や生命の質などと訳される。
注5)　このデータはLoring et al.（2004）を参考に作成されたものである。

関する2変数の観測値のペアを，各変数に対応する軸で構成される座標平面上の点として表現した図である。図2における黒い点は第1番目の観測対象（患者1）を表す。点の散らばりの様相から2変数の関係についての情報を得ることができる。たとえば，図2からは抑うつ尺度得点が低い（もしくは高い）観測対象は同時にQOL尺度得点が高い（もしくは低い）という傾向があることがわかる。

II　基本統計量を用いたデータの表現

2変数に関するデータの数値要約では2変数間の関係について要約する。本節では，質的変数間の数値要約で用いられる連関係数と量的変数間の数値要約で用いられる共分散および相関係数について解説する。

1．質的変数間の関係を記述する——連関係数

2つの質的変数の関係を連関と呼ぶ。2つの質的変数間に連関があるとはどのような状態であろうか。その説明のため，まずは連関のない状態を示すクロス集計表を表2として掲載する。表2のクロス集計表の特徴は，カテゴリ「得意」における「好き」と「嫌い」の比とカテゴリ「不得意」における「好き」と「嫌い」の比がどちらも1：3で等しいことである[注7]。つまり，これは統計学における各カテゴリの観測されやすさが，数学のカテゴリが何であるかに関係しないということを意味する。

この状態から乖離すれば，数学のカテゴリが何であるかが統計学におけるどのカテゴリが観測されやすいかに関係するということになる。

①クラメールの連関係数

連関の強さを示す指標としてよく知られるものの1つがクラメールの連関係数であり，以下のように算出される。

注6）　1変数の記述における量的変数の度数分布表（第2章を参照）と同様に，量的変数について階級を定めてカテゴリ化を行えば，クロス集計表を作成できるが，後で紹介する相関係数の考え方と整合性のある散布図の方が頻繁に用いられる。

注7）　見る方向を変えて，カテゴリ「好き」とカテゴリ「嫌い」のそれぞれにおける「得意」と「不得意」の比も等しくなる。表2に関する以降の説明でも同様で，どちらの方向から見るかは本質的な意味をもっているわけではない。

第3章　2つの変数の記述統計

表2　連関がないクロス集計表の一例

数学＼統計学	好き	嫌い	合計
得意	12	36	48
不得意	28	84	112
合計	40	120	160

表3　完全に連関があるクロス集計表の一例

数学＼統計学	好き	嫌い	合計
得意	40	0	40
不得意	0	120	120
合計	40	120	160

表4　数学と統計学についてのクロス集計表（数字付き）

数学＼統計学	好き	嫌い	合計
得意	24（①）	24（②）	48（⑤）
不得意	28（③）	84（④）	112（⑥）
合計	52（⑦）	108（⑧）	160

$$クラメールの連関係数 = \sqrt{\frac{\chi^2値}{総度数 \times（行数と列数で小さい方の値 - 1）}}$$

(3.1)

　クロス集計表の各セルについては，総度数と周辺度数を利用して期待度数を算出することができ，それらを用いて χ^2 値（カイ二乗値）が以下のように算出される（詳細については第5章を参照のこと）。

$$\chi^2 値 = \frac{（観測度数 - 期待度数）の二乗}{期待度数}の全セルについての和$$

(3.2)

　数学と統計学についてのクラメールの連関係数の値は，χ^2 値が 9.5726 であるので，$\sqrt{9.5726 / \{160 \times (2 - 1)\}} = 0.245$，と求まる。クラメールの連関係数は 0 以上 1 以下の範囲の値となり，1 に近いほど連関が強いと解釈できる。表2のようなクロス集計表の場合は 0 になる。反対に，表3のようなクロス集計表の場合は 1 になる。

②ファイ係数

　クラメールの連関係数とは異なり 2 × 2 のクロス集計表でのみ利用可能な指標としてファイ係数がある。ファイ係数は表4の丸囲み数字を用いて以下のように算出できる。

47

$$\text{ファイ係数} = \frac{①×④-②×③}{\sqrt{⑤×⑥×⑦×⑧}} \quad (3.3)$$

　数学と統計学についてのファイ係数の値は（24 × 84 − 24 × 28）/$\sqrt{48×112×52×108}$ = 0.245，と求まる。ファイ係数は − 1 以上 1 以下の範囲の値となり，絶対値が 1 に近いほど連関が強いと解釈ができる[注8]。なお，ファイ係数の絶対値はクラメールの連関係数と一致する。

　ただし，データをとる前に各変数の周辺度数が決まっている状況では，そもそもクラメールの連関係数とファイ係数が 1 になりえないことがあるので注意が必要である。たとえば，男女各 80 名で構成した集団において，20 本の当たりと 140 本のはずれで構成したくじ引きを行ったときに得られる，性別とくじの結果のクロス集計表では，両変数の周辺度数が異なるので，表 3 のような完全に連関のあるクロス集計表が得られる可能性がなく，そもそも係数の値が 1 になりえない（詳細については森ら〔1990〕を参照のこと）。

2．量的変数間の関係を記述する──共分散と相関係数

　2 つの質的変数間の関係を連関と呼ぶのに対して，2 つの量的変数間の関係を相関と呼ぶ。共分散と相関係数はどちらも相関関係の強さを示す指標である。図 3 を用いてそれらについて説明する。図 3 は図 2 の散布図に，抑うつ尺度得点の平均値（13.46）と QOL 尺度得点の平均値（42.12）を通る垂直および水平な破線を加えたものである。

①共分散

　2 変数の平均値の点（13.46, 42.12）を原点（0, 0）と見なしたとき，黒色で示した第 1 番目の観測対象（11, 37）は，平均からの偏差[注9]として（− 2.46, − 5.12）となる。このとき，図 3 における灰色の領域の符号付き面積は 12.59（ =（− 2.46）×（− 5.12））である。共分散はすべての点に関する符号付き面積の平均として定

注8）　符号は計算式の分子によって決まるので，クロス集計表における左上から右下に向かう対角上の度数が相対的に高ければ +，右上から左下に向かう対角上の度数が相対的に高ければ − となる。しかしながら，カテゴリの順番を入れ替えれば符号も入れ替わるので，符号には実質的な意味はない。

注9）　平均からの偏差については第 2 章を参照のこと。

第3章 2つの変数の記述統計

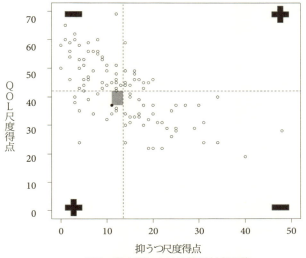

図3 散布図における符号付き面積

表5 抑うつ尺度得点とQOL尺度得点の符号付き面積と共分散

観測対象	抑うつ	偏差(抑うつ)	QOL	偏差（QOL）	符号付き面積
1	11	− 2.46	37	− 5.12	12.59
2	9	− 4.46	45	2.88	− 12.82
⋮	⋮	⋮	⋮	⋮	⋮
104	0	− 13.46	50	7.88	− 105.99
105	7	− 6.46	49	6.88	− 44.40
平均値	13.46	0	42.12	0	− 64.10 (共分散)

義され − 64.10 と算出される（表5）。

　2変数に関する偏差のうち，どちらか一方がマイナスとなるときに符号付き面積はマイナスとなる。したがって，図3において破線で区切られた4領域のうち，左上か右下に点が位置すると面積がマイナスで，右上か左下に位置するとプラスである。共分散はこれらの平均であるから，左上と右下に点が多く，右下がりの形状に点が散らばるとその値がマイナス，右上と左下に点が多く，右上がりの形状に点が散らばるとその値がプラスとなる傾向がある。共分散がマイナスとなるとき「負の相関関係がある」，プラスとなるとき「正の相関関係がある」と表現する。

49

じつは，共分散の値の大きさの解釈には難しさがある。それは観測値の単位の影響を受けてしまうからである。たとえば，抑うつ尺度得点を 10 倍したとき[注10]，偏差（抑うつ）が 10 倍になり，それによって符号付き面積が 10 倍になるので，最終的に算出される共分散も 10 倍になる。2 変数の関係の強さだけでなく，変数の単位の大きさにより，値が大きくも小さくもなるため，解釈が行いづらいのである。次に説明する相関係数は，変数の単位の影響を除いた指標であり，2 つの量的変数の関係の解釈に頻繁に利用される[注11]。

② 相関係数

相関係数は共分散を各変数の標準偏差[注12]の積で割ったものとして定められる[注13]。したがって，抑うつ尺度得点と QOL 尺度得点の相関係数の値は抑うつ尺度得点の標準偏差（9.06）と QOL 尺度得点の標準偏差（10.94）を用いて以下のように求められる。

$$抑うつと QOL の相関係数 = \frac{抑うつとQOLの共分散}{抑うつの標準偏差 \times QOLの標準偏差}$$

$$= \frac{-64.10}{9.06 \times 10.94} = -0.65$$

変数 x と変数 y の共分散の最小値は「$-1 \times$（変数 x の標準偏差 × 変数 y の標準偏差）」，最大値は「$1 \times$（変数 x の標準偏差 × 変数 y の標準偏差）」となることがわかっているので（南風原，2002），相関係数は－1 から 1 までの範囲の値をとる。相関係数を r で表すとすると，値の解釈について，以下のような目安が示されている（山田ら，2004）。

$0 < r \leq 0.2$	ほとんど相関なし	$-0.2 \leq r < 0$
$0.2 < r \leq 0.4$	弱い（正もしくは負の）相関あり	$-0.4 \leq r < -0.2$
$0.4 < r \leq 0.7$	中程度の（正もしくは負の）相関あり	$-0.7 \leq r < -0.4$
$0.7 < r \leq 1.0$	強い（正もしくは負の）相関あり	$-1.0 \leq r < -0.7$

注10） cm で測った身長を mm に変換するのと同じである。
注11） 共分散は値そのものを解釈する目的ではあまり利用されないが，各種統計手法の理論的背景で頻繁に登場する。
注12） 標準偏差については第 2 章を参照のこと。
注13） 厳密にはピアソンの積率相関係数と呼ばれる。

第3章 2つの変数の記述統計

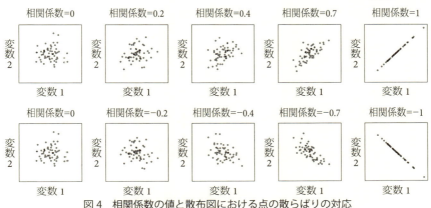

図4 相関係数の値と散布図における点の散らばりの対応

これに従えば、抑うつ尺度得点とQOL尺度得点には中程度の負の相関があると解釈できる。なお、このような基準は便利ではあるが、あくまでも目安であり、絶対的なものでないことに注意が必要である。研究領域や研究対象によってどの程度の値が得られやすいかは異なるので、類似の研究で得られた結果を参考にして文脈の上で解釈する方が適切である。

相関係数の値と散布図における点の散らばりは図4のように対応する。相関係数の値が0のときは円状、相関係数の絶対値が大きくなるにつれてより細い帯状になり、相関係数の絶対値が1のときは一直線上にすべての点が並ぶ。

3．相関係数に関する注意

前項で紹介した相関係数は非常に重要で頻繁に用いられる指標である。そこで、本項では相関係数に関して注意すべき5つの事柄として、相関係数による考察が許される関係と許されない関係、相関係数に対する外れ値の影響、擬似相関、合併効果、選抜効果について示す[注14]。

①相関係数による考察が許される関係と許されない関係

相関係数によって考察が可能なのは、図2のように点が帯状に散らばる直線的関係である。図5に示した3つの例のように2つの量的変数の間に曲線相関（曲線的な相関関係）がある場合に相関係数によってその関係の強さを考察するのは不適切である。なお、図5の左図と中図はそれぞれU字相関、逆U字相関と呼ば

注14) ここで述べたことは共分散にも該当する。

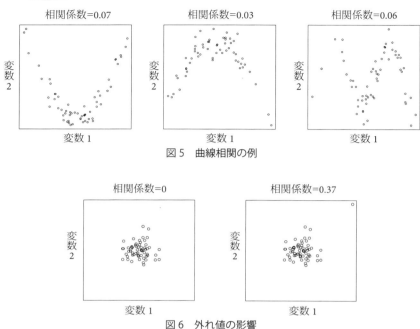

図5　曲線相関の例

図6　外れ値の影響

れる曲線相関の代表例である。相関係数を用いる場合には，散布図を描くなどして，2変数間に直線的な関係があるかどうかも確認した方がよい。

②相関係数に対する外れ値の影響

　平均値の説明（第2章を参照）で取り上げられた外れ値は，相関係数にも影響を及ぼす。図6右図は左側の散布図（相関係数0）に外れ値としての観測対象を1つのみ加えたものである。この1つの点の影響で相関係数は0.37へと増大している。曲線相関と同様，散布図を描くことは外れ値の検出に有効である。

　外れ値が存在する場合には，ピアソンの積率相関係数ではなく順位相関係数を用いることがより適切である。順位相関係数は，観測値が各変数内で何番目に大きいかに基づいて算出されるものである。順位相関係数としては，ケンドールの順位相関係数やスピアマンの順位相関係数が有名である（詳細については森〔2008〕などを参照のこと）。

第3章 2つの変数の記述統計

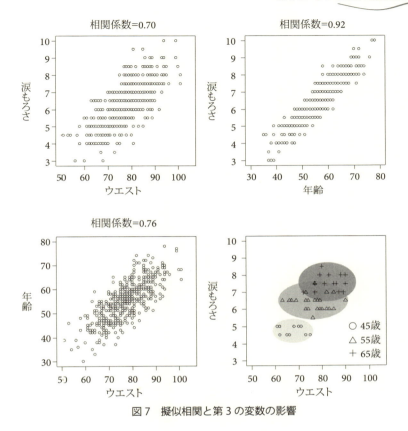

図7 擬似相関と第3の変数の影響

③擬似相関

2つの量的変数について，それらとは別の変数（このような変数を第3の変数と呼ぶ）の影響によって見かけ上の相関関係が生じることがあり，それを擬似相関という。たとえば，30歳以上の男性について調べたウエストの大きさと涙もろさに関するデータ[注15]において相関係数が0.70となっても（図7左上），ウエストが大きい人は同時に涙もろい人であるという結論には至らない。この場合は第3の変数として年齢が存在していると考えるのが自然である。年齢と涙もろさ（図7右上），ウエストと年齢（図7左下）にそれぞれ相関があり，その結果として見かけ上ウエストと涙もろさにも相関があると考えられる。たとえば，データから45，55，65歳の観測対象を抜き出して，ウエストと涙もろさの関係を見ると，同

注15) このデータは仮想データである。

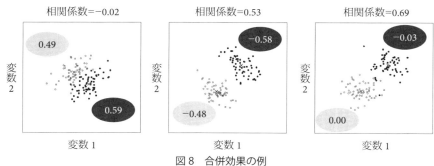

図8 合併効果の例

一年齢内では2つの変数に相関はほとんどないものの，年齢ごとの点の塊が年齢の増加とともに右上がりに並んで，相関が生じることがわかる（図7右下）。

偏相関係数は，第3の変数の影響を除いた場合の，2つの量的変数間の関係の強さを表す指標である。年齢を第3の変数としたときのウエストと涙もろさの偏相関係数の値は0.02となる。

④合併効果

合併効果とは，データが複数の群から得られている場合に，群ごとの相関関係（正負や強さ）が，群を合併することで異なったものになることである。図8は，群ごとでは相関があるのに合併すると無相関になる（左図），群ごとの相関が負であるのに合併すると正になる（中図），群ごとでは相関がないのに合併すると相関が生じる（右図）場合を示したものである。この例のように，各群の平均値の点（×）がずれているときには合併効果が生じやすい。

合併効果が疑われる場合には，層別した（群別に分けた）相関係数，すなわち層別相関によって変数間の関係を記述した方がよい。

⑤選抜効果

選抜試験において特定の点数以上の者を合格者として選抜した後で，合格者について選抜試験の点数と別の試験の点数の相関係数を求めると，選抜試験受験者全体について求める値よりも小さくなる。このような選抜による相関係数への効果を選抜効果もしくは切断効果と呼ぶ。図9では，横軸について縦破線を越えて選抜された者（黒丸）に関しての相関係数（0.39）は，全体（灰色丸＋黒丸）の相関係数（0.69）より小さくなっている。

第3章 2つの変数の記述統計

図9 選抜効果の例

III 回帰直線によるデータの記述

2つの量的変数に直線的な関係があるとき，一方の変数の値に応じて他方の変数の値がどうなるかを，回帰直線と呼ばれる直線を用いて記述することができる。分析法として，それを単回帰分析と呼ぶ。本節では，回帰直線による記述の考え方を説明する。

1．回帰直線による予測・説明

先述の抑うつ尺度とQOL尺度のデータについて，両者の関係を回帰直線で記述することを考える。とくにここでは，抑うつ尺度得点が変化したときにQOL尺度得点がどう変化するかに着目する。これは，抑うつ尺度得点によって，QOL尺度得点を予測したり，説明したりすることに相当する。回帰分析の文脈において，抑うつ尺度得点は予測や説明に用いるという意味で予測変数や説明変数と呼ばれる。一方，QOL尺度得点は予測における外的基準や説明の目的となる対象の意味で基準変数や目的変数と呼ばれる。

図10左図の左上から右下に伸びる直線が実際の回帰直線である。この回帰直線は図内の点のすべての値を利用して求められている。求め方は後述することにし，まずは，この直線が何を意味するかを説明する。

①回帰直線

先の回帰直線は以下のような式で表される。

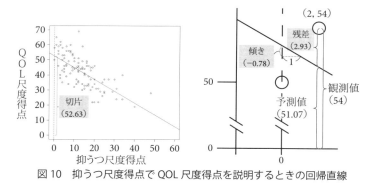

図 10　抑うつ尺度得点で QOL 尺度得点を説明するときの回帰直線

QOL 尺度得点の予測値 = 52.63 +（− 0.78）× 抑うつ尺度得点

　左辺が QOL 尺度得点「の予測値」となっているのは，直線上の QOL 尺度得点の値はあくまでも予測された値であり，観測された値とは異なるので，それを区別するためである。QOL 尺度得点の予測値と抑うつ尺度得点の間には一次関数の関係が成り立っており，一次関数において切片と見なせる 52.63 は回帰分析でも切片，傾きと見なせる − 0.78 は回帰分析では回帰係数と呼ばれる。
　切片は説明変数が 0 であるときの目的変数の予測値を意味する。すなわち，抑うつ尺度得点が 0 点のときの QOL 尺度得点の予測値は 52.63 である（図 10 左図）。回帰係数は説明変数が 1 増えたときに，目的変数の予測値がいくつ増えるかを意味する。すなわち，抑うつ尺度得点が 1 点増えたときに，QOL 尺度得点の予測値は − 0.78 増える（0.78 減る）（図 10 右図）。

②残　　　差
　図 10 右図を見てわかるように，目的変数の観測値（点についての縦軸の値）と予測値（直線上の点についての縦軸の値）はほとんどの場合に一致しない。たとえば，(2, 54) の観測対象に注目すると，観測値 54 は抑うつ尺度得点が 2 のときの QOL 尺度得点の予測値 51.07（= 52.63 +（− 0.78）× 2）と一致しない。ずれの大きさは 2.93 である（図 10 右図）。このずれ，すなわち，「目的変数の観測値 − 目的変数の予測値」は残差と呼ばれる。残差は正負どちらの値もとり，全観測対象にわたっての和は 0，したがって，残差の平均値も 0 になる。

第3章 2つの変数の記述統計

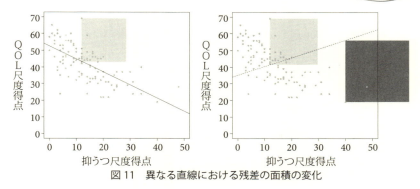

図11 異なる直線における残差の面積の変化

③直線の求め方——最小二乗法

残差の二乗は，残差の絶対値を1辺とした正方形の面積（以下，残差の面積）を意味する．図11左図には得られた回帰直線のもと，最も大きな残差の面積を示した．

回帰直線は分析場面ではデータから求めなくてはならない．そのためには，最小二乗法を用いることが多い．概念的に説明をすれば，単回帰分析における最小二乗法は，切片と回帰係数の候補をいろいろと試しながら，全観測対象にわたっての残差の面積の合計が最も小さくなる値を探し出し，それを切片と回帰係数の値とする方法である．たとえば，図11右図のような直線では，大きな残差の面積がいくつも生じてしまっており，残差の面積の和は最小（図11左図の状況）からほど遠い．

じつは，残差の面積の合計を最小とする回帰係数と切片の値は以下のように求められることが数学的に導かれている．

$$回帰係数 = 目的変数と説明変数の相関係数 \times \frac{目的変数の標準偏差}{説明変数の標準偏差} \quad (3.4)$$

$$切片 = 目的変数の平均値 - 回帰係数 \times 説明変数の平均値 \quad (3.5)$$

(3.4) 式の右辺に注目すると，目的変数と説明変数の標準偏差が等しければ回帰係数と相関係数は等しくなるが，それ以外の場合は等しくならないことがわかる．

第5巻　心理学統計法

表6　QOL 尺度得点の予測の誤差分散

観測対象	観測値	予測値	残差	残差の面積（残差の二乗）
1	37	44.04	− 7.04	49.58
2	45	45.60	− 0.60	0.36
⋮	⋮	⋮	⋮	⋮
104	50	52.63	− 2.63	6.90
105	49	47.16	1.84	3.37
平均値	42.12	42.12	0	69.60（予測の誤差分散）
分散	119.63	50.03	69.60	―

2．予測・説明の評価

　回帰直線のごく近くに点が散らばっている場合は，残差の絶対値が総じて小さく，予測・説明がうまくいっていることを示唆する。予測の精度や説明率に関する指標として，予測の誤差分散，予測の標準誤差，決定係数がある。

①予測の誤差分散と予測の標準誤差

　データから回帰直線が得られたとき，図11に示したような残差の面積を全観測対象にわたって合計した値は最小となっており，これを残差平方和（残差についての二乗（平方）の和のこと）と呼ぶ。残差平方和を観測対象数で割った値は，残差の面積の平均値を意味し（表6），これが大きいほど観測点が全体的に直線から離れていて，予測・説明がうまくいっていないことを表す。なお，この値は予測の誤差[注16] 分散と呼ばれる。分散となるのは，前述のとおり，残差の平均は0であるので，残差は残差の偏差と見なせるからである。抑うつ尺度と QOL 尺度のデータの分析では，予測の誤差分散は 69.60，その正の平方根として予測の標準誤差は$\sqrt{69.60} = 8.34$ となる。

②決定係数（分散説明率）

　予測の誤差分散の値を利用して，予測・説明がうまくいっている程度を表す指標に決定係数がある。決定係数は以下の通り定められる。

注16）　ここでの誤差は残差と捉えて差し支えない。

第3章 2つの変数の記述統計

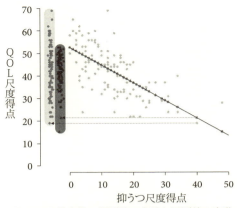

図 12　目的変数の観測値の変動と予測値の変動

$$決定係数 = 1 - \frac{予測の誤差分散}{目的変数の分散} \tag{3.6}$$

予測の誤差分散の大きさが，目的変数の分散の大きさに依存してしまうという点を考慮して，目的変数の分散に対する予測の誤差分散の比を1から引いて導かれている。決定係数は0から1の範囲の値をとる。

じつは，目的変数の分散，目的変数の予測値の分散，残差の分散（予測の誤差分散）の間には

$$目的変数の分散 = 目的変数の予測値の分散 + 残差の分散 \tag{3.7}$$

という関係が成り立つ（表6を参照）ので，決定係数は以下のようにも表される。

$$決定係数 = \frac{目的変数の予測値の分散}{目的変数の分散} \tag{3.8}$$

そして，決定係数は分散説明率とも呼ばれる。ここで，目的変数の分散と予測値の分散はそれぞれ，図12の左端の薄い灰色領域の点（散布図の点を平行移動させたもの[注17]）と濃い灰色領域の点（説明変数の観測値に対応する回帰直線上の

注17）　水平方向に点が少しずれているのは，点の重なりによって，点の個数がわかりにくくなるのを避けるためである。

59

点を平行移動させたもの）のばらつきとして視覚的に理解できる。抑うつ尺度とQOL尺度のデータの分析では，決定係数は 1 − 69.60/119.63 = 0.418 であり，QOL尺度得点の変動（値の大小）のうち，41.8％は（抑うつ尺度得点によって予測された）QOL尺度得点の予測値の変動で決定（説明）されると解釈できる。

■ IV　本章のまとめ

　本章では，2つの変数の記述統計について学んだ。視覚的表現として，質的変数についてはクロス集計表および棒グラフ，量的変数については散布図を紹介した。また，数値要約として，質的変数間の連関を記述するクラメールの連関係数およびファイ係数，量的変数間の相関を記述する共分散および相関係数について説明した。その上で，相関係数の利用上の注意点を示した。最後に，回帰直線を用いて量的変数間の関係を記述し，予測・説明を行う方法について解説した。相関係数および単回帰分析に関する各種統計的概念は，より複雑な分析手法の説明において繰り返し登場する重要なものである。

◆学習チェック
- □　クロス集計表の値のパターンと連関の有無の関係について理解した。
- □　共分散と相関係数の関係について理解した。
- □　相関係数の利用上の注意点について理解した。
- □　単回帰分析における，目的変数の観測値，予測値，残差の関係について理解した。
- □　単回帰分析における，予測・説明の評価の意義と方法について理解した。

文　　献

南風原朝和（2002）心理統計学の基礎―統合的理解のために．有斐閣．
Loring, D. W., Meador, K. J. & Lee, G. P.（2004）Determinants of quality of life in epilepsy. *Epilepsy & Behavior*, 5; 976-980.
森敏昭（2008）Q45. In：繁桝算男・柳井晴夫・森敏昭編：Q&Aで知る統計データ解析―DOs and DON'Ts 第2版．サイエンス社，pp. 91-93.
森敏昭・吉田寿夫編（1990）心理学のためのデータ解析テクニカルブック．北大路書房．
山田剛史・村井潤一郎（2004）よくわかる心理統計．ミネルヴァ書房．

第4章

統計的推測の基礎

山本倫生

⌕━ *Keywords*　母集団，標本，確率変数，確率分布，標本統計量，母集団分布，標本分布，ベルヌーイ分布，二項分布，正規分布，点推定，信頼区間，統計的仮説検定

　本章では，統計的推測の基礎について解説する。母集団と標本の考え方は種々の統計解析を行ううえでの基礎となるため，非常に重要である。また，母集団と標本の考え方に基づいて，統計的推定および統計的仮説検定の考え方について解説する。これらの分析手法は多くの心理学研究で利用されており，分析手法の適切な使用や分析結果の正しい理解のためにも，本章で説明する基礎的事項を理解しておく必要がある。

▌ I　確率モデルと標本分布

　前章までは，データのもつ情報を整理し，1つの値で表現したりすることを目的とする記述統計について説明してきた。しかし，記述統計では手元のデータに対する事実についてのみ主張可能であり，その背後にある，さらに大きな対象について言及することは難しい。本節では，一部のデータから背後の大きな集団に対して何らかの推測を行うための準備として，母集団と標本の関係，および確率モデルについて説明する。

1．母集団と標本

①母集団と標本

　有権者全体に対する世論調査を行う場合，通常，実際に調査可能なのは一部の有権者だけである。ここでの有権者全体のように，本来関心のある対象全体のことを母集団と呼ぶ。そして，母集団の一部であり，実際に調査や実験でデータの得られる集団を標本（サンプル）と呼ぶ[注1]。たとえば，ある時点での有権者全体の人数は決まっているので[注2]，母集団の人数は数え上げることができる。このよ

61

うに母集団の構成要素の数が有限である場合の母集団を有限母集団という。逆に，有限母集団でない場合を無限母集団という。なお，本章で述べる統計的推測を利用する際には，有限母集団よりも無限母集団として捉える方が便利なことが多い。さらに，本来は有限母集団であっても，その構成要素数が十分に大きい場合，無限母集団と見なしたときの誤差は無視可能なほどであるので，一般には無限母集団を仮定することが多い。

②サンプリング

上述のように，我々が本来関心のあるのは母集団であるが，母集団を構成する要素（世論調査の例では有権者 1 人ひとり）の数はとても大きく，すべての要素を調べつくすことは不可能である場合が多い。そこで，母集団の一部を標本として入手し（これを「標本を抽出する」という），その標本を対象として調査や実験を行うこととなる。標本は母集団の特性を正しく反映している必要があり，そうでない場合を「標本に偏りがある」という。母集団のすべての要素が等しい確率で選ばれるような標本抽出のやり方を，単純無作為抽出といい，得られた標本を無作為標本と呼ぶ。標本に含まれる要素の数 n のことをサンプルサイズとか標本の大きさといい，たとえば 100 人の要素を標本として抽出した場合は $n = 100$ などと表す。

③分布のパラメータと標本統計量

たとえば，標本調査によって世論調査を行い，内閣支持率を計算したとしよう。我々はこの標本から計算された内閣支持率をもとに，母集団（有権者全体）における内閣支持率を推測しようとする。このように，本来はわからないが標本から推測しようとする母集団の量のことをパラメータまたは母数という[注3]。そして，標本から算出される値のことを標本統計量という。本章までに取り扱っていた平均値や標準偏差などの記述統計量も，標本から計算された値であることから標本統計量の一種である。

標本統計量は標本の要素が変わるとその値が変化する。ある調査で得られた n

注 1) 母集団や標本という言葉は，被験者（対象）の集合を指して用いられるだけでなく，それらの被験者から得られたデータの集合（実際に測定された値）を指すこともある。

注 2) 総務省発表による平成 29 年 9 月 1 日現在での選挙人名簿及び在外選挙人名簿登録者数は約 1 億 600 万人。

注 3) Ⅰ節 3 でより正確に定義する。

= 100 の標本による標本統計量の値と，別の調査で得られた n = 100 の標本統計量の値は通常異なる。そのため，標本統計量は標本によって値が変動する変数と考えることができる。とくに，標本統計量の値はある確率でいろいろな値をとると考えられる。標本統計量に限らず一般にそのような変数のことを確率変数という[注4]。たとえば，先ほどの例のように，内閣支持率を調べるために 100 人の有権者に調査した結果 45 人が支持すると回答したとする。「100 人中支持すると回答する人数」も，100 人分の調査の繰り返しごとに値が異なるはずであり，確率変数と考えられる。有権者全体の内閣支持率が 50％ の場合，この支持率がパラメータであり，その真の値である 0.5 を標本から推測したいと考える。また，標本 100 人中支持すると回答する人の割合は標本統計量の 1 つであり，今回であればその値は 45/100 = 0.45 である。このように，標本から実際に計算して得られる標本統計量の値のことを標本統計量の実現値と呼ぶ。この値を母集団のパラメータの値と見なすことによって，母集団のパラメータの値を推測することができる。

次に，同様に別の 100 人を調査したところ 75 人が支持すると回答したとする。この場合，標本統計量の値は 75/100 = 0.75 となり，パラメータの本当の値である 0.5 からかなり離れている。このように，標本統計量の値は標本ごとに変わりうる。しかし，その標本ごとの変動が小さければ，1 つの標本から得られた値をパラメータの推定値としても問題ないと考えられる。このように，標本統計量の標本ごとの変動の大きさを知ることが，統計的推測の重要なポイントである。

2．確率変数と確率分布

標本統計量の変動を知るためには何度も標本抽出を行うことが必要である。しかし，実際には 1 つの標本しか手に入らないことがほとんどであり，標本統計量の変動を得られたデータだけから把握することは難しい。そこで，1 つの標本からでも標本統計量の変動を把握できる「仕組み」が必要になってくる。この仕組みこそが，確率変数とその確率分布である。

①確率変数と確率分布

確率変数とは，10 円玉投げにおいて 5 回中表が出た回数のように，そのとりうる値が確率的に決定される変数のことを指す[注5]。また，確率分布とは，確率変数

注4） ここでは確率をある事象に対応して決められた数値という程度の意味で用いているが，第 15 章でその意味について吟味する。
注5） 数学的な定義については数理統計学の教科書（たとえば，稲垣 (2003)) を参照のこと。

第 5 巻 心理学統計法

表 1 確率分布の例（1 回のサイコロ投げ）

確率変数のとる値	1	2	3	4	5	6
対応する確率	$\frac{1}{6}$	$\frac{1}{6}$	$\frac{1}{6}$	$\frac{1}{6}$	$\frac{1}{6}$	$\frac{1}{6}$

がとりうる値に確率を対応させたものを指す。つまり，確率変数 X が具体的な値 x（実現値という）をとる確率を決める規則こそが確率分布である（単に分布ともいう）。たとえば，1 回のサイコロ投げにおいて出た目の値が得点として与えられる場合，その得点を確率変数と考えると，それに対応する確率分布は表 1 のようになる。確率変数のとりうる 1 から 6 までの値にそれぞれ $\frac{1}{6}$ という確率が対応している。確率分布は表 1 のように表で記述したり，ヒストグラムや数式で表現される。たとえば表 1 を数式で表現する場合には以下のように書ける。

$$P(X = x) = \frac{1}{6}, \quad x = 1, \cdots, 6$$

これは「確率変数 X が値 x をとる確率は $\frac{1}{6}$ であり，値 x として 1 から 6 の数字をとりうる」と読む。このように確率変数 X に表 1 の確率分布が対応するとき，「確率変数 X は表 1 で表される確率分布に従う」と表現することがある。

　確率変数や確率分布を用いて統計解析を行う際には，世の中の現象に対して仮定される決められた確率分布があり[注6]，一般にはそれを利用して統計的推測を行う。1 回のサイコロ投げで出る目に対応する得点や，10 円玉を複数回投げた際の表の出る回数など，そのとりうる値が順番に数えられるような離散的に表現される確率変数を離散型確率変数という。一方，身長の分布やテストの得点など，連続的な値で表現される確率変数を連続型確率変数という[注7]。以下では，それぞれに対して代表的な理論分布を紹介する。理論分布を用いることで，標本統計量の変動や推定量のよさを検討できることなど，多くのメリットが生じる。

②期待値と分散

　具体的な確率分布の紹介の前に，確率分布の特徴を示す期待値と分散について

注 6）　理論分布などと呼ばれる。
注 7）　テスト得点は通常 80 点，81 点のように飛び飛びの値しかとらないが，扱いやすさから連続的な実数値と見なすことが多い。

64

第4章 統計的推測の基礎

説明する[注8]。確率分布の期待値もしくはその確率分布に従う確率変数の期待値とは、その分布に従う確率変数の値の観測を無限回繰り返して得られた確率変数の値の平均として得られる値であり[注9]、確率分布の平均とも呼ばれる。第2章で説明した平均も同じ名前であるが、ここで述べる期待値は確率変数（もしくは確率分布）に対して計算される値であり、標本に対して計算される記述的な平均とは異なる。なお、区別する場合には、標本に対して計算される平均のことを標本平均という。同じく、標本から計算される記述的な分散のことを標本分散という。

さて、サイコロ投げにおける出る目の値の例のように、確率変数とそれが実際にとりうる値をそれぞれ X, x と表す。この確率変数が x_1 から x_k までの値をとるとすると、確率変数 X の期待値は

$$X \text{の期待値} = x_1 \times (x_1 \text{をとる確率}) + \cdots + x_k \times (x_k \text{をとる確率}) \quad (4.1)$$

と定義される。たとえば、サイコロ投げでは出た目が得点として与えられていたが、その得点を確率変数と考えた場合、値 x をとる確率を便宜上 $f(x) = P(X = x)$ で表すとすると、以下のように得点 X の期待値が計算される。

$$X \text{の期待値} = 1 \times f(1) + 2 \times f(2) + \cdots + 6 \times f(6)$$
$$= 1 \times \frac{1}{6} + 2 \times \frac{1}{6} + \cdots + 6 \times \frac{1}{6} = 3.5$$

つまり、サイコロを投げたときに得られる得点の値として 3.5 点が期待されるのである[注10]。

期待値と同じく確率分布の特徴を表す指標としてよく用いられるのが分散である。分散は確率分布の期待値の周りでのデータの散らばり具合を示しており、標本における標本分散に対応する。確率変数 X の分散は以下のように定義される。なお、上で説明した確率変数 X の期待値を $E(X)$ と表すこととする。

注8) 分布の形を特徴づける値としては他にも最頻値（モード），歪度，尖度など，さまざまなものがある。
注9) 正確には，観測を大量に行うことで，標本平均が確率 1 で収束する値が期待値である。くわしくは，藤越ら（2011）などの数理統計学の書籍を参照のこと。
注10) 1 回のサイコロ投げで 3.5 点が得られることはないが，上述の期待値の説明のように，無限回サイコロ投げを行った際に得られる得点の平均が 3.5 点となると解釈できる。

65

$$X\text{の分散} = (x_1 - E(X))^2 \times (x_1\text{をとる確率}) + (x_2 - E(X))^2 \times (x_2\text{をとる確率})$$
$$+ \cdots + (x_k - E(X))^2 \times (x_k\text{をとる確率}) \qquad (4.2)$$

たとえば、サイコロ投げの場合、以下のように得点 X の分散が計算される。

$$X\text{の分散} = (1 - 3.5)^2 \times \frac{1}{6} + (2 - 3.5)^2 \times \frac{1}{6} + \cdots + (6 - 3.5)^2 \times \frac{1}{6} \approx 2.92$$

また、標準偏差は標本の場合と同様に、標準偏差 = $\sqrt{\text{分散}}$ で定義される。サイコロ投げの場合は $\sqrt{2.92} \approx 1.71$ である。以下では、確率変数 X の分散を $Var(X)$ で表すこととする。

③ベルヌーイ分布と二項分布

いま、確率 π で表が出て[注11]、確率 $1 - \pi$ で裏が出るコインを何回か投げることを考え、表が出たら $X = 1$、裏が出たら $X = 0$ をとる確率変数 X を考える。なお、1回目で表が出たからといって、2回目の表裏の確率は変化しないとする[注12]。このような試行[注13]のことをベルヌーイ試行という。ベルヌーイ試行に対応する離散型確率分布はベルヌーイ分布と呼ばれ、確率変数 X がベルヌーイ分布に従うことを「$X \sim Ber(\pi)$」と表す[注14]。ベルヌーイ分布に従う確率変数 X の期待値 $E(X)$ と分散 $Var(X)$ は上記の定義より以下のようになる。

$$E(X) = 0 \times (1 - \pi) + 1 \times \pi = \pi \qquad (4.3)$$
$$Var(X) = (0 - \pi)^2 \times (1 - \pi) + (1 - \pi)^2 \times \pi = \pi(1 - \pi) \qquad (4.4)$$

たとえばコイン投げの場合は、表裏の出方に偏りがなければ $\pi = \frac{1}{2}$ であり、そのときの期待値は $E(X) = \frac{1}{2}$、$Var(X) = \frac{1}{2} \times \left(1 - \frac{1}{2}\right) = \frac{1}{4}$ と計算される。

このベルヌーイ分布と関連が深く、実際の統計解析でよく利用される確率分布が二項分布である。ここで表裏が同じ確率で出るコインを n 回投げ、表が出る回数を X で表すとしよう。毎回のコイン投げはベルヌーイ試行であり、それに対応

注11) ギリシャ文字 π はパイと読む。
注12) このような試行のことを独立な試行という。
注13) 確率モデルにおける用語として、「くじを引く」、「サイコロを投げる」といった操作を試行という。
注14) 一般に、確率変数 X が確率分布 F(ここではベルヌーイ分布 $Ber(\pi)$ が分布 F に対応する)に従うとき、「$X \sim F$」と表す。

第4章 統計的推測の基礎

表2 二項分布の例（$n = 4$, $\pi = 0.5$ の場合）

確率変数のとる値	0	1	2	3	4
確率	$\frac{1}{16}$	$\frac{1}{4}$	$\frac{3}{8}$	$\frac{1}{4}$	$\frac{1}{16}$

してベルヌーイ分布に従う確率変数を考えることができる。よって，それらベルヌーイ分布に従う確率変数の和として表される n 回中表が出る回数も確率変数となる。このように，各試行がベルヌーイ試行で，各コイン投げが独立である場合，その表の出る回数 X の確率分布を二項分布という。一般に，試行回数 n のうち成功回数[注15] が x となる確率は以下のように計算できる。

$$P(X = x) = {}_nC_x \times \pi^x(1 - \pi)^{n-x}, \quad x = 0, 1, 2, \cdots, n \tag{4.5}$$

ここで，${}_nC_x$ は「n 回中 x 回成功する場合の数」を表しており，${}_nC_x = n!/(x! \times (n-x)!)$ のように計算される[注16]。たとえば，4回中2回成功する場合，「(1, 2)」が1回目と2回目に成功したことを表すとすると，その組み合わせは，(1, 2)，(1, 3)，(1, 4)，(2, 3)，(2, 4)，(3, 4) の6通りであり，${}_4C_2 = 4!/\{2!(4-2)!\} = 6$ となる。また，その確率は以下のようになる。

$$P(X = 2) = {}_4C_2 \left(\frac{1}{2}\right)^2 \times \left(\frac{1}{2}\right)^{(4-2)} = 6 \times \frac{1}{4} \times \frac{1}{4} = \frac{3}{8}$$

すべての x についてその確率が同様に計算可能であり，それは表2のようになる。

一般の n 回の試行を考えた場合，その確率変数 X の期待値 $E(X)$ と分散 $Var(X)$ は以下のように計算できる[注17]。

$$E(X) = 0 \times P(X = 0) + 1 \times P(X = 1) + \cdots + n \times P(X = n) = n\pi \tag{4.6}$$

注15) コイン投げ以外にもさまざまな現象に対して利用されるため，コイン投げにおける「表が出る事象」のことを一般に「成功」という。

注16) 「$n!$」は n の階乗 $n! = n \times (n-1) \times \cdots \times 2 \times 1$ を表す。

注17) 二項分布の期待値と分散の導出方法の詳細については，たとえば南風原（2002）の p. 97 や稲垣（2003）の p. 29 などを参照のこと。

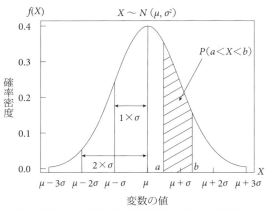

図1 平均 μ，分散 σ^2 の正規分布の確率密度関数

$$Var(X) = (0 - n\pi)^2 \times P(X = 0) + (1 - n\pi)^2 \times P(X = 1) + \cdots \\ + (n - n\pi)^2 \times P(X = n) = n\pi(1 - \pi) \tag{4.7}$$

なお，二項分布の期待値と分散は上述のベルヌーイ分布の期待値，分散のそれぞれ n 倍になっていることがわかる。

④正規分布

連続型確率変数の分布として最も基本的なものが正規分布である。正規分布の紹介の前に，連続型確率分布に関する用語を説明しておく。連続型確率変数 X に対して，その値が区間 (a, b) に含まれる確率は以下のように表現される[注18]。

$$P(a < X < b) = \int_a^b f(x)dx \tag{4.8}$$

ここで，$f(x)$ は確率密度関数と呼ばれ，0以上の値をとり，その全範囲（$-\infty$，∞）での積分値が1となる関数である。図1ではある確率密度関数 $f(x)$ が描かれているが，「区間 (a, b) での $f(x)$ の積分値」とは「$f(x)$ と x 軸上区間 (a, b) との間（図1の斜線部）の面積」を意味している。連続型確率変数の分布はそれぞれ1つの確率密度関数をもち，分布ごとにさまざまな確率密度関数の形をもつ。

さて，正規分布の紹介に話を戻すと，平均 μ，分散 σ^2 の正規分布とは以下のよ

注18）　記号 $\int_a^b f(x)dx$ は，関数 $f(x)$ の区間 (a, b) 上の定積分を表す。

第4章 統計的推測の基礎

うな形の確率密度関数をもつ確率分布のことである[注19]。

$$f(x) = \frac{1}{\sqrt{2\pi}\sigma} \exp\left[-\frac{(x-\mu)^2}{2\sigma^2}\right] \tag{4.9}$$

このような確率密度関数をもつ確率変数 X は「平均 μ、分散 σ^2 の正規分布に従う」と表現し、「$X \sim N(\mu, \sigma^2)$」と記載する。この $f(x)$ をグラフに表したものが図1である。図からわかるように、正規分布の確率密度関数は、μ を中心とした対称な形をしており、その広がり具合が σ^2 によって表現されている。また、平均の周りに σ だけ離れた範囲の値をとる確率は $P(\mu - \sigma < X < \mu + \sigma) \approx 0.683$ であり、同じく平均の周りに $2 \times \sigma$ だけ離れた範囲の値をとる確率は $P(\mu - 2\sigma < X < \mu + 2\sigma) \approx 0.955$ である。このように、正規分布に従う確率変数においては、標準偏差の大きさと対応する区間内に値をとる確率との対応関係について解釈可能である[注20]。なお、正規分布の確率は数表（巻末の付表1参照）や統計ソフトウェアによって得られる。なお、正規分布に従う確率変数のことを正規確率変数と呼ぶことがある。

正規分布はさまざまに便利な性質をもつ。たとえば、正規確率変数の標準化[注21]である。ある確率変数 X について、期待値を $E(X)$、分散 $Var(X)$ と表すとしよう。一般に、以下のように期待値を引き標準偏差で割ることにより新たな確率変数 Z を作ることを、確率変数 X の標準化という。

$$Z = \frac{X - E(X)}{\sqrt{Var(X)}} \tag{4.10}$$

新たな確率変数 Z の期待値は0であり、分散は1となる。また、もし $X \sim N(\mu, \sigma^2)$ であれば、$Z = (X - \mu)/\sigma$ であり $Z \sim N(0, 1)$ となる。なお、期待値0、分散1の正規分布 $N(0, 1)$ のことをとくに標準正規分布という。

母集団分布の種類に関係なく、無作為標本の標本平均の分布はサンプルサイズ

注19) ギリシャ文字 μ、σ はそれぞれミュー、シグマと読む。また、$\exp[x]$ は、ネイピア数 e (≈ 2.718) の x 乗 e^x を意味しており、指数関数と呼ばれる。

注20) 正規分布以外の場合、とくに、平均を中心として左右対称になっていない歪んだ分布の場合、標準偏差の大きさと対応する区間内に確率変数が値をとる確率との対応関係について、このような解釈はできない。

注21) データの標準化については第2章参照。

が大きければ正規分布に近づく，という性質がある。この性質を示した定理は中心極限定理と呼ばれ，統計学の多くの場面で活用されている[注22]。

3．母集団分布と標本分布

調査や実験によって得られたデータは1つの標本でしかなく，本当に知りたい値は標本の背後にある母集団でのパラメータの値であった。また，標本統計量の標本ごとの変動を把握するための「仕組み」こそが確率変数と確率分布であると述べた。本項では，標本変動の把握に確率分布を具体的にどのように利用するかを説明したい。

①母集団分布とパラメータ

統計的推測に基づいて解析を行う際には，母集団を設定し，調査や実験で得られたデータを母集団からの標本であると見なす[注23]。標本変動の把握の第一歩として，母集団について何らかの分布を仮定する。たとえば「大学1年時の統計学の試験の成績は平均を中心とした左右対称な分布になるので，そのような理論分布として正規分布を仮定する」といった具合である。母集団で仮定される確率分布のことを母集団分布という。母集団に分布を仮定することにより，標本統計量の確率分布が導かれ，その標本変動の把握が可能となる。なお，正規分布における μ や σ のように，母集団分布の特徴を示す量のことをパラメータ（母数）と呼ぶ。統計的推測ではこのパラメータに興味があることが多い。

②標本統計量と標本分布

標本から計算される標本平均や標本分散，相関係数（第3章を参照）といった量が標本統計量であった。この標本統計量のとりうる値とその確率の対応関係を表す確率分布のことを，その統計量の標本分布という[注24]。たとえば，ある意識調査において Yes/No で回答する項目があるとする。この回答について，母集団分布にベルヌーイ分布 $Ber\left(\frac{1}{2}\right)$ を仮定し，サンプルサイズ $n = 6$ の標本抽出を行ったとしよう。標本の6名中 Yes と回答した人数 X は二項分布に従うので，Yes の回答割合 $\frac{X}{6}$ がとりうる値とその確率は表3のように計算できる。

これが，標本統計量である Yes の回答割合の標本分布である。なお，ここでの

注22）中心極限定理についてはたとえば，稲垣ら（1992）を参照のこと。
注23）より正確には，独立に同じ母集団分布に従う確率変数の実現値と見なす。
注24）「特定の標本におけるデータの度数分布」とはまったく別の意味であることに注意。

第4章 統計的推測の基礎

表3 Yes の割合のとりうる値とその確率

Yes の割合	0	$\frac{1}{6}$	$\frac{2}{6}$	$\frac{3}{6}$	$\frac{4}{6}$	$\frac{5}{6}$	1
確率	$\frac{1}{64}$	$\frac{6}{64}$	$\frac{15}{64}$	$\frac{20}{64}$	$\frac{15}{64}$	$\frac{6}{64}$	$\frac{1}{64}$

Yes の回答割合のように，標本における興味のある事象の出現回数をそのサンプルサイズで割った値を標本比率（標本割合）という．標本比率に対応して，母集団分布であるベルヌーイ分布のパラメータ π のことを母比率と呼ぶことがある[注25]．母集団分布にベルヌーイ分布という理論分布を仮定することによって，表3に示すように標本統計量である標本比率の確率分布を理論的に知ることができたのである．

いま，標本比率を p と表す．母集団分布にベルヌーイ分布 $Ber(\pi)$ を仮定すると，標本比率の期待値と分散を理論的に計算することができる[注26]．

$$E(p) = \pi, \quad Var(p) = \frac{\pi(1-\pi)}{n} \qquad (4.11)$$

先ほどの例のように，もしパラメータが $\pi = \frac{1}{2}$ でサンプルサイズが $n = 6$ の場合は，その標本比率の標準偏差は以下のように計算できる．

$$\sqrt{Var(p)} = \sqrt{\frac{\pi(1-\pi)}{n}} = \frac{1}{2\sqrt{6}}$$

これがまさに標本ごとに得られる標本比率の値のばらつき具合を示しているのである．この値が大きければ大きいほど，標本ごとに値が大きく異なる可能性があり，あるデータから得られた標本比率の値は母集団比率の値から離れているかもしれない．なお，ここで計算したような標本統計量の標準偏差のことを，その統計量の標準誤差と呼ぶ[注27]．

標本比率と同様によく利用される統計量として標本平均がある．じつは，母集

注25) ここでは $\pi = \frac{1}{2}$ を仮定していた．
注26) 導出方法は，たとえば南風原（2002）の p. 97 や稲垣（2003）の p. 29 などを参照のこと．

第 5 巻　心理学統計法

団に平均 μ ，分散 σ^2 の正規分布を仮定し，μ ，σ の値が既知であるとした場合，サンプルサイズ n の標本から計算される標本平均 $\bar{X}$ は平均 μ ，分散 σ^2/n の正規分布に従うことが知られている[注28]。また，このときの標本平均の標準誤差は $\sqrt{\sigma^2/n}$ で与えられる。なお，標本比率や標本平均の標準誤差の式の形からわかるように，基本的にはサンプルサイズ n を大きくとると，標本統計量のばらつき（つまり，標準誤差）は小さくなる。

■ II　統計的推定

　統計的推測によってデータを分析する場合には，興味の対象は母集団のパラメータの値である。確率モデルを用いて，観測値からパラメータに関する推測を行う方法には，大きく分けて推定と検定がある。推定には点推定と呼ばれる方法と区間推定と呼ばれる方法の 2 つがある。興味のあるパラメータの値はこれぐらいであろうと，1 つの値によってパラメータを見積もることを点推定という。一方で，ある区間を設けてパラメータの値はこの区間に含まれるだろうという形で推定することを区間推定という。

1．点推定

①推定量と推定値
　パラメータの点推定のために用いられる標本統計量のことを推定量という。たとえば，標本比率や標本平均はそれぞれ母集団比率や母集団平均の推定量である。また，データから計算される推定量の値（具体的な数値）のことを推定値と呼ぶ。つまり，推定量とは確率変数であり，その実現値が推定値である。

②推定量の良さの基準──不偏性
　標本平均は母平均の推定量であるが，じつは他にもさまざまな推定量を考えることができる。たとえば，n 人のデータ $X_1, \cdots, X_n$ のうち，最初の 1 人のデータ X_1 を母平均の推定量とすることも可能である。よって，複数ある推定量のうち，どの推定量を使えばよいかという問題が生じるため，各推定量の良さを知る必要がある。推定量の良さを表す性質にはいくつかあり，不偏性，一致性，および，効

注27）「データの標準偏差」は得られた標本でのデータのばらつきを示すのに対して，「標本統計量の標準誤差」は標本ごとの標本統計量の値のばらつきを示しており，意味が異なる。
注28）たとえば，芝ら（1990）の第 3 章を参照のこと。

率が代表的なものである。ここでは不偏性のみ，少し説明をしておこう[注29]。以下では推定したいパラメータをθで表し，その推定量を$\tilde{\theta}$と表す[注30]。

　不偏性とは，推定量の期待値がパラメータの値と一致する性質（$E(\tilde{\theta}) = \theta$）であり，不偏性をもつ推定量は不偏推定量と呼ばれる。期待値とはある確率変数の値の観測を無限回繰り返して得られた確率変数の値の平均として得られる値であった。よって，不偏性とは「推定量$\tilde{\theta}$の値を繰り返し観測した場合に平均的に真のパラメータの値θが観測されると期待されること」と考えられる。たとえば，標本平均$\bar{x}$や標本比率pは，それぞれ母平均μ，母比率πの不偏推定量である[注31]。

$$E(\bar{x}) = \mu , \quad E(p) = \pi \tag{4.12}$$

　一方で，偏差の二乗和をサンプルサイズnで割る標本分散s^2は母分散σ^2の不偏推定量ではない[注32]。

$$E(s^2) = \frac{n-1}{n} \sigma^2 \neq \sigma^2 \tag{4.13}$$

　なお，サンプルサイズnの代わりに$n-1$で偏差の二乗和を割った値を不偏分散といい，不偏分散s'^2は不偏性をもつ。

$$E(s'^2) = \sigma^2 \tag{4.14}$$

2．推定方法

　推定量を導く際にどのような数学的方法・基準を用いたかによって，その推定量が備える性質が変化する。ここでは，推定量を導く数学的方法の代表的なものとして，最尤法と最小二乗法について紹介しよう。

注29）　一致性や効率の簡単な説明については，たとえば芝ら（1990）の第4章を参照のこと。
注30）　θ，$\tilde{\theta}$をそれぞれシータ，シータチルダと読む。
注31）　無作為標本抽出を仮定している。
注32）　標本分散，不偏分散については第2章も参照のこと。

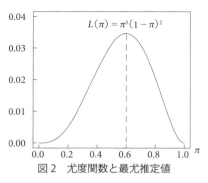

図2 尤度関数と最尤推定値

①最尤法

　最尤法あるいは最尤推定法とは，実際に得られたデータがパラメータの値がいくらのときに最も得られやすかったのかを検討し，データの生起確率を最大とするパラメータの値を推定値とする方法である。たとえば，先の Yes/No の質問項目に対する母比率 π を推定したいとする。いま，5人の被験者からデータを得た結果，$(X_1, X_2, X_3, X_4, X_5) = (1, 1, 0, 1, 0)$ であったとしよう（Yes なら 1，No なら 0 とする）。母集団分布にベルヌーイ分布 $Ber(\pi)$ を仮定していることから，この特定のデータが得られる確率は $P(\{1, 1, 0, 1, 0\}) = \pi \times \pi \times (1-\pi) \times \pi \times (1-\pi) = \pi^3(1-\pi)^2$ である。これはパラメータ π の値によってさまざまな値をとることから，π の関数と見なせる。この関数を $L(\pi) = \pi^3(1-\pi)^2$ と表そう（図2）。図2より，最も高いデータの生起確率を与えるパラメータ π の値は 0.6 だとわかる。じつは，この値はちょうど標本比率 $p = 3/5 = 0.6$ に一致している。上記の関数 $L(\pi)$ のように，データの生起確率をパラメータの関数として表現したものを尤度関数と呼び，特定のパラメータの値に対するその関数の値のことを尤度と呼ぶ[注33]。さらに，尤度を最大にする変数の具体的な値のことを最尤推定値と呼び，これに対応する推定量のことを最尤推定量と呼ぶ[注34]。上の例では，尤度関数を最大にする値 0.6 が最尤推定値であり，標本比率とは最尤法によって得られる推定値だったことがわかる。なお，一般のパラメータ θ において，計算の簡便さなどから，尤度関数 $L(\theta)$ そのものではなく，対数変換した $\log L(\theta)$ を最大化する

注33）尤度関数を確率に比例する量 $L(\pi) \propto P(\{1, 1, 0, 1, 0\})$ と定義する場合もある。尤度関数は関数としてはデータの生起確率と同じものであるが，何を変数と見なすかの観点が異なるため，用語も異なったものを用いる。尤度については第15章も参照のこと。

注34）最尤推定量は標本統計量であり，データから計算される最尤推定量の具体的な値が最尤推定値である。

第4章 統計的推測の基礎

関数として考えることが多い。この対数変換したものを対数尤度（関数）と呼ぶ。

また，母集団分布として正規分布 $N(\mu, \sigma^2)$ を仮定すると，標本平均と標本分散はそれぞれ母平均 μ，母分散 σ^2 の最尤推定量である。一方でⅡ節1②で紹介した不偏分散は σ^2 の最尤推定量ではない。このように，最尤推定量であっても不偏推定量でなかったり，逆に最尤推定量でなくても不偏推定量であることがある。

②最小二乗法

最尤法は仮定した母集団分布に従って構成された尤度に基づく方法であり，母集団分布に依存した確率論的な方法である。一方で，ここで紹介する最小二乗法は，特定の母集団分布に依存せずに推定量を導く方法である。

たとえば，サンプルサイズ n の標本データ $X_1, \cdots, X_n$ を用いて母集団平均 μ を推定したいとしよう[注35]。このとき，平均はデータの分布の代表値であることを考慮し，母集団平均 μ の推定量として，データの n 個の値と「全体的に」最も近い値をとるものを推定量 $\tilde{\mu}$ とする[注36]。つまり，以下のような基準 Q を最小にする μ を推定量とし，それを $\tilde{\mu}$ と表す。

$$Q = (X_1 - \mu)^2 + (X_2 - \mu)^2 + \cdots + (X_n - \mu)^2 \tag{4.15}$$

ここで，1つひとつの項 $(X_i - \mu)^2$ がデータの各値 X_i と求めたいパラメータ μ との差，つまりお互いの距離を表しており[注37]，これを n 個足したものが最小二乗基準 Q である。このような最小二乗基準を最小にすることによって得られた推定量は最小二乗推定量と呼ばれ，それに対応する推定値は最小二乗推定値と呼ばれる。なお，上記の Q を最小にする μ が実は標本平均 $\bar{X} = \frac{1}{n}\sum_{i=1}^{n}X_i$ [注38] となるため[注39]，母平均の最小二乗推定量は上記の正規分布を仮定した場合の最尤推定量と一致する。ただし，正規分布を仮定しない場合の最尤推定量とは一般には一致しない。

注35) 母集団の確率分布はとくに指定しないが，母集団を想定し，標本は母集団から抽出された値であると考える点は，最尤法と共通である。
注36) $\tilde{\mu}$ はミューチルダと読む。
注37) 数学的な都合の良さから差を二乗している。たとえば，二乗する代わりに絶対値を用いても良いが，その場合は別の推定量が導かれる。
注38) ここで，総和記号 Σ は，ギリシャ語の文字でシグマと読み，「総和せよ」という命令を表す。また，$\sum_{i=1}^{n}x_i$ とあれば，これは数 x_i の第1項から第 n 項までの総和，すなわち，$\sum_{i=1}^{n}x_i = x_1 + x_2 + \cdots + x_n$ を表す。
注39) たとえば，南風原（2002）の p.20 を参照のこと。

3. 区間推定

　点推定では推定量の1つの実現値（点推定値）によってパラメータを推定していた。しかし，I節3で標本比率の標準誤差を説明したように推定値のとりうる値は標本ごとに異なり，母集団での値との誤差（標本誤差という）が生じる。この標本誤差を考慮するために，点推定値を含むような区間を設けて，その中に「あらかじめ定められた高い確率でパラメータを含むようにする」[注40] 方法が用いられる。このような区間を推定することを区間推定という。ここでは，区間推定の方法として一般に利用される信頼区間について説明する[注41]。

　たとえば，母集団分布に成功確率 π のベルヌーイ分布 $Ber(\pi)$ を仮定しよう。このとき，サンプルサイズ n の標本における成功回数の和の確率変数 X は二項分布に従う。ここで母集団での成功確率 π を標本から推定したいとする。信頼区間の推定では，以下の式を満たす区間の上限 p_U と下限 p_L を標本から求める。

$$P(p_L < \pi < p_U) \geq 1 - \alpha \tag{4.16}$$

　区間 $[p_L, p_U]$ の両端 p_L, p_U を信頼限界という。上の式は，「パラメータ π が区間 $[p_L, p_U]$ に含まれる確率が $1 - \alpha$ 以上である」と読む。ここで，α は0から1の間の値をとり，$1 - \alpha$ を信頼係数と呼ぶ。また，上の式を満たす区間 $[p_L, p_U]$ のことを $100(1 - \alpha)$ ％信頼区間という。一般に，信頼係数を高く設定する（つまり，α を小さくする）と信頼区間の幅が広がる。しかし，区間の幅があまりに広いと，その区間を用いることに意味がなくなってしまうので，適度な大きさの α を設定する必要がある。基本的には分析者が自由に設定すればよいが，α の値として 0.05 を採用して95％信頼区間を求めることが多い。なお，ここではパラメータを成功確率 π として説明を行っているが，一般のパラメータ θ の場合でも考え方や用語の使い方は同じである。

　信頼区間の解釈には注意が必要である。たとえば95％信頼区間の解釈としては，「同じサンプルサイズでの調査・研究を何度も繰り返してデータを取得し，それぞれで信頼区間を算出した場合に，それらの区間のうち95％はパラメータの値を含む区間」と解釈できる。よって，実際にデータを取得し信頼区間を計算した

注40) これは信頼区間の構成方法の説明であるが，括弧で強調しているのは，後述のように解釈に注意が必要だからである。
注41) 信頼区間については，第14章も参照。

第4章 統計的推測の基礎

場合，その信頼区間にパラメータの値が含まれているかいないかのどちらかであり，しかもそれは確かめようがない。つまり，推定された95％信頼区間に対して「その区間内に母集団のパラメータの値を95％の確率で含んでいる」と考えるのは誤りであり，さらに，「母集団のパラメータの値は推定値のそばにある確率が最も高く，得られた信頼区間の端にいくほど母集団パラメータの値がある確率は低くなる」というのも誤りである。このような誤った解釈がなされることが多いため，信頼区間の解釈については注意が必要である。じつは，信頼区間は統計的仮説検定と深い関係があり，それについてはⅢ節2で説明する。

Ⅲ 統計的仮説検定

統計的推測のもう1つの方法である統計的仮説検定について説明を行う。また，区間推定の1つである信頼区間について，検定と密接な関係があることを説明する。

1．統計的仮説検定の考え方

①統計的仮説検定の手順

高校生の非行行動について検討するため，反社会的行動を複数用意し，最近1カ月間にそのうち1つでも行ったことがあるかどうかを調査したとしよう。高校に在籍する15歳から18歳の男女をランダムにそれぞれ20人抽出し，男性では8人が，女性では2人が反社会的行動を行ったことがあると回答したとする。つまり，非行行動の標本比率は男性 8/20 ＝ 0.4，女性 2/20 ＝ 0.1 であり，標本比率は男性の方が高かったとする。このとき，母集団（高校生全体）でも，男性の非行行動割合が女性よりも高いといえるだろうか？ この問いに対して統計的な回答を与えるための方法の1つが統計的仮説検定である。

統計的仮説検定は以下のような手順で行う。各用語については以下で説明を行う。

手順1：帰無仮説と対立仮説を設定する。
手順2：統計的仮説検定に用いる検定統計量を選択する。
手順3：有意水準 α を決定する。
手順4：データを取得し，データから検定統計量の実現値を求める。
手順5：検定統計量の値から p 値を求める。
手順6：p 値の値と有意水準を比較し，帰無仮説が棄却可能かどうかを判断する。

なお，手順 1 から 3 までは，基本的には調査や実験の計画段階で事前に決定しておく必要がある。

②帰無仮説と対立仮説の設定（手順 1）

先の非行行動の調査のような調査・実験において，一般には，じつは 2 つの命題について考えようとしている。この例では，1 つは「非行行動の頻度は男女で差がない」であり，もう 1 つは「非行行動の頻度は男女で差がある」である[注42]。前者のように，2 つの集団を比較する際に「差がない」とする命題のことを帰無仮説といい，後者のように，2 つの集団間に「差がある」とする命題のことを対立仮説という。なお，この 2 つの仮説は対等ではなく，主張したい内容を対立仮説に設定し，対立仮説を支持する明確な証拠や確信がなければ，基本的には帰無仮説を採択することとなる。

③検定統計量と帰無分布（手順 2，4）

仮説検定において，もし帰無仮説「非行行動の頻度は男女で差がない」が正しくても，データは標本ごとに変動するため，標本比率の値が必ず男女間で同じになるとは限らない。逆にいうと，標本比率の値が異なっていたとしても，必ずしも「非行行動の頻度は男女で差がある」とはいえないのである。

ここで「もし帰無仮説が正しければ，非行行動割合の差は必ず 0 とはならなくても，その値は標本ごとに 0 を中心に左右対称にばらつく」と仮定する。このとき，男女間の非行行動割合の差そのものではなく，差をその標準誤差[注43]で割った値 Z に注目しよう。

$$Z = \frac{\text{非行行動割合の差}}{\text{割合の差の標準誤差}} \qquad (4.17)$$

この Z も標本から計算される値であり標本統計量の一種であるが，この Z のように統計的仮説検定で利用される標本統計量のことを特別に検定統計量と呼ぶ。

注 42）　もしくは，単に差があるだけでなく，「非行行動の頻度は男性の方が女性よりも高い（低い）」といった，パラメータの値の大小の方向（差の符号）を特定する命題を考えることもできる。

注 43）　I 節 3 ②を参照のこと。

先の例では，非行行動割合の差 0.4 − 0.1 = 0.3，その標準誤差 0.128 を用いると Z の値は以下のように計算できる[注44]。

$$Z = \frac{0.4-0.1}{0.128} \approx 2.344$$

すでに述べたように標本統計量も確率的に値が変動するので，その確率分布を考えられる。そこで，もし帰無仮説が正しかった場合にこの検定統計量 Z が従う確率分布について考えてみよう。そのために，まずは母集団分布を考える必要がある。いま，ある男性が非行行動を行ったことがあると回答すれば $X = 1$，そうでなければ $X = 0$ という値をとる確率変数 X を考える。同様に女性についても確率変数 Y を考える。このとき，X, Y はそれぞれパラメータ π_m，π_f のベルヌーイ分布に従うと仮定する：$X \sim Ber(\pi_m)$, $Y \sim Ber(\pi_f)$。ここで，π_m, π_f が男女それぞれの母集団での非行行動を起こす比率である。じつは，この母集団分布の仮定から，サンプルサイズが十分に大きいとき[注45]，上の検定統計量 Z は帰無仮説が正しければ標準正規分布に従うことが数学的に示される[注46]。ここでの Z に対する標準正規分布のように，現在検討している検定統計量が，帰無仮説が正しければ従う確率分布のことを帰無分布と呼ぶ。

④有意水準と棄却域・採択域（手順 3，5，6）

非行行動の例では，検定統計量 Z は帰無仮説が正しければ標準正規分布に従うことが導かれた。一般にはここで検定統計量の値から p 値と呼ばれる値を計算する。p 値とは，検定統計量がデータによって計算された値と同じかそれよりも帰無仮説から離れた値をとる確率のことである。図 3 は検定統計量 Z の確率分布（標準正規分布の確率密度関数）を示している。いま，帰無仮説のもとでは男女で差がなかったので，帰無仮説のもとでの男女差は 0 である[注47]。データから計算され

注44）この標準誤差は $\sqrt{p_1(1-p_1)/n_1 + p_2(1-p_2)/n_2}$ のように計算される。ここでは，p_1, p_2 はそれぞれ男性，女性の標本比率 0.4, 0.1 を表し，n_1, n_2 はそれぞれのサンプルサイズ 20 を表す。なお，標準誤差の計算方法は他にもプールした分散を用いた計算方法が用いられることがあるが，くわしくは南風原（2002）の p. 180 や竹村（1991）の 10.2 節を参照してほしい。

注45）どの程度のサンプルサイズが必要かは π_m, π_f の値に依存するので一概にはいえないが，たとえば Brown et al.（2005）で信頼区間の観点から検討されている。

注46）導出の詳細については Lehmann（2004），Example 3.1.5 を参照のこと。

注47）Ⅲ節 2 で説明するように，一般に帰無仮説で仮定されるパラメータの関数の値を t と設定することができ，ここでは $t = 0$ と設定していると考えられる。

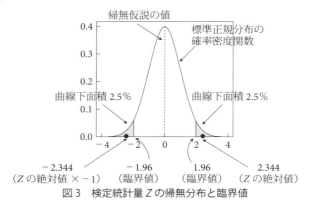

図3 検定統計量 Z の帰無分布と臨界値

る検定統計量は、男女差を「男性−女性」で考えると上記のように 2.344 となり、「女性−男性」の場合は− 2.344 となる。よって、これらの値と同じかそれ以上に帰無仮説で仮定された値（ここでは 0）から離れた値とは、2.344 以上もしくは− 2.344 以下の値である。よって、Z の絶対値 2.344 以上の値かもしくは Z の絶対値にマイナス 1 をかけた− 2.344 以下の値をとる確率が p 値となる[注48]。標準正規分布の確率を計算すると p 値は以下のようになる。

p 値 ＝（− 2.344 以下の値をとる確率）＋（2.344 以上の値をとる確率）
　　 ≈ 0.00954 ＋ 0.00954 ＝ 0.01908

次に、この p 値が事前に定めた小さな値よりも小さければ帰無仮説を棄却する。この事前に定めた値の事を有意水準と呼ぶ（有意水準の定義は後述する）。つまり、帰無仮説が正しいと仮定した場合に、検定統計量が実際にデータとして得られた値（実現値）かそれ以上に極端な値が得られる確率が非常に小さければ、そのような事象は本来起こりえないため、仮定（帰無仮説）が間違っていたと考える。こうして帰無仮説を誤りであると判断することを「帰無仮説を棄却する」という。逆に、手元のデータが得られる確率がそこまで小さくないのであれば、帰無仮説が間違っているという明確な証拠が得られていないと考え、棄却せずに受容することとなる。これを「帰無仮説を採択する」という。非行行動の例のように差に注目しているとき、差がないという帰無仮説を棄却する場合には、「統計的

注 48）　男女差を「男性−女性」と「女性−男性」のどちらで考えていても対応できるように、通常は検定統計量の絶対値を考える。

第4章 統計的推測の基礎

に有意な差がある」とか「差は統計的に有意である」などという。

このような検定手順の実行において，統計的仮説検定では「本当は帰無仮説が正しいのに誤って帰無仮説を棄却してしまう確率」をできるだけ小さくしようとする。とくにこの確率を，与えられた限界以下となるように検定を行うが，この限界のことを有意水準と呼び，その値として1%，5%などがよく利用される[注49]。ここで，「本当は帰無仮説が正しいのに誤って帰無仮説を棄却すること」を第1種の過誤やタイプⅠエラーなどと呼ぶ。逆に，「本当は対立仮説が正しいのに誤って帰無仮説を採択すること」を第2種の過誤やタイプⅡエラーなどと呼ぶ。さらに，第2種の過誤の確率を1から引いた値，つまり，「本当は対立仮説が正しいときに正しく帰無仮説を棄却する確率」のことを検出力と呼ぶ[注50]。統計的仮説検定を伴う調査や実験を計画する際には，この検出力や有意水準をもとに事前にサンプルサイズを考える必要がある[注51]。一般に，有意水準を小さく設定すればするほど，また，検出力を大きく設定すればするほど，必要なサンプルサイズは大きくなる。非行行動の例では，有意水準を5%と設定していたとすると，p値（0.01908）は5%（つまり，0.05）よりも小さいため帰無仮説は棄却され，男女間の非行行動割合の差は統計的に有意であるという結論が得られる。

ここで，確率密度関数のある区間での関数の曲線より下の面積は，その確率分布に従う確率変数が区間内に値をとる確率に対応していたことを思い出してほしい。検定統計量 Z について考えてみると，その値は標準正規分布に従っていることから，p値が有意水準以下であることと，検定統計量の絶対値がある値以上であることは一対一に対応している。検定統計量に対するこの基準値のことを臨界値と呼ぶ。たとえば，有意水準を5%とした場合の例を考えてみると，標準正規分布が0を中心とした対称な分布であることから，1.96以上となる確率，および，−1.96以下となる確率はそれぞれ0.025であり，両者を合わせると確率がちょうど0.05となる（図3の網掛けの箇所）。つまり，「検定統計量の絶対値が1.96以上となるか，もしくは，検定統計量の絶対値にマイナス1をかけた値が−1.96以下となること」と，「p値が0.05以下になること」は同じことを意味する。このとき，帰無仮説を棄却することとなる検定統計量の範囲のことを棄却域と呼ぶ。逆に，帰無仮説を採択することとなる範囲のことを採択域と呼ぶ。上記の例では，−1.96

注49） 数学的な決定方法はなく，検定の使用者が自身の責任で値を決定する必要がある。
注50） 検定力とも呼ばれる。
注51） 本書ではサンプルサイズの検討についての詳細は省略するが，たとえば，南風原（2002）の p.142 を参照のこと。

以下および 1.96 以上が棄却域で、その 2 つの値に挟まれる − 1.96 より大きく 1.96 未満の範囲が採択域である。

　仮説の設定において、仮説検定の方向を考える場合がある。これまでは単に男女間で割合に差があるかどうか、つまり、男女間の差が 0 でない（0 より大きい、または、0 より小さい）ことを対立仮説に設定していた。一方で、たとえば「男性の方が女性よりも非行行動が多い」ということを示したいとしよう。このときは、男性の母比率から女性の母比率を引いたものを男女差と考えると、帰無仮説を「差が 0 以下である」、対立仮説を「差が 0 より大きい」とした方がよいかもしれない。この場合、帰無仮説は 0 以下の範囲で表現されるため、検定統計量がその実現値以上となる確率が p 値となり、その値 0.00954 が有意水準以下かどうかを検討することとなる。先に述べたような帰無分布の両側の裾に対して棄却域を設定する場合を両側検定と呼ぶ。一方、本段落で述べたような片側の裾のみに棄却域を設定する場合を片側検定と呼ぶ。検定が片側か両側かによって p 値の値が異なるため、計画段階でどちらを使用するかを決定しておく必要がある。

⑤検定が有意であったときの注意

　非行行動割合の男女差のような 2 つの集団間での比較を考えた場合、統計的に有意であることはその集団間の差が実質的に意味があることをただちには意味しない。たとえば、男女それぞれ 5,000 名に調査したところ、非行行動を行ったことがある男性は 30 名、女性は 15 名であったとする。このとき、標本比率の差は 30/5000 − 15/5000 = 0.003 であり、実質的に意味のある差とは考えられないだろう。しかし、このときの検定統計量は 2.242 で、両側検定を行った場合の p 値は 0.025 となる。つまり、実質的に意味のない差であるにもかかわらず、有意水準 5% で統計的に有意となる。一般に、統計的仮説検定の結果は、差の大きさだけでなく、サンプルサイズと差のばらつき（標準誤差）に依存することに注意してほしい。つまり、サンプルサイズが大きければ大きいほど、また、ばらつきが小さければ小さいほど有意になりやすくなる。

　また、p 値が小さいからといって差が大きいことの証拠とはならないことにも注意してほしい。上記の例でも、実際には差の推定値は 0.003 であったにもかかわらず、前述の 20 名ずつ調査した結果（差の推定値は 0.3）と p 値の大きさはあまり変わらない[注52]。

注52）　同様の間違いとして、p 値は帰無仮説が正しい確率ではないことにも注意しよう。

第4章　統計的推測の基礎

⑥検定が有意でなかったときの注意

逆に，帰無仮説が棄却できなかったとしても，帰無仮説が正しいことが示されたわけではない。たとえば，差が有意でなかったのは単にサンプルサイズが小さいことが原因かもしれない。一般にサンプルサイズを変更せずに有意水準を小さく設定すると，第2種の過誤確率は大きくなり，帰無仮説を棄却しにくくなる[注53]。

また，上記のような誤解をしてしまう大きな理由の1つは，仮説検定が反証の論理に基づく手順だからであろう。帰無仮説が正しい，つまり，母集団において「男女間に差がない」ならば，当然取得したデータでも男女間に差がない結果が得られる可能性が高いはずである。そこで，データから計算される差の値[注54]が「男女間に差がない」ことを仮定したもとでは確率的に起こりえないものであった場合にのみ，「データからは男女間で差がある結果が得られたため，帰無仮説が誤りであった」と考えるのである。

2．信頼区間との関連

最後に，信頼区間と仮説検定との関連について説明する。例として先ほどの非行行動割合の男女間の比較について考えてみよう。母集団比率の差を0とした帰無仮説のもとで，有意水準5%の両側検定の結果 p 値は 0.019 であり，統計的に有意であった。ここで，帰無仮説で設定する母比率の差を0以外の値 t に設定してみよう[注55]。このとき，以下のような検定統計量 Z' が標準正規分布に従うことを利用する。

$$Z' = \frac{\text{非行行動割合の差} - t}{\text{割合の差の標準誤差}} \tag{4.18}$$

帰無仮説において男女差 t を0から 0.6 まで 0.1 ずつ変化させると，そのときの p 値は表4のようになる。帰無仮説での男女差が，標本での割合の差 0.3 を中心として，0.3 から離れるにつれて p 値が小さくなっていき，0 と 0.1 および 0.5 と 0.6 の間を境に有意水準5%で棄却されるかどうかが変化している。実際は，有意になるかどうかの境目は男女差について約 0.049 と約 0.551 である[注56]。じつはこれが母集団比率の差の95%信頼区間である。もう少し正確に述べると，95%信頼区

注53）　つまり，検出力が低くなる。
注54）　正確には差をもとにした検定統計量の実現値。
注55）　じつは帰無仮説での値は0以外の値も自由に設定できる。

83

表4 帰無仮説での男女差を変化させたときの p 値

男女差 t	0	0.1	0.2	0.3	0.4	0.5	0.6
p 値	0.019	0.118	0.435	1.000	0.435	0.118	0.019

間とは，有意水準5％の両側検定で有意にならない帰無仮説での差の範囲である。なお，一般の場合は，有意水準を α とすると $100 \times (1 - \alpha)$ ％信頼区間とは，有意水準 α の両側検定で有意にならない差の範囲であり，この $1 - \alpha$ が信頼係数に対応する。

サンプルサイズが大きいときには検定統計量が標準正規分布に従うことを利用して検定を行う場合が多いが，そのとき信頼区間は以下の式で求められる。

$$推定値 \pm z_{\frac{\alpha}{2}} \times 標準誤差 \tag{4.19}$$

なお，$z_{\frac{\alpha}{2}}$ は標準正規分布に従う確率変数 X について $P(X \geqq z_{\frac{\alpha}{2}}) = \frac{\alpha}{2}$ となる値で，上側 $100 \times \frac{\alpha}{2}$ ％点と呼ばれる。たとえば，$\alpha = 0.05$ のとき，$z_{\frac{\alpha}{2}} = 1.96$ である（上側2.5％点，図3を参照）。上記の非行行動の例では，非行行動割合の男女差の上側の信頼限界は，標準誤差が0.128であることを用いると，$0.3 + 1.96 \times 0.128 = 0.551$ であり，下側の信頼限界は $0.3 - 1.96 \times 0.128 = 0.049$ となる[注57]。つまり，95％信頼区間は $[0.049, 0.551]$ である。

IV 本章のまとめ

本章では，推測統計の基礎として，母集団と標本の考え方について学んだ。標本変動を把握するための仕組みとして，確率変数と確率分布を導入することを説明し，母集団分布および標本統計量の確率分布について説明した。統計的推測として，推定と検定について説明した。推定については点推定における推定量と推定値の違いについて説明し，推定量の良さの基準として不偏性を紹介した。また，推定量を導く方法として最尤法と最小二乗法を説明した。さらに，区間推定として信頼区間を説明した。検定については，その手順や有意水準・帰無仮説といっ

注56）なお，検定統計量 Z, Z' が標準正規分布に従うのはサンプルサイズが十分に大きいときであり，今回のように男女それぞれ20人の場合にはその近似精度は高くないことに注意。

注57）割合の差の標準誤差の計算方法として，ここではⅢ節1②と同様にLehmann（2004）のExample 3.1.5を参考に計算しているが，他にも2群をプールした計算方法を用いる場合もある。くわしくは，竹村（1991）の10.2節を参照のこと。

第4章　統計的推測の基礎

た用語の説明，さらに検定の背後にある考え方について説明した。最後に，信頼区間と検定との関連について説明した。

◆学習チェック
□　母集団と標本について理解した。
□　確率変数と確率分布について理解した。
□　母集団分布と標本統計量，標本分布について理解した。
□　推定量と推定値の違い，および，推定量の良さの基準について理解した。
□　点推定の方法として最尤法と最小二乗法について理解した。
□　統計的仮説検定の考え方について理解した。
□　信頼区間について理解した。

文献

Brown, L. & Li, X.（2005）Confidence intervals for two sample binomial distribution. *Journal of Statistical Planning and Inference*, 130; 359-375.

藤越康祝・若木宏文・柳原宏和（2011）確率・統計の数学的基礎．広島大学出版会．

南風原朝和（2002）心理統計学の基礎―統合的理解のために．有斐閣．

稲垣宣生（2003）数理統計学 改訂版．裳華房．

稲垣宣生・山根芳和・吉田光雄（1992）統計学入門．裳華房．

Lehmann, E. L.（2004）*Elements of Large-Sample Theory*. Springer.

芝祐順・南風原朝和（1990）行動科学における統計解析法．東京大学出版会．

竹村彰通（1991）現代数理統計学．創文社．

山田剛史・村井潤一郎（2004）よくわかる心理統計．ミネルヴァ書房．

クロス集計表の検定

安永和央

Keywords 連関，独立，観測度数，期待度数，独立性の検定，χ^2 統計量，χ^2 検定，残差分析，フィッシャーの直接確率法，対応のない比率の差の検定，対応のある比率の差の検定，対数線形モデル

本章では，クロス集計表の検定について解説する。第3章では，2つの質的変数の間にどの程度の関係（連関）があるかを表す連関係数について解説された。本章では，まず2つの質的変数間の連関について，第4章で述べられた統計的仮説検定を用いて検討する独立性の検定について説明する。次に，比率の違い（差）を検討する方法として，対応のないデータと対応のあるデータを用いて解説を行う。最後に，質的変数間の連関を検討するためのより進んだ方法として，対数線形モデルについて説明する。

1 2つの質的変数の関係

クロス集計表の検討では，2つの質的変数間にどの程度の連関があるかを検討対象とすることが多い。その場合，質的変数の間に連関がない状況を考え，その状況から実際に集計されたデータがどれくらいズレているか（離れているか）を評価する。そのズレが，ある基準より小さければ，2つの質的変数は連関がないと判断され，基準より大きければ連関があると判断される。したがって，質的変数間の連関を検討する際には，質的変数間に連関がない状況について理解することが重要となる。

これを踏まえ，本節ではまず質的変数の間に連関がない状況とある状況の違いについて解説する。次に連関がない状況を理解したうえで，クロス集計表の検定である独立性の検定について説明する。その後，残差分析，フィッシャーの直接確率法についても解説する。

第5章 クロス集計表の検定

1．質的変数間に連関がない状況とある状況

①連関がない状況

2つの質的変数に連関がないことを2つの質的変数は独立であるという。2つの質的変数が独立であるとは，一方の質的変数のカテゴリの違いによって，他方の質的変数のカテゴリの比率に違いがない状況のことである。この状況について具体例を用いて考えてみよう。

大学生と社会人を対象に好きなTV番組のジャンル（ドラマ，バラエティ）について調べたとする。これは，調査対象者である「大学生」と「社会人」という質的変数と，TV番組のジャンルである「ドラマ」と「バラエティ」という質的変数との関係を見るための調査である。表1は質的変数間に連関がない状況を表したものである。なお，本章で扱うデータはすべて仮想データである。

表1（a）を見てみよう。まず，ドラマに着目してみると，大学生では150人中75人（比率は「比べられる量÷もとにする量」で求められるので，75/150 = 0.5）が好きと回答しており，社会人でも同様に150人中75人（75/150 = 0.5）が好きと回答している。その結果，全体においても300人中150人（150/300 = 0.5）がドラマを好きと回答しており，ドラマを好きと回答する比率が，「大学生が0.5，社会人が0.5，全体で0.5」と等しくなっている。

次に，バラエティに着目すると，ドラマと同様にすべて同じ比率（0.5）でバラエティを好きと回答しており，こちらも回答の比率が，「大学生が0.5，社会人が0.5，全体で0.5」と等しくなっている。

表1（b）を見てみよう。こちらは一見すると回答に偏りがあるように感じられるかもしれないが，表1（a）の例と同じように考えてみよう。まず，ドラマに着目すると，大学生では200人中180人（180/200 = 0.9）が好きと回答しており，社会人では100人中90人（90/100 = 0.9）が好きと回答している。その結果，全体においても300人中270人（270/300 = 0.9）がドラマを好きと回答しており，ドラマを好きと回答する比率が，「大学生が0.9，社会人が0.9，全体で0.9」と等しくなっている。

次に，バラエティに着目すると，大学生では200人中20人（20/200 = 0.1）が好きと回答しており，社会人では100人中10人（10/100 = 0.1）が好きと回答している。その結果，全体においても300人中30人（30/300 = 0.1）がバラエティを好きと回答している。こちらも，バラエティを好きと回答する比率が，「大学生が0.1，社会人が0.1，全体で0.1」と等しくなっている。

表1　大学生・社会人と好きなTV番組との関係（連関なしの例）

(a)

	ドラマ	バラエティ	合計
大学生	75 (0.5)	75 (0.5)	150
社会人	75 (0.5)	75 (0.5)	150
合計	150 (0.5)	150 (0.5)	300

(b)

	ドラマ	バラエティ	合計
大学生	180 (0.9)	20 (0.1)	200
社会人	90 (0.9)	10 (0.1)	100
合計	270 (0.9)	30 (0.1)	300

（注）（　）は行の周辺度数（合計に関しては総度数）を分母にした比率を示す。

表2　大学生・社会人と好きなTV番組との関係（連関ありの例）

	ドラマ	バラエティ	合計
大学生	30 (0.2)	120 (0.8)	150
社会人	90 (0.6)	60 (0.4)	150
合計	120 (0.4)	180 (0.6)	300

（注）（　）は行の周辺度数（合計に関しては総度数）を分母にした比率を示す。

　以上のように，「大学生と社会人でドラマとバラエティの選び方に違いがない」ということは，「大学生」か「社会人」という質的変数と「ドラマ」か「バラエティ」という質的変数の間に連関がないということになる。ただし，連関がない場合でも実際に得られるデータは，このようにきれいに期待度数と一致するわけではない。この期待度数と実際の観測度数のズレについては，これらの意味も含め本節2で説明する。

②連関がある状況
　2つの質的変数に連関がある状況とは，一方の質的変数のカテゴリの違いによって，他方の質的変数のカテゴリの比率が異なる状況のことである。表2は質的変数間に連関がある状況を表したものである。
　まず，ドラマに着目すると，大学生では150人中30人（30/150 = 0.2）が好きと回答しており，社会人では150人中90人（90/150 = 0.6）が好きと回答している。その結果，全体では300人中120人（120/300 = 0.4）がドラマを好きと回答

第 5 章 クロス集計表の検定

している。これは「①連関がない状況」とは異なり，ドラマを好きと回答する比率が，「大学生が 0.2，社会人が 0.6，全体で 0.4」と異なっている。

次に，バラエティに着目すると，大学生では 150 人中 120 人（120/150 = 0.8）が好きと回答しており，社会人では 150 人中 60 人（60/150 = 0.4）が好きと回答している。その結果，全体では 300 人中 180 人（180/300 = 0.6）がバラエティを好きと回答している。こちらもバラエティを好きと回答する比率が，「大学生が 0.8，社会人が 0.4，全体で 0.6」と異なっている。すなわち，大学生がバラエティを好み，社会人がドラマを好む傾向が見られる。

以上のように，「大学生と社会人で好きなテレビ番組の選び方が異なる」ということは，「大学生」か「社会人」という質的変数と「ドラマ」か「バラエティ」という質的変数の間に連関があるということになる。

2　独立性の検定

①期待度数

Ⅰ節の初めに述べたように，クロス集計表の検定では，2 つの質的変数間に連関がない状況（2 つの質的変数が独立である状況）を考え，その状況と実際に集計されたデータとのズレを評価する。ここでは，ズレを評価する際に必要となる期待度数について説明する。期待度数とは，2 つの質的変数間に連関がないとする場合に得られる理論値のことである。これに対し，実際に集計されたデータを観測度数と呼ぶ。それでは，表 3 を用いて期待度数の求め方を考えてみよう。

「①連関がない状況」で説明したように，2 つの質的変数に連関がない場合，大学生と社会人で好きな TV 番組の選び方（比率）が同じになる。では，表 3 のように周辺度数が既知であるが，各セルの値が未知の場合，各セルがどのような値だと連関がないといえるだろうか。「①連関がない状況」の例（表 1）を思い出してほしい。2 つの質的変数に連関がない状況では，大学生と社会人の回答が同じ比率になり，その結果として，列の周辺度数（一番下の合計）の比率も等しくなった。これを踏まえると，結果である列の周辺度数の比率の方に，大学生と社会人の回答の比率を合わせることで連関がない状況をつくることができると考えられる。つまり，列の周辺度数と同じ比率になるように，大学生と社会人の回答を振り分けるのである。そうすれば，すべてのカテゴリが同様の比率となり，質的変数間に連関がない状況となる。

たとえば，ドラマにおける大学生の回答（●）と列の周辺度数を見てみよう。ドラマの合計では，300 人中 120 人（120/300）が好きと回答している。この比率に

表3 期待度数の求め方を説明するための表

	ドラマ	バラエティ	合計
大学生	●	▲	150
社会人	○	△	150
合計	120	180	300

表4 求められた期待度数

	ドラマ	バラエティ	合計
大学生	60 (0.4)	90 (0.6)	150
社会人	60 (0.4)	90 (0.6)	150
合計	120 (0.4)	180 (0.6)	300

（注）（ ）は行の周辺度数（合計に関しては総度数）を分母にした比率を示す。

大学生の回答（●）を合わせると，大学生150人中●人が120/300と等しくなると考えるので，●/150 = 120/300となる。この式の両辺に150をかけると●＝（150 × 120）/300となり，●＝60人と求められる。このように，期待度数は次の（5.1）式で求められる。

$$期待度数 = \frac{行の周辺度数 \times 列の周辺度数}{総度数} \qquad (5.1)$$

その他のセルの期待度数も同様に求めると，

▲＝（150 × 180）/300 = 90
○＝（150 × 120）/300 = 60
△＝（150 × 180）/300 = 90

となる。これらの期待度数を入れたものを表4に示す。表から列の周辺度数の比率と大学生・社会人の回答の比率が等しくなっているのが見て取れる。

第5章 クロス集計表の検定

表5 観測度数−期待度数

	ドラマ	バラエティ	合計
大学生	30 − 60 = −30	120 − 90 = 30	150
社会人	90 − 60 = 30	60 − 90 = −30	150
合計	120	180	300

表6 (観測度数−期待度数)の二乗

	ドラマ	バラエティ	合計
大学生	$(30-60)^2$	$(120-90)^2$	150
社会人	$(90-60)^2$	$(60-90)^2$	150
合計	120	180	300

表7 (観測度数−期待度数)の二乗÷期待度数

	ドラマ	バラエティ	合計
大学生	$\dfrac{(30-60)^2}{60}$	$\dfrac{(120-90)^2}{90}$	150
社会人	$\dfrac{(90-60)^2}{60}$	$\dfrac{(60-90)^2}{90}$	150
合計	120	180	300

② χ^2 統計量(カイ二乗統計量)

ここでは,どのように観測度数と期待度数のズレを評価するかについて表2と表4を用いて解説する。

まず,観測度数が期待度数と比べて,どれくらいズレているか(離れているか)を検討するために観測度数と期待度数との差を算出する(表5)。次に,観測度数と期待度数との全体的なズレを検討するために,差の値(表5の各セルの値)を合計する。その結果,プラスの値とマイナスの値が相殺し合って0になる。そのため,第2章の分散の求め方でも説明されたように,これらの値を二乗して符号の影響を取り除く(表6)。ズレの値が同じでも,期待度数の大きさによってその影響の程度が異なる。たとえば,ズレの大きさが同じ「30^2」という値でも,期待度数「60」を基準とした「30^2」と期待度数「90」を基準とした「30^2」とでは,後者の方がズレの程度は小さいと考えられる。このように,ズレの程度を考える際には期待度数の大きさも考慮する必要がある。つまり,(観測度数−期待度数)の二乗が,期待度数に対して相対的にどのくらいの大きさになるのかを考える必要がある。そのため,(観測度数−期待度数)の二乗を期待度数で割る(表7)。こ

91

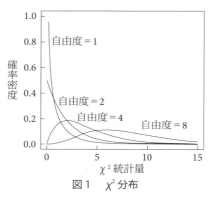

図1　χ^2分布

れらをすべて合計した値が，観測度数と期待度数との全体的なズレを表す。これは χ^2 統計量（カイ二乗統計量）と呼ばれ，次の（5.2）式で表される。

$$\chi^2 統計量 = \frac{(観測度数 - 期待度数)の二乗}{期待度数} の全セルについての和 \quad (5.2)$$

表7の値を用いて，χ^2 統計量を計算すると，

$$\chi^2 統計量 = \frac{(30-60)^2}{60} + \frac{(120-90)^2}{90} + \frac{(90-60)^2}{60} + \frac{(60-90)^2}{90} = 50$$

となる。

　この χ^2 統計量を用いて連関があるかどうかを調べる検定は χ^2 検定と呼ばれる。これは，2つの質的変数は独立であるという帰無仮説が正しいとしたとき，χ^2 統計量が自由度（行の数 − 1）×（列の数 − 1）の χ^2 分布に近似的に従うことを利用した検定である。自由度とは，検定統計量（この節では χ^2 統計量）の分布の形を決めるもので，サンプルサイズや分析デザイン[注1]により決まるものである[注2]（石井，2014）。図1に χ^2 分布を示す。自由度の値が変わるごとに分布の形も変化するのが見て取れる。

注1）　第6章で解説される「2群の平均値差の検定」（t検定）を例に挙げると，同じt検定でも，「対応のある2群の比較」と「対応のない2群の比較」といった分析デザインの違いにより自由度の求め方が異なる。
注2）　自由度については，第6章，第7章も参照のこと。

第5章 クロス集計表の検定

表8 大学生・社会人と好きなTV番組の関係を調べるための表

	ドラマ	バラエティ	スポーツ	合計
大学生	60	62	78	200
社会人	60	28	12	100
合計	120	90	90	300

例題1　χ^2検定の活用

　表8は，大学生と社会人を対象に好きなTV番組のジャンル（ドラマ，バラエティ，スポーツ）について調べた結果（仮想データ）である。今回得られたデータでは表8のような関係性になったが，この結果は今回のデータによりたまたま得られたものであるのか，あるいは，標本変動を超えたものであるのかを確かめるため，統計的仮説検定の手順に従って検討してみよう。

(1) 帰無仮説（H_0）と対立仮説（H_1）を設定する

　まず，「母集団において大学生・社会人と好きなTV番組は独立である（連関がない）」という帰無仮説（H_0）と，「母集団において大学生・社会人と好きなTV番組は連関がある」という対立仮説（H_1）を設定する。

(2) 統計的仮説検定に用いる検定統計量を選択する

　検定統計量はχ^2統計量を用いる。

(3) 有意水準αを決定する

　有意水準は5％とする。表8は行の数が2つ（大学生，社会人），列の数が3つ（ドラマ，バラエティ，スポーツ）であるため，χ^2検定の自由度は（行の数－1）×（列の数－1）＝（2－1）×（3－1）＝1×2＝2となる。巻末の付表3「χ^2分布表」において，自由度の値が2，上側確率5％を表す0.05の箇所を見ると，臨界値は5.99であることがわかる。

(4) データから検定統計量の実現値（χ^2統計量）を求める

　表9に期待度数の値を示す。この値を用いて，χ^2統計量を求める。

$$\chi^2\text{統計量} = \frac{(60-80)^2}{80} + \frac{(62-60)^2}{60} + \frac{(78-60)^2}{60} + \frac{(60-40)^2}{40} + \frac{(28-30)^2}{30} + \frac{(12-30)^2}{30} = 31.4$$

(5) 検定統計量の値から有意確率（p値）を求める

　(4)で求めたχ^2統計量からp値（31.4以上の値をとる確率）を求めると，0.0000001519になる。したがって，5％水準で有意（$p < .05$）となる。

第 5 巻　心理学統計法

表 9　表 8 の期待度数

	ドラマ	バラエティ	スポーツ	合計
大学生	80	60	60	200
社会人	40	30	30	100
合計	120	90	90	300

　また，臨界値と χ^2 統計量を用いた判断も行える。検定統計量の実現値＞臨界値であれば $p < .05$ という対応関係がある。(3) から臨界値は 5.99 ということがわかり，(4) で χ^2 統計量の値は 31.4 と求められた。31.4 ＞ 5.99 より 5 ％水準で有意となる。

(6) 帰無仮説が棄却可能かどうかを判断する

　(5) の検定結果から，(1) で設定した「母集団において大学生・社会人と好きな TV 番組は独立である（連関がない）」という帰無仮説（H_0）は棄却され，「母集団において大学生・社会人と好きな TV 番組は連関がある」と判断される。論文等では，結果を記述したあとに（$\chi^2(2) = 31.4$，$p < .05$）と付けることが多い。「χ^2」は χ^2 統計量，「(2)」は自由度の値，「31.4」は χ^2 統計量の実現値，「$p < .05$」は 5 ％水準で有意となることを意味する。

③残差分析

　検定の結果，2 つの質的変数間に連関があると判断された場合，2 × 2 のクロス集計表であればカテゴリ間の関係をすぐに把握することができる。しかしながら，例題のように 2 × 2 より大きい数のクロス集計表の場合，どのカテゴリの観測度数のズレが大きいのかは，χ^2 検定の結果だけではすぐに判断できない。先に説明した通り，χ^2 検定は表の全体的なズレを評価しているため，個々のカテゴリに関するズレの大きさについては別の方法で評価する必要がある。その方法が残差分析と呼ばれるものである。

　χ^2 統計量では，表の全体的なズレを検討するために個々のズレをすべて合計する必要があった。そのため，値をすべて二乗していた。しかし，今回の残差分析では，全体的なズレを検討するのではなく，1 つずつのズレとその方向を検討するため，値を二乗する必要がない。これは標準化残差と呼ばれ，次の（5.3）式で求められる。

$$標準化残差 = \frac{観測度数 - 期待度数}{\sqrt{期待度数}} \tag{5.3}$$

第5章 クロス集計表の検定

表10 調整済み標準化残差

	ドラマ	バラエティ	スポーツ
大学生	− 5.00	0.53	4.81
社会人	5.00	− 0.53	− 4.81

　この値を検定で活用しやすいように調整する。この調整は，標準化残差の値を残差の標準偏差で割ることにより求められる。これを調整済み標準化残差と呼ぶ。残差の分散は次の（5.4）式で求められる。

$$残差の分散 = \left(1 - \frac{行の周辺度数}{総度数}\right) \times \left(1 - \frac{列の周辺度数}{総度数}\right) \quad (5.4)$$

　したがって，残差の標準偏差は次の（5.5）式となる。

$$残差の標準偏差 = \sqrt{残差の分散} \quad (5.5)$$

　調整済み標準化残差は，次の（5.6）式で表され，（5.3）式と（5.5）式で求められる。

$$調整済み標準化残差 = \frac{標準化残差}{残差の標準偏差} \quad (5.6)$$

　表10は調整済み標準化残差の値を示したものである。
　調整済み標準化残差は，平均が0，標準偏差が1の標準正規分布に近似的に従うことが知られている。このことを利用して検定できるようにするために，標準化残差を「調整した」のである。巻末の付表1「標準正規分布表」の上側確率 0.0250（上側確率 2.5％を表す）の箇所を見ると，臨界値は 1.96，上側確率 0.0049（上側確率 0.49％を表す）の箇所を見ると，臨界値は 2.58 であることがわかる。したがって，調整済み標準化残差の値を用いて，次の基準に基づいた判断が行える。

　｜調整済み標準化残差｜＞ 1.96 であれば 5％水準で有意
　｜調整済み標準化残差｜＞ 2.58 であれば 1％水準で有意

第 5 巻　心理学統計法

表 11　期待度数の小さいクロス表

	ドラマ	バラエティ	合計
大学生	1	4	5
社会人	3	2	5
合計	4	6	10

　表 10 の値とこの基準を比較すると，ドラマとスポーツにおいて，大学生と社会人の回答の比率に違いがあることがわかる。つまり，TV 番組に関して，大学生ではスポーツが好きと回答する比率が高く，社会人ではドラマが好きと回答する比率が高いことがわかった。

④フィッシャーの直接確率法
　χ^2 検定はもともと近似の検定だが，期待度数が小さい場合（たとえば，5 以下），χ^2 分布への近似がうまくいかなくなることが知られている。そのため，このような場合は，χ^2 検定ではなく，フィッシャーの直接確率法を活用することが推奨される。フィッシャーの直接確率法では，手元にあるデータの周辺度数を固定した状況で，実際に得られた結果になる確率と，今回の結果以上に変数間の連関を示す結果になる確率を足し合わせて検定を行う。それでは，表 11 を用いてフィッシャーの直接確率法の考え方を説明する。
　フィッシャーの直接確率法では，表 11 の灰色の箇所である各行の周辺度数（大学生 5 人，社会人 5 人）と各列の周辺度数（ドラマ好き 4 人，バラエティ好き 6 人）は固定されたものと考える。その状況において，まず総度数 10 人の中からドラマを好きと回答した 4 人を選ぶ組み合わせを考える。n 個のものから r 個を選ぶ組み合わせは $_nC_r$ で求められるため，この組み合わせは $_{10}C_4$ となる。次に，ドラマ好きの回答者が大学生 1 人と社会人 3 人となる場合を考える。これは，大学生 5 人の中から 1 人選ぶ組み合わせと社会人 5 人の中から 3 人を選ぶ組み合わせの積により求められる。したがって，$_5C_1 \times _5C_3$ となる（大学生の $_5C_1 = 5$ 通りの選ばれ方ごとに，社会人の選ばれ方が $_5C_3 = 10$ 通りあるため積となる）。これらを用いると，表 11 の結果になる確率は次の式により求められる。

　　$p =$（大学生 5 人から 1 人を選ぶ組み合わせ×社会人 5 人から 3 人を選ぶ組み合わせ）/ 総度数 10 人からドラマを好きと回答した 4 人を選ぶ組み合わせ

第 5 章　クロス集計表の検定

表 12　表 11 の周辺度数となる 5 つの回答パターン

①

	ドラマ	バラエティ
大学生	0	5
社会人	4	1

$p = 0.024$

②

	ドラマ	バラエティ
大学生	1	4
社会人	3	2

$p = 0.238$

③

	ドラマ	バラエティ
大学生	2	3
社会人	2	3

$p = 0.476$

④

	ドラマ	バラエティ
大学生	3	2
社会人	1	4

$p = 0.238$

⑤

	ドラマ	バラエティ
大学生	4	1
社会人	0	5

$p = 0.024$

$$= \frac{{}_5C_1 \times {}_5C_3}{{}_{10}C_4} = \frac{5 \times 10}{210} = 0.238$$

表 11 と同じ周辺度数となる回答パターンは，表 12 で示す①〜⑤の 5 つである。各パターンについて，同様の方法で確率を求めたものを表の下に示す。なお，表 12 の示し方を含め，「フィッシャーの直接確率法」の説明は森ら（1990）を参考にした。

今回の結果と今回の結果よりも強い質的変数間の関連を示すパターンを考えると，②，④（今回の結果と同等の回答パターン［大学生と社会人の回答パターンを入れ替えたもの］）と①，⑤がこれらに該当する。これらの確率の総和を求めると次の値となる。

$$p = 0.024（①）+ 0.238（②）+ 0.238（④）+ 0.024（⑤）= 0.524$$

フィッシャーの直接確率法では，この値（p 値）と有意水準の 5% を比べることにより統計的な判断を行う。今回のデータで統計的仮説検定を行った場合，$p = 0.524$ となり有意水準の 5% を超えているので統計的には有意とならず，「大学生・社会人と好きな TV 番組は独立である」という帰無仮説（H_0）が保持されることになる。

II 比率の差の検定

クロス集計表の検討では，回答の比率の違い（比率の差）が検討の対象となることも多い。この節では，比率の差を検討する方法として「対応のない」場合と「対応のある」場合に分けて解説する。

1．対応のない比率の差の検定

「対応のない」データとは，異なる対象から得られたデータのことを表す[注3]。たとえば，「大学生と社会人」「男性と女性」「大学1年生，大学2年生，…」のように異なる対象から得られたデータがこれに当てはまる。ただし，同一人物に対して大学1年生のとき，大学2年生のとき，…と時系列を追って調査を行った場合は，次に述べる「対応のある」データとなる。ここでは，対応のないデータを用いた比率の差の検定について説明する。

自宅から通っている大学生（自宅生）と一人暮らしをしている大学生（一人暮らし生）を対象にアルバイトをしているかどうか（アルバイトあり，アルバイトなし）について調べたとする。この場合，これらのデータは自宅生と一人暮らし生という異なる対象から得られたデータになるため，対応のないデータとなる。ここでは，自宅生と一人暮らし生で，アルバイトありと回答した人の比率に差があるかを検討する。表13にその結果を示す。

バイトありと回答した人の比率に着目すると，自宅生は150人中90人（90/150）で0.60，一人暮らし生は150人中100人（100/150）で0.67となり，0.67（一人暮らし生）− 0.60（自宅生）= 0.07と一人暮らし生の方が高くなっている。この差について統計的仮説検定の手順に従って検討を行う。

まず，「自宅生と一人暮らし生のバイトありと回答した人の比率は等しい」という帰無仮説（H_0）と，「バイトありと回答した人の比率は等しくない（差がある）」という対立仮説（H_1）を設定する。次に，統計的仮説検定に用いる検定統計量を選択する。対応のない比率の差の検定では，検定統計量は次の（5.7）式により求められる。

$$z = \frac{バイトあり自宅生の比率 - バイトあり一人暮らし生の比率}{\sqrt{分散}} \quad (5.7)$$

注3）「対応のない」データについては，第6章の「対応のない2群の比較」も参照のこと。

第5章 クロス集計表の検定

表13 自宅生と一人暮らし生におけるバイトの有無

	バイトあり	バイトなし	合計
自宅	90	60	150
一人暮らし	100	50	150
合計	190	110	300

また，分散は次の（5.8）式と（5.9）式により求められる。

2群の情報を合わせた（プールした）全体比率（p_{pooled}）=（バイトあり自宅生の人数×バイトあり自宅生の比率＋バイトあり一人暮らし生の人数×バイトあり一人暮らし生の比率）/（バイトあり自宅生の人数＋バイトあり一人暮らし生の人数）

$$= \frac{n_{自} p_{自} + n_{一人} p_{一人}}{n_{自} + n_{一人}} \qquad (5.8)$$

分散＝全体比率×(1 − 全体比率)

$$\times \left(\frac{1}{バイトあり自宅生の人数} + \frac{1}{バイトあり一人暮らし生の人数} \right)$$

$$= p_{pooled} \times (1 - p_{pooled}) \times \left(\frac{1}{n_{自}} + \frac{1}{n_{一人}} \right) \qquad (5.9)$$

したがって，

$$全体比率 = \frac{90 \times 0.6 + 100 \times 0.67}{90 + 100} = 0.637$$

$$分散 = 0.637 \times (1 - 0.637) \times \left(\frac{1}{90} + \frac{1}{100} \right) = 0.00488$$

となり，（5.7）式より，

$$z = \frac{0.6 - 0.67}{\sqrt{0.00488}} = -1.002$$

となる。
　この検定統計量zは，平均が0，標準偏差が1の標準正規分布に近似的に従うこ

第 5 巻　心理学統計法

表 14　留学前後における海外生活に対する自信の変化

		留学後		合計
		自信あり	自信なし	
留学前	自信あり	15	5	20
	自信なし	20	10	30
合計		35	15	50

とが知られている。付表 1「標準正規分布表」の上側確率 0.0250（上側確率 2.5％を表す）の箇所を見ると，臨界値は 1.96 であることがわかる。今回の結果は，$|z|$ < 1.96 であり，5％を超えるので統計的に有意にはならず，「自宅生と一人暮らし生のバイトありと回答した人の比率は等しい」という帰無仮説（H_0）が保持されることになる。

2．対応のある比率の差の検定

「対応のある」データとは，同一対象や対応関係にある対象から得られたデータのことを表す[注4]。たとえば，ある対象に調査を行い，同じ対象に一定期間後調査を行った場合，「1 回目のデータ」と「2 回目のデータ」は同一対象から得られたデータとなるため，これに当てはまる。また，夫婦や親子，あるいは，ある能力によって組み合わせた対象（たとえば，テストの得点が同じくらいの人同士を組み合わせて 2 グループに分ける）から得られたデータもこれに当てはまる。ここでは，対応のあるデータを用いた比率の差の検定について説明する。

海外留学をした大学生 50 人に対して，留学前に海外で生活することに自信があるか（自信あり，自信なし）を調べ，留学後に同じ内容を再度調査した。この場合，同じ大学生 50 人に対して留学の前後で調査をしたデータなので，対応のあるデータとなる。ここでは，留学前後で，自信ありと回答した人の比率に差があるかどうかについて検討する。表 14 にその結果を示す。

自信ありと回答した人の比率に着目すると，留学前は 50 人中 20 人（20/50）で 0.4，留学後は 50 人中 35 人（35/50）で 0.7 となり，0.7（留学後）－ 0.4（留学前）＝ 0.3 と留学後の方が高くなっている。この差について，統計的仮説検定を用いて検討を行う。

表 15 に留学前後の回答パターンを示した。回答パターンは①〜④の 4 つに分け

注4）「対応のある」データについては，第 6 章の「対応のある 2 群の比較」も参照のこと。

第5章 クロス集計表の検定

表15 留学前後における「自信あり」と「自信なし」の回答パターン

	留学前	留学後
①	自信あり	自信あり
②	自信あり	自信なし
③	自信なし	自信あり
④	自信なし	自信なし

表16 表14と表15の回答パターンとの対応関係

		留学後	
		自信あり	自信なし
留学前	自信あり	①	②
	自信なし	③	④

られ，これらの番号は表16の番号と対応する。この回答パターンを見ていくと，①は留学前後とも「自信あり」と回答しているため，留学前後の比率に「共通」するものである。したがって，留学前後の「自信あり」の比率の変化には影響しない。一方，④は留学前後とも「自信なし」と回答しているため，「自信あり」の比率には影響しない。これらを踏まえると，留学前と留学後の「自信あり」の比率に影響を及ぼしているのは，②（留学前の「自信あり」）と③（留学後の「自信あり」）と考えることができる。つまり，留学前後の「自信あり」の比率に差があった場合，この差を生み出しているのは②と③の比率の違いによるものと考えられる。したがって，対応のある比率の検定では，②と③の比率の差について検討すればよいことになる。

それでは，統計的仮説検定の手順に従って検討を行う。まず，「②留学前『自信あり』で留学後『自信なし』に変化した回答と③留学前『自信なし』で留学後『自信あり』に変化した回答の比率は等しい（すなわち，②と③の比率は0.5）」という帰無仮説（H_0）と，「②留学前『自信あり』で留学後『自信なし』に変化した回答と③留学前『自信なし』で留学後『自信あり』に変化した回答の比率は等しくない（差がある）」という対立仮説（H_1）を設定する。次に，統計的仮説検定に用いる検定統計量を選択する。②の人数や③の人数は，試行数25（②の人数＋③の人数），確率0.5の二項分布に従うと考えることができるため，二項分布[注5]を用いて検定を行う。この検定では，検定統計量zを用い，有意水準は5％と決定する。

第4章では，二項分布の期待値（平均）はnp（nは総数，pは比率），分散は$np(1-p)$であると説明された。さらに，この分布は総数nが大きい場合は正規分布に近似することが知られている。これらを用いると検定統計量zの値は次の

注5) くわしくは，第4章Ⅰ節2③を参照のこと。

（5.10）式により求めることができる。

$$z = \frac{②の人数（あるいは③の人数）- 平均}{\sqrt{分散}} \tag{5.10}$$

ここでは，②の人数は 5，n（総数）は 25（②の人数 + ③の人数），p（比率）は 0.5 であるため，（5.10）式より，検定統計量の値が

$$z = \frac{②の人数（あるいは③の人数）- 総数 \times 0.5}{\sqrt{総数 \times 比率(1-比率)}} = \frac{5 - 25 \times 0.5}{\sqrt{25 \times 0.5 \times 0.5}} = -3$$

となる。

今回の結果は，$|z| > 1.96$ であるため，5％水準で有意となる。検定結果は $|z| > 2.58$ となるため，1％水準でも有意であり，「②と③の比率は等しい（すなわち，②と③の比率は0.5）」という帰無仮説（H_0）は棄却される。したがって，統計的仮説検定の結果，留学前よりも留学後の方が，「自信あり」の回答の比率が異なることがわかった。

III 対数線形モデル

　質的変数間の連関を検討する方法としては，I節で解説した χ^2 検定が代表的であるが，別の方法として対数線形モデルが用いられることも多い。ここでは，対数線形モデルについて基本的な考え方を説明する。なお，以下の内容が難しいと思われる読者は，数式等は気にせず読み進め，こういう方法もあるということを知ってもらえれば十分である。

　対数線形モデルでは，自然対数を用いることにより，期待度数（理論値）を各変数の主効果や交互作用効果の和（線形結合）であると見なす。たとえば，2つの質的変数の連関を検討する場合，次の（5.11）式のようになる。

期待度数の対数 = 切片 + 変数$_1(i)$の主効果 + 変数$_2(j)$の主効果
　　　　　　　 + 変数$_1(i)$と変数$_2(j)$の交互作用効果　　　　　(5.11)

本節における切片とは，後に説明する「基準としたカテゴリ」に対応するセル

の値を対数変換した値を示す。変数₁(i)の主効果は変数₁におけるi番目のカテゴリの主効果を表し，変数₂(j)は変数₂におけるj番目のカテゴリの主効果を表す。変数₁(i)と変数₂(j)の交互作用効果は変数₁におけるi番目のカテゴリと変数₂におけるj番目のカテゴリの組み合わせの交互作用効果を表す。変数の主効果や交互作用効果の意味については，後ほど具体例を用いて説明する。

対数線形モデルでは，このようなモデル式を複数仮定し，実際に得られたデータ（観測度数）と仮定したモデル（期待度数）が適合しているかを評価することにより，質的変数間の連関について検討する。それでは，対数線形モデルを用いた検討の手順について，具体例を用いて見ていく。

1．モデルの設定

対数線形モデル分析の基本的な考え方についてイメージしやすいように，I節の例題1（大学生と社会人を対象に好きなTV番組のジャンル［ドラマ，バラエティ，スポーツ］について調べた結果）（表8）を用いて説明する。ここでは，調査対象（大学生と社会人）を「対象」（変数₁），TV番組のジャンル（ドラマ，バラエティ，スポーツ）を「TV」（変数₂）と表記する。

対数線形モデルでは，(5.12)式，(5.13)式のようにモデル式を設定する。

$$\text{モデル①} = 切片 + 対象(i)の主効果 + TV(j)の主効果$$
$$+ 対象(i)とTV(j)の交互作用効果 \qquad (5.12)$$
$$\text{モデル②} = 切片 + 対象(i)の主効果 + TV(j)の主効果 \qquad (5.13)$$

変数の主効果とは，カテゴリにおける観測度数の違いを表すものである。モデル①における対象(i)の主効果では，大学生と社会人で観測度数に違いがあるかを表すものである。一方，交互作用効果とは，変数間に連関がある状態を表すものである。モデル①では，対象(i)とTV(j)の間に連関があるかを検討するものである。対数線形モデルでは，これらの効果をパラメータ（母数）として推定する。

モデル①のように，すべての効果（主効果と交互作用効果）が含まれているモデルを飽和モデルと呼ぶ。一方，モデル②は飽和モデルから交互作用効果をなくしたモデル式である。このように飽和モデルより少ない効果のモデル式（飽和モデルから何らかの効果なくしたモデル式）を不飽和モデルと呼ぶ。また，交互作用効果は連関を表すものであるため，交互作用効果がないモデル②は，各変数が独立となることから，独立モデルと呼ばれる。その他，「切片 + 対象(i)の主効果」

第 5 巻　心理学統計法

表 17　モデル①とモデル②におけるパラメータの推定値

	切片（基準セル）	対象（社会人）の主効果	TV（ドラマ）の主効果	TV（スポーツ）の主効果
モデル①	4.127 **	− 0.795　**	− 0.033	0.230
モデル②	4.094 **	− 0.693　**	0.288　*	0.000
計算式	log（大学生・バラエティ）	log（社会人・バラエティ）− log（大学生・バラエティ）	log（大学生・ドラマ）− log（大学生・バラエティ）	log（大学生・スポーツ）− log（大学生・バラエティ）
モデル①計算過程	log（62）= 4.127	log（28）− log（62）= 3.332 − 4.127 = − 0.795	log（60）− log（62）= 4.094 − 4.127 = − 0.033	log（78）− log（62）= 4.357 − 4.127 = 0.230
モデル②計算過程	log（60）= 4.094	log（30）− log（60）= 3.401 − 4.094 = − 0.693	log（80）− log（60）= 4.382 − 4.094 = 0.288	log（60）− log（60）= 4.094 − 4.094 = 0

（注）　たとえば，（大学生・バラエティ）は，大学生とバラエティにおけるセルの値を表す。モデル①は表 8 のデータ，モデル②は表 9 のデータを用いて算出される。$^* p < 0.05$, $^{**} p < 0.01$。

「切片 ＋ TV（j）の主効果」「切片のみ」というモデルも考えられるが，今回は検討の対象外なので扱わない。なお，飽和モデルの期待度数は実際のデータ（観測度数）そのものとなる。そのため，今回の例では表 8 に示した値となる。一方，モデル②の独立モデル（不飽和モデル）の期待度数は表 9 に示した値となる。

2．モデルの検討

　実際のデータ（観測度数）と設定したモデル（期待度数）が適合するかについて，統計的仮説検定の手順に従って検討を行う。まず，「データとモデルにズレ（差）がない（適合する）」という帰無仮説（H_0）と，「データとモデルにズレ（差）がある（適合しない）」という対立仮説（H_1）を設定する。検討するすべてのモデルに対して，これらの仮説を用いる。次に，統計的仮説検定では，（5.14）式で求められる逸脱度を検定統計量の値として用いる。なお，この逸脱度は，尤度比基準とも呼ばれる（喜岡，2002；弓野，1986）。

$$逸脱度 = 2 \times \left(観測度数 \times \log \frac{観測度数}{期待度数} \right) の全セルについての和 \qquad (5.14)$$

また，自由度は次の（5.15）式により求められる。

$$自由度 = セルの数 − 推定するパラメータの数 \qquad (5.15)$$

104

対象（社会人）と TV（ドラマ）の交互作用効果	対象（社会人）と TV（スポーツドラマ）の交互作用効果
0.795 **	− 1.077 **
—	—
log（社会人・ドラマ）− log（大学生・ドラマ）− log（社会人・バラエティ）+ log（大学生・バラエティ）	log（社会人・スポーツ）− log（大学生・スポーツ）− log（社会人・バラエティ）+ log（大学生・バラエティ）
log(60) − log(60) − log(28) + log(62) = 4.094 − 4.094 − 3.332 + 4.127 = 0.795	log(12) − log(78) − log(28) + log(62) = 2.485 − 4.357 − 3.332 + 4.127 = − 1.077
—	—

逸脱度は，帰無仮説が正しいとしたとき，この自由度の χ^2 分布に従うことを利用して，統計的仮説検定が可能となる。

ここでは，パラメータ推定に関する詳細な説明は割愛するが，対数線形モデルでは，特定のカテゴリを基準として，各変数の主効果や交互作用効果の大きさを検討する。したがって，基準としたカテゴリの主効果や交互作用効果以外の効果についてパラメータを推定することになる。たとえば，「対象」では大学生，「TV」ではバラエティを基準とした場合，モデル①で推定するパラメータは，「切片」「対象（社会人）の主効果」「TV（ドラマ）の主効果」「TV（スポーツ）の主効果」「対象（社会人）と TV（ドラマ）との交互作用効果」「対象（社会人）と TV（スポーツ）との交互作用効果」の 6 つになる。これに対して，モデル②で推定するパラメータは，モデル 1 の交互作用効果をなくした，「切片」「対象（社会人）の主効果」「TV（ドラマ）の主効果」「TV（スポーツ）の主効果」の 4 つになる。具体的にイメージしやすいように，表 17 にパラメータを推定した例を示す。この表における検定結果等は，統計ソフトウェア R を用いて求めたものである。なお，パラメータの算出方法およびパラメータの解釈の仕方については，川端ら（2018）にくわしく解説されているため，これらの理解を深めたい読者はこの書籍を参照されたい。表 17 からも，推定されているパラメータの数は，モデル①では 6 つ，モデル②では 4 つであることがわかる。表 8 よりセルの数は 6 つであるため，これらの値を用いて自由度の値が計算できる。表 18 にモデル①とモデル②の逸脱度と自由度を示す。

表18　モデル①とモデル②における逸脱度と自由度の値

	逸脱度	自由度
モデル①	0	0
モデル②	33.274	2

　これらの結果を用いて統計的仮説検定を行う。はじめに，モデル①について検討する。モデル①のような飽和モデルは，先に述べたように観測度数そのものを表す。データとモデルが一致している（適合している）ため，逸脱度の値は0となる（(5.14) 式で説明すると，右辺の log（観測度数 / 期待度数）の部分が log 1 = 0 となるため逸脱度の値は0になる）。検定統計量である逸脱度の値が0であるため，モデル①は「データとモデルにズレ（差）がない（適合する）」という帰無仮説（H_0）が保持される。次に，モデル②について検討する。付表3「χ^2分布表」における自由度の値が2，上側確率5％を表す 0.05 の箇所を見ると，臨界値は5.99であることがわかる。逸脱度（33.27）＞臨界値（5.99）であるため，5％水準で有意となり，「データとモデルにズレ（差）がない（適合する）」という帰無仮説（H_0）が棄却される。以上の結果から，モデル①が選択される。また，モデル選択においては，比較するモデルの逸脱度の差を検討する尤度比検定や，AIC，BICという指標を用いる方法もある。これらの詳細についても川端ら（2018）を参照されたい。今回検討したモデルの数は2つであるが，モデルの数が増えても，基本的には適合の良いモデルを選ぶことが対数線形モデル分析の目的となる。

　モデル①とモデル②の違いは，交互作用効果の有無であるため，今回の結果から交互作用効果が適合の良さに影響を及ぼしていると考えられる。また，表17のモデル①における交互作用効果の検定結果が1％水準で有意であることからも，対象とTV番組のジャンルには連関があると考えられる。これを踏まえて，交互作用効果について検討する。交互作用効果（対象のどのカテゴリとTVのどのカテゴリの組み合わせに連関があるか）を検討する方法の1つは，Ⅰ節2③で説明した残差分析である。残差分析を行うと，TV番組に関して，大学生ではスポーツが好きと回答する比率が高く，社会人ではドラマが好きと回答する比率が高いことがわかる（Ⅰ節2③を参照）。

3．対数線形モデルの利点と注意点

　対数線形モデルでは，これまでのモデル式で見てきたように，対数を用いることにより，変数の主効果や交互作用効果を和の形で表現することが可能となる。し

たがって，検討する変数の数が3変数，4変数と増えても，それぞれの変数の主効果や交互作用効果を和の形で加えることが可能となる。つまり，対数線形モデルでは，3変数，4変数，5変数…，といった多重クロス集計表の検討が可能となり，複雑な構造（3次元や階層的構造）や高次の交互作用効果が扱いやすくなるという利点がある。

しかしながら，変数を増やせば，当然検討する変数の効果は増えていくことになる。3変数を例にとれば，変数1，変数2，変数3の主効果に加え，変数1と変数2，変数1と変数3，変数2と変数3，変数1と変数2と変数3の交互作用効果を検討することになる。これが，4変数，5変数となるとさらに主効果と交互作用効果の数が多くなり，それらの解釈が困難になる。この点に注意して，対数線形モデルを利用する際には，多くの変数を検討できるという理由からむやみに変数を増やすのではなく，分析の利点と研究者の現実的な解釈可能性とのバランスを考えることが重要である。

このように，分析においては各検定法の特徴と限界を理解することによって，検定法をより正しく活用することが可能となる。

IV　本章のまとめ

本章では，クロス集計表の検定について学習した。第1に，2つの質的変数の連関について検討する方法について学んだ。まず，質的変数間に連関がある状況とない状況の違いについて，具体例（表）を用いて説明した。次に，クロス集計表の検定の際に必要となる期待度数とχ^2統計量について，それらの値を算出する考え方について述べ，例題を通してχ^2検定の活用の仕方について確認した。そして，2×2より大きい数のクロス集計表の検定が有意となった際の分析方法として，残差分析について説明した。さらに，期待度数が小さい場合に有効となる，フィッシャーの直接確率法についても解説した。第2に，比率の違い（差）を検討する方法について学んだ。対応のないデータでは，特定の回答の比率に着目し，その差を直接検討する方法について説明した。対応のあるデータでは，回答が変化した箇所に着目し，その差を検討する方法について解説した。第3に，2つの質的変数の連関について検討する別の方法として，対数線形モデルの基本的な考え方を説明した。

第5巻　心理学統計法

◆学習チェック
□　質的変数間に連関がない状況とある状況の違いを理解した。
□　期待度数の考え方について理解した。
□　χ^2 統計量について理解した。
□　χ^2 検定の手順について理解した。
□　残差分析の考え方を理解した。
□　フィッシャーの直接確率法の考え方を理解した。
□　対応のない比率の差の検定の手順について理解した。
□　対応のある比率の差の検定の手順について理解した。
□　対数線形モデルの基本的な考え方について理解した。

文　　献
石井秀宗（2014）人間科学のための統計分析―こころに関心がある全ての人のために．医歯薬出版．
川端一光・岩間徳兼・鈴木雅之（2018）R による多変量解析入門―データ分析の実践と理論．オーム社．
喜岡恵子（2002）分割表を精査する―対数線形モデル分析．In：渡部洋編：心理統計の技法．福村出版，pp. 181-198.
森敏昭・吉田寿夫編（1990）心理学のためのデータ解析テクニカルブック．北大路書房．
弓野憲一（1986）分割表を吟味する―対数－線形モデル分析．In：海保博之編：心理・教育データの解析法 10 講．福村出版，pp. 77-97.

第6章

2群の平均値差の検定

中村健太郎

Keywords 対応のある2群，差得点，検定統計量 t，自由度，t 分布，t 検定，独立な2群，等分散性の仮定，2群をプールした分散，ウェルチの検定

　本章では，2つの群のデータを比較する分析方法を解説する。研究課題として，新しい手法が従来法と異なるかなど，AとBという2つの群の比較が設定される機会は多い。ここでは2群の平均値に注目し，その違いについて検討する。3群以上の比較については第7章を参照されたい。

I 対応のある2群の比較

　2つの群についてデータが収集されている状況について，分析の上では「対応がある」場合と「対応がない」場合のそれぞれを考える必要がある。本節では，まず，群の間に対応がある状況を取り上げ，比較の方法を考える。

1．データの特徴

①対応がある状況

　表1は，先天的にチアノーゼ性心疾患のある幼児が，最初に意味のある言葉（初語）を発した月齢を，幼児のきょうだい（姉妹兄弟のいずれか）の値とともに示したもの[注1]である（表には後述する差得点と各群の平均も記載した）。

　先天性の心疾患の有無に対応する初語の月齢の差異が，ここでの検討の課題である。つまり，関心の対象は心疾患がある幼児の群とない群の2つの母集団であり，それぞれ10人ずつ計20人のデータは，その母集団からのサンプルと考える。

　表1に示した2つの群には血縁関係がある。また，同じ家庭で育っているので，たとえば1番目の幼児の11.8カ月と，そのきょうだいの9.8カ月という値は，1つ

注1）　表1は，Dunn et al.（2009），p. 107 掲載の仮想データである。

表1　先天的チアノーゼ性心疾患のある幼児ときょうだいの初語の月齢（仮想データ）

ID	幼児	きょうだい	差得点
1	11.8	9.8	2.0
2	20.8	16.5	4.3
3	14.5	14.5	0.0
4	9.5	15.2	− 5.7
5	13.5	11.8	1.7
6	22.6	12.2	10.4
7	11.1	15.2	− 4.1
8	14.9	15.6	− 0.7
9	16.5	17.2	− 0.7
10	16.5	10.5	6.0
平均	15.2	13.9	1.3

のまとまり，ペアとして対応づけて考える必要がある。

このように，比較している2つの群の間に対になる関係がある場合，対応のある2群と呼ぶ。「対応がある」とは，ペア（対）になっている，組になっているという意味であり，データの特徴として通常は群間に正の相関関係が認められる。

②差得点

2群の間に対応がある場合，両者の平均値を比較することは，差得点の平均値を考えることに帰着する。差得点とは，表1に示されるように，対になっているデータ同士の差であり，幼児の初語の月齢からきょうだいの初語の月齢を引いた値である。この順序は，疾患のある幼児の方がきょうだいと比べて初語が遅い場合は差得点がプラスになり，早い場合はマイナスになるようにするためである。

表1を見ると，幼児ときょうだいの平均値は，それぞれ15.2，13.9である。その差は 15.2 − 13.9 = 1.3 であり，差得点の平均値1.3と同じであることがわかる。対応のある2群では，各群の平均値の差と差得点の平均値は一致する。すなわち，幼児ときょうだいで月齢の平均値に差があるかの検討は，差得点の平均値が0でないかを考えることと本質的に同じである。表1に差得点が1列で示されているように，2群間に対応がある場合は，2つの平均値の比較に対して，1群から得られた平均値に対する推測方法を適用できる。

第6章　2群の平均値差の検定

2．差得点に対する推測の枠組み

①差得点の平均値の標本分布

　初語の月齢の差得点について，心疾患のある幼児とそうでない幼児に一般化する。母集団全体における差得点の平均値の推定値は，標本の平均 1.3 である（第 4 章参照）。この 1.3 カ月という推定値は，標本が表 1 のようであったから得られた値であり，表 1 とは異なる 10 組のペアが選ばれていたら 1.3 になるとは限らない。

　では，サンプリングの度に差得点の標本平均（差得点の母平均の推定値）が散らばる程度はどのくらいだろうか。この変動の大きさ，すなわち標準誤差がわかれば，推定の安定の度合（推定の精度，推定の誤差）が評価できる。

　標本のデータで計算される差得点の平均とは，つまり標本平均であり，標本平均などの標本統計量の確率分布は，標本分布と呼ばれる。差得点の標本平均の標本分布を考えるうえで，第 4 章と同様に，母集団で差得点がどのように分布しているかをまず考えよう。

②差得点平均値の標準化

　母集団において，初語の月齢の差得点が，正規分布に従うと仮定することは不自然ではないだろう。ここでは，母平均 μ と母分散 σ^2 で形状が決まる正規分布を $N(\mu, \sigma^2)$ のように表す。なお，母集団分布に正規分布が仮定できない場合は，第 12 章のノンパラメトリックな方法の採用も考えられる。

　母集団での差得点の分布に正規分布を仮定すると，母集団から無作為に n 組のペアを集めた場合，その標本平均 $\bar{x}$ は $N(\mu, \sigma^2/n)$ に従う。ここで，第 4 章で示した，正規分布に従う確率変数の標準化[注2]のように，この差得点の平均 $\bar{x}$ を以下のように確率変数 Z に変換する。

$$Z = \frac{\bar{x} - \mu}{\sqrt{\sigma^2/n}} \tag{6.1}$$

　この確率変数 Z は標準正規分布 $N(0, 1)$ に従う。

③t 統計量

　標準正規分布の確率密度関数から，特定の範囲の Z を観測する確率は統計ソフ

注2）　標準化については第 2 章も参照されたい。

111

トウェアなどで計算できる。その逆に確率を指定し，その値で観測される Z の範囲を計算することも可能である。たとえば第 4 章の図 3 に示されるように，Z を観測する確率が 95％になるような値の範囲は -1.96 から 1.96 である。つまり，ランダムなサンプリングの結果，$-1.96 \leqq Z \leqq 1.96$ である確率は 95％であり，標準化の式を代入して不等式を母平均について解くと，差得点の母平均に対する 95％の信頼区間が得られる。すなわち，$\alpha = 0.05$ として標準正規分布における上側 2.5（$100 \times \frac{\alpha}{2}$）％点を $z_{\frac{\alpha}{2}}$ とすると，$z \pm z_{\frac{\alpha}{2}} \times$ 標準誤差という信頼区間は，対応のある 2 群の n 組（ここでは $n = 10$）に関し，その差得点の母平均に対して

$$\bar{x} \pm z_{\frac{\alpha}{2}} \times \sqrt{\frac{\sigma^2}{n}} \tag{6.2}$$

と構成できる。なお，上述のように $z_{\frac{\alpha}{2}} = 1.96$ である。

　ここでの推測の対象は差得点の母平均であるが，σ^2 も母集団の値であり，それが事前にわかっているという状況は少ない。したがって，$\sqrt{\sigma^2/n}$ の値を具体的に得るには，σ^2 の推定値が必要である。

　標準化に際して母分散 σ^2 そのものの値ではなく，これを推定値 s'^2 で代用する場合，結果を先の Z と区別して，以下のように t 統計量として表す。ここで，母分散の推定値 s'^2 は不偏分散である。

$$t = \frac{\bar{x} - \mu}{\sqrt{s'^2/n}} \tag{6.3}$$

　推定値で置き換えたことによって，t 統計量の従う確率分布は，Z が従う標準正規分布とは異なる分布となる。t 統計量は，図 1 に示すような，自由度と呼ばれる値で形状が決まる t 分布に従う。対応のある 2 群の場合，対の数から 1 を引いた値が自由度である。表 1 のデータでは $10 - 1 = 9$ となる。

　図 1 に見られるように，t 分布の形状は，自由度が 30 程度になると実線で示した標準正規分布に近くなる。図の上では重なって区別できないために示していないが，この傾向は自由度の増加とともに続き，理論的には自由度がプラス無限大のとき標準正規分布に一致する。

第6章　2群の平均値差の検定

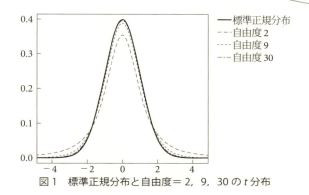

図1　標準正規分布と自由度＝2, 9, 30のt分布

④不偏分散

　母分散の点推定値には，第2章の散布度で説明された分散は用いず，代わりに，$n-1$で割る不偏分散を用いる。対応のある2群の平均値の比較では，対の数がサンプルサイズnに相当するので，$n-1$はt分布の自由度と同じである。

　ここまでで，対応のある2群の平均値の比較は，差得点という1つのデータに対する推定の問題となり，差得点を変換したt統計量を，自由度で形状が決まるt分布という確率分布で推測的に検討する枠組みを確認できた。次項では表1のデータに基づき，具体的に区間推定の手順を示す。

3．対応のある2群の平均値差の区間推定

①母集団の差得点に対する区間推定

　心疾患の有無による初語の月齢の比較では，幼児ときょうだいの対の数が10であったので，自由度は$10-1=9$である。ここで，巻末の付表2を用いる。付表2はt分布表である。自由度9のt分布で，右側の裾野の面積が全体の2.5％（＝0.05/2）となる領域に対応するtの値[注3]を付表から求めるには，「片側検定の有意水準」の値が0.025の列，自由度dfが9の行が交わるところの値を読み取る。すると，$t=2.26$と読み取れる[注4]。

　したがって，標準正規分布で$\alpha=0.05$としたときの$z_{\frac{\alpha}{2}}=1.96$の値を，$t$分布に対応させて2.26とすると，差得点の母平均について95％信頼区間が以下のように導かれる。

注3）　この値を「上側2.5%点」と呼ぶ。
注4）　付表から読み取れる値は，$t=2.262$だが，ここでは小数第2位までを利用して，$t=2.26$として計算を行う。この値は統計ソフトウェアを利用しても求めることができる。

$$1.3 - 2.26 \times \sqrt{\frac{s'^2}{n}} \leqq \mu \leqq 1.3 + 2.26 \times \sqrt{\frac{s'^2}{n}}$$

②データでの結果

母分散の推定値は不偏分散の値を用いる。まず、差得点の平均値 1.3 を表 1 の差得点からそれぞれ引き、二乗した合計は 202.4 のように計算できる。これを $n - 1 = 10 - 1 = 9$ で割って求められるのが不偏分散 s'^2 であり、その値は 22.5 である。

以上から、先天的なチアノーゼ性心疾患のある幼児と、そうでない幼児の初語の月齢の差について、平均値の 95％信頼区間の下限は $1.3 - 2.26 \times \sqrt{22.5/10}$ の結果から -2.09 カ月であるとわかる。一方、上限は 4.69 カ月と求められる。信頼区間の下限と上限で符号が異なっているため、母集団において心疾患のある幼児の方が初語の月齢が早いと推論するのも妥当である一方、遅いと考えても妥当である。つまり、どちらともいえない。

4．対応のある 2 群の平均値差の検定

①仮説検定の手順

心疾患の有無による初語の月齢の平均値差は、10 組のきょうだいにおいて 1.3 カ月であった。差の母平均を区間推定すると 0 を挟んだ結果を得たが、疾患の有無が平均値に差異を生じさせると判断できるのか否か、第 4 章で示された統計的仮説検定を用いて確認しよう。

検定の手順は以下の通りであった。

1. 帰無仮説と対立仮説の設定
2. 検定統計量の選択
3. 有意水準 α の決定
4. データから検定統計量の実現値を求める
5. 検定統計量の実現値から p 値を求める
6. p 値の値と有意水準を比較

対応のある 2 群の平均値差の検定では検定統計量に t を用いるため、「対応のある t 検定」と呼ばれることも多い。

②帰無仮説と対立仮説

2 群を比較する際に「差がない」と仮定するのが帰無仮説なので、ここでは、H_0:

$\mu = 0$ となる。一方，その否定である $H_1: \mu \neq 0$ を対立仮説とする。ここで，μ は差得点の母平均を意味する。

③検定統計量の選択

対応のある2群の平均値差の検定においても，差得点の平均値に注目する点はいままでの議論と変わらない。帰無仮説が正しければ，差得点の母平均 μ は0なので，差得点を標準化した t 統計量は以下のように求められる。

$$t = \frac{\bar{x}}{\sqrt{s'^2/n}} \qquad (6.4)$$

この t が，対応のある t 検定における検定統計量である。

④実際のデータでの p 値と有意水準の比較

先に示した手順の3から6までを表1のデータで実行しよう。

まず（手順3），95％の信頼区間の構成時と同様に，ここでは $\alpha = 0.05$ とする。次に（手順4），検定統計量 t の実現値は，不偏分散が22.5であり，サンプルサイズ n にペアの数10が代入されるので，$t = 1.3/\sqrt{22.5/10} = 0.87$ と求められる。

図1に見られるように，母平均を引き，標準誤差で割ることで標準化される t は，0を中心に左右対称に分布しており，差得点の標本平均が母平均から離れている程度は，中心0からの隔たりによって示される。検定では，中心0から t が離れている程度は，サンプルのデータと帰無仮説の不整合の度合を表すと考えられる。

では，中心0から $t = 0.87$ はどの程度隔たっているのだろうか。それを評価する手がかりが p 値である。ペアの数が10である対応のある2群の t 検定において，検定統計量 t は自由度 $n - 1 = 10 - 1 = 9$ の t 分布に従うので，$t \geq 0.87$ または $t \leq -0.87$ となる確率を統計ソフトウェアより求める。この値が p 値である。中心0からの隔たりを考えるので，プラス方向だけでなく，マイナス方向も考慮する。このように，差の正負の方向を問わない検定を両側検定という。一方，対立仮説を「母平均 < 0」あるいは「母平均 > 0」のように設定する場合を片側検定という。山田ら（2004）で指摘されるように，通常は両側検定が用いられる。

実際に p 値を計算しよう（手順5）。t 分布は0を中心に左右対称なので，先にプラス方向だけを考え，自由度9の t 分布で $t \geq 0.87$ となる確率を計算すると，お

よそ 0.203 を得る。$t \leqq -0.87$ の確率も 0.203 なので，p 値 $\approx$ 0.203 + 0.203 = 0.406 となる。

p 値による帰無仮説の棄却・採択の判断は，有意水準 α を基準に行われる（手順6）。手順の 3 番目で $\alpha = 0.05$ と設定していたので，p 値 = 0.406 は有意水準より大きい。つまり，帰無仮説が正しいという前提とデータ（検定統計量の実現値）との間に確率的な不自然さ（有意水準より小さい p 値）は認められなかった。

以上から，表 1 のデータからは，心疾患により初語の月齢の平均値に統計的に有意な差があるとはいえない。

⑤マッチングによる対応のある 2 群のデータ

対応がある 2 群の分析は，マッチングされたペアからのデータにも適用される。マッチングとは，ある観測値に注目し，その値が似通った対象を組にまとめる操作を指す。たとえば，あるセミナーの開催が，大学での学業に対する意欲を高めるか知りたい場合，セミナーを実施するグループと実施しないグループとで，もともとの意欲の高さが大きく異ならないように調整したいときなどに用いられる。学業への意欲に関わる事前の調査結果で対象を並べ替え，上から順にペアを作っていく。事前の意欲の高低でマッチングさせた 2 群に対し，セミナー実施，非実施を割り当てた結果を比較する際には，事前の意欲について同水準のペアを一まとまりと考え，その差得点を検討する。

例題 1　拒食症への家族療法の効果

表 2 には，家族療法を一定の期間受けた拒食症の若年女性の治療前と治療後の体重が示されている[注5]。ここでの「2 群」は，治療前と後で測定された同一人物からの 2 組のデータである。集団としては単一であるが，このように，同じ人から間隔を空けて測定したデータも，対応のある 2 群である。同一対象から繰り返し測定値を得るため，反復測定データなどとも呼ばれる。

17 人の治療後の体重から治療前の体重を引き，平均を計算すると

$$\{5.2 + 5.0 + 2.5 + 4.3 + 6.2 + (-1.3) + (-0.1) + 3.4 + 9.7 + (-2.4) + (-1.7) + 6.1 + 5.9 + 4.1 + 1.7 + 2.6 + 4.9\} \div 17 = 3.3$$

となり，治療後の平均体重 41.0kg から治療前の 37.7kg を引いた 3.3kg に一致していることが確認できる。

注5）　Hand et al.（1994），p. 229 参照。なお，単位を lb から kg に変換している。

第6章　2群の平均値差の検定

表2　拒食症の若年女性に家族療法を実施する前と後の体重

ID	治療前	治療後	ID	治療前	治療後
1	38.0	43.2	10	36.5	34.1
2	37.8	42.8	11	37.0	35.3
3	39.0	41.5	12	37.2	43.3
4	37.4	41.7	13	35.2	41.1
5	39.3	45.5	14	37.9	42.0
6	36.1	34.8	15	40.8	42.5
7	34.9	34.8	16	39.0	41.6
8	42.7	46.1	17	39.6	44.5
9	33.3	43.0	平均	37.7	41.0

　各差得点から 3.3 を引いて二乗の和を求めると 168.6 となるので，17 − 1 = 16 で割ると，母分散の推定値として不偏分散 10.5 を得る。これをサンプルサイズ 17 で割った平方根が標準誤差であり，t 統計量は

$$t = \frac{3.3}{\sqrt{10.5/17}}$$

のように求められる。

　帰無仮説 H_0：「家族療法の治療前と治療後で体重の平均値に違いはない」という前提で，検定統計量 t の実現値は，$3.3/\sqrt{10.5/17} = 4.20$ である。自由度 16 の t 分布で $t \geqq 4.20$ または $t \leqq -4.20$ となる確率，つまり，p 値は 0.001 と求められる[注6]。事前に設定した $\alpha = 0.05$ と比較すると，p 値は有意水準より小さい，すなわち，家族療法前と後の体重の平均値には統計学的に有意な差があると判断できる。

　なお，治療と同じ期間何もしなくても体重が 3kg 程度増えることもあるかもしれない。このデータには家族療法以外の結果もあり，介入を行わない場合の体重も掲載されている。ハウエル（Howell, 2017）には，これらのデータを用いた具体的な分析例が示されている。

II　対応のない 2 群の比較

　本節では 2 群間に対応がない場合について，群間の平均値差を区間推定し，差

注6）　p 値の計算には，統計ソフトウェアを用いる。

第 5 巻　心理学統計法

表 3　拒食症の若年女性に認知行動療法を実施する前と後の体重の変化量

ID	1	2	3	4	5	6	7	8	9	10
変化量	0.8	0.3	0.0	− 0.3	− 1.6	6.8	1.6	7.8	− 3.4	0.7

ID	11	12	13	14	15	16	17	18	19	20
変化量	5.3	2.8	0.5	− 1.8	9.5	− 4.1	1.0	− 0.6	0.6	− 0.1

ID	21	22	23	24	25	26	27	28	29
変化量	− 1.7	− 0.4	1.1	5.7	0.9	1.8	0.0	7.0	− 0.3

の有意性を検定する方法を解説する。

1. 独立な 2 群での t 統計量

①対応がない状況

　表 3 には，例題 1 と同じ出典からの認知行動療法による介入前後の体重の変化量[注7]を示した。この変化量の平均は 1.4 である。

　ここでは，表 2 の家族療法による体重の変化量（治療前後での）と表 3 の認知行動療法による体重の変化量に違いがあるかを検討する。例題 1 の体重変化量の平均は 3.3 であった。療法間の平均値の差は 3.3 − 1.4 = 1.9 であり，約 2kg の違いがある。体重での平均 2kg の差異は，小さくないとも考えられるが[注8]，母集団に対してどのような推測ができるだろうか。

　ここでの 2 群は，表 1 と異なり血縁関係があるわけでもなく，同じ対象に時間を空けて別の治療を試みたというわけでもない。互いに無関係である。このような 2 群を対応のない 2 群と呼んだり，独立な 2 群と呼んだりする。

　独立な 2 群では，一方の群のサンプルサイズ n_1 と他方の n_2 は必ずしも同じにはならない。この例でも，療法を比較する分析では $n_1 = 17$ に対して $n_2 = 29$ である。

②独立な 2 つの母集団に対する仮定

　家族療法と認知行動療法による体重の変化について，それぞれ 17 人と 29 人のデータから，2 群間（2 つの療法間）の平均値差に関する一般的な主張を展開する

注7)　例題 1 と同様のデータであるが，ここで扱う変数のことを「体重の変化量」と呼ぶことにする。

注8)　効果の大きさ，効果量に関する検討は第 14 章を参照されたい。

118

第6章 2群の平均値差の検定

ために，標本での平均の差が，ランダムなサンプリングに伴ってどのように観測されうるかを示す標本分布を考えよう。

その準備として，対応のある場合と同様に，それぞれの母集団で体重の変化量が正規分布に従っていると仮定する。また，独立な2群の各正規分布は，その分散が同じ値で共通していると仮定する。これを等分散の仮定という。

③ 2群をプールした分散

母平均の差を考える状況において，この2つの母集団に共通の分散の値は未知である状況が多いため，標本から推定する必要がある。母分散の推定値として不偏分散を利用する場合，独立な2群のデータでは，それぞれの群の標本で推定値が得られる。群間でデータが異なるため，その値は必ずしも一致しない。

同じ母分散の推定値として2通り得られる各群の不偏分散の一方を$s_1'^2$，もう一方を$s_2'^2$とすると，2群に共通の母分散は，以下の分散を推定値とすることによって偏りなく推定できる。

$$s'^2_{pooled} = \frac{(n_1-1)s_1'^2 + (n_2-1)s_2'^2}{n_1 + n_2 - 2} \tag{6.5}$$

このように各群の不偏分散の加重平均で得られる分散s'^2_{pooled}を2群をプールした分散と呼ぶ。

加重平均とは，たとえば次のように計算される平均である。先月100円で5リットルのガソリンを購入し，今月は110円で15リットル購入したとする。この場合は，各月の購入量を重みとして，(100×5 + 110×15) ÷ (5 + 15) = 2150 ÷ 20 = 107.5円が1リットルあたりの平均金額となる。なお，各月の購入量が，たとえば10リットルで同じという場合も，(100×10 + 110×10) ÷ (10 + 10) = (100 + 110) × 10 ÷ (10×2) = (100 + 110) ÷ 2 = 105のように表すことができ，単純な金額の平均 (100 + 110) ÷ 2 = 105は加重平均の重みが等しい特別な場合と考えることができる。

④ 2群をプールした分散を用いたt統計量

独立な2群の一方の標本平均を$\bar{x}_1$，その母平均をμ_1とし，他方を$\bar{x}_2$とμ_2で表すと，t統計量は以下のように得られる。

$$t = \frac{(\bar{x}_1 - \bar{x}_2) - (\mu_1 - \mu_2)}{\sqrt{s'^2_{pooled} \times \left(\dfrac{1}{n_1} + \dfrac{1}{n_2}\right)}} = \frac{(\bar{x}_1 - \bar{x}_2) - (\mu_1 - \mu_2)}{\sqrt{\dfrac{(n_1 - 1)s'^2_1 + (n_2 - 1)s'^2_2}{n_1 + n_2 - 2} \times \left(\dfrac{1}{n_1} + \dfrac{1}{n_2}\right)}} \tag{6.6}$$

独立な 2 群の平均値差を標準化した上式の t は，自由度 $n_1 + n_2 - 2$ の t 分布に従う。差得点の母平均の推測に帰着した対応のある 2 群の場合と異なり，自由度は全体のサンプル数から 2 を引いた値である。

2．独立な 2 群の平均値差の区間推定

①信頼区間の構成

差得点の不偏分散は，家族療法の場合は 10.5 であった。一方，認知行動療法の場合は，差得点の平均が 1.4 なので，表 2 のデータから各々 1.4 を引いて二乗の和を計算すると，308.3 という値になる。これを 28 で割った値が不偏分散であり，11.0 である。

一方，自由度 44 = 17 + 29 - 2 の t 分布における上側 2.5％点は 2.02 となる[注9]ので，母平均差（$\mu_1 - \mu_2$）の 95％信頼区間は，以下のように構成できる。

$$（3.3 - 1.4）- 2.02 \times 標準誤差 \leqq (\mu_1 - \mu_2) \leqq (3.3 - 1.4) + 2.02 \times 標準誤差$$

②標準誤差の値

ここでの標準誤差は，

$$\sqrt{\frac{(17-1) \times 10.5 + (29-1) \times 11.0}{17 + 29 - 2} \times \left(\frac{1}{17} + \frac{1}{29}\right)} = 1.00$$

と求められるので，母平均差の 95％信頼区間の下限は - 0.12（= 1.90 - 2.02 × 1.00），上限は 3.92（= 1.90 + 2.02 × 1.00）と求めることができる。区間の下限と

注9）　巻末の付表 2 の t 分布表において，「片側検定の有意水準」が 0.025，自由度 df が 44 の値を読み取る。しかし，付表 2 には自由度 $df = 44$ に対応する行がないので，$df = 40$ のときの $t = 2.021$ と $df = 50$ のときの $t = 2.009$ の間の値をとることが推察される。ここで示した $t = 2.02$ は，統計ソフトウェアを利用して正確な値を求めたものである。ちなみに，小数第 3 位まで求めると，$t = 2.015$ となる。

上限で符号が異なっているため,家族療法の方が体重の変化がプラスに大きい可能性もあれば,その逆もありうるという結論(初語の月例と同様に「どちらともいえない」)となった。

3. 独立な2群の平均値差の検定

①独立な場合の検定統計量 t

帰無仮説 $H_0: \mu_1 = \mu_2$ に対して $H_1: \mu_1 \neq \mu_2$ という対立仮説を設定し,統計的仮説検定を実行する。2群の間に対応がない場合の平均値差の t 検定は,単に t 検定と呼ばれることも多い。

帰無仮説は,$\mu_1 - \mu_2 = 0$ と表せるので,検定統計量 t の実現値は以下のように求められる。

$$t = \frac{\bar{x}_1 - \bar{x}_2}{\sqrt{\frac{(n_1-1)s_1'^2 + (n_2-1)s_2'^2}{n_1+n_2-2} \times \left(\frac{1}{n_1}+\frac{1}{n_2}\right)}} = \frac{3.3-1.4}{1.0} = 1.90$$

②有意水準と p 値の比較

事前に設定した有意水準 $\alpha = 0.05$ に対して,自由度44の t 分布で $t \geq 1.90$ または $t \leq -1.90$ となる確率,つまり,p 値は 0.064 である。p 値は有意水準 $\alpha = 0.05$ よりも大きい。したがって,療法間で体重の変化量の平均値に統計的に有意な差があるとはいえない。

III ウェルチの検定

独立な2群の平均値差の t 検定では,2つの群それぞれで得られる母分散の推定値(不偏分散)の加重平均を計算し,2群でプールした分散を共通の分散の推定値として用いた。本節では,そもそも両群に共通する母分散という仮定を置かない平均値差の t 検定を説明する。

1. 等分散性を仮定しない t 検定

①異なる方式での標準誤差

独立な2群の平均値差の検定において,検定統計量 t を導く際の前提には,比較する2つの母集団の分布が正規分布であり,それらの分散が共通で等しいとい

う仮定（等分散性の仮定）があった。正規分布の仮定と等分散性の仮定という2つの前提のうち，前者の正規分布に従うという前提は残すが，等分散性の仮定をおかないものとして，ウェルチの検定がある。ウェルチの検定は，比較する2群の母分散が等しくない場合でも利用できる。なお，分散が同等であれば従来の方法と同様の結果となり，異なればその仮定の逸脱に対応しているので，分散の異同にかかわらず，ウェルチの検定を最初から使うという考え方もある。

②検定統計量 t_w

ウェルチの方法では，各群の母集団に共通な分散を仮定せず，以下のような検定統計量 t_w を考える。

$$t_w = \frac{\bar{x}_1 - \bar{x}_2}{\sqrt{\left(\dfrac{s_1'^2}{n_1} + \dfrac{s_2'^2}{n_2}\right)}} \tag{6.7}$$

検定統計量 t_w は t とは異なるので，自由度 $n - 2$ の t 分布には従わない。しかし，以下のように調整された自由度 df_w の t 分布に近似的に従う。

$$df_w = \frac{\left(\dfrac{s_1'^2}{n_1} + \dfrac{s_2'^2}{n_2}\right)^2}{\left(\dfrac{s_1'^2}{n_1}\right)^2 \dfrac{1}{n_1 - 1} + \left(\dfrac{s_2'^2}{n_2}\right)^2 \dfrac{1}{n_2 - 1}} \tag{6.8}$$

2．ウェルチの検定の実際

①検定統計量の実現値

ウェルチの検定における検定統計量 t_w の確率分布が得られたので，通常の t 検定と同様の考え方で帰無仮説の棄却，採択を判断できる。

2つの療法による体重の変化の比較では，帰無仮説「母平均差 = 0」が正しいという前提の下で，検定統計量 t_w の値は $(3.3 - 1.4)/\sqrt{10.5/17 + 11.0/29} = 1.90$ となる。

②自由度 df_w の計算

自由度は上の df_w の計算式から 34.26 と求められる。この自由度の t 分布において，$t \leqq -1.90$ または $t \geqq 1.90$ となる確率，つまり，p 値は 0.066 と求められる。

第6章　2群の平均値差の検定

有意水準 5%（0.05）よりも p 値が大きいので帰無仮説は棄却されない。つまり，通常の t 検定で得た結論と同様に，家族療法と認知行動療法の間で，体重の変化の平均値に有意差は見られなかった。

■ IV　本章のまとめ

　本章では，2群の平均値を比較する方法を学んだ。自由度と呼ばれる値で形状が決まる t 分布と，その確率分布に従う t 統計量を用いた区間推定および t 検定によって，対応のある2群と独立な2群のそれぞれにおいて，平均値差における母集団に対する推測方法を紹介した。

◆学習チェック
☐　対応のある2群と独立な2群の違いを理解した。
☐　平均値の差を t 統計量に変換し，t 分布に基づき推論する方法を理解した。
☐　検定統計量 t を用いて帰無仮説を棄却し，有意差を示す検定を理解した。
☐　母分散に対する異なる仮定でのそれぞれの検定方法を理解した。

　　文　　献
Dunn, O. J. & Clark, V. A.（2009）*Basic Statistics*, 4th Edition. Wiley.
Hand, D. J., Daly, F., Lunn, A. D. et al. Eds.（1994）*A Handbook of Small Data Sets*. Chapman & Hall.
Howell, D. C.（2017）*Fundamental Statistics for the Behavioral Sciences*, 8th Edition. Cengage Learning.
山田剛史・村井潤一郎（2004）よくわかる心理統計．ミネルヴァ書房．

第5巻　心理学統計法

第7章

複数の群の平均値差の検定
実験計画と分散分析

橋本貴充

○━ *Keywords*　分散分析，要因，水準，多重比較，主効果，交互作用，単純主効果

　本章では，3つ以上の平均値を比較できる方法である分散分析について解説する。第6章では2群の平均値を比較する方法について学んだ。心理学では平均値を比較したい群が3つ以上であることがしばしばある。また，平均値に影響を与える要因が複数あることもあるが，そのようなデータを分析するときにも，分散分析が用いられる。

Ⅰ　3群以上の比較

　本節では，3群以上を比較する方法である，1要因分散分析について解説する。また，どの群とどの群の間に有意な平均値差（有意差）があるのか調べる方法である，多重比較について，2種類の方法を紹介する。最後に，対応のある3群以上を比較する方法について簡単に触れる。

1．1要因分散分析

　3群以上の平均値を比較する具体的な状況として，以下のようなものを考えてみよう。
　片方の手や足による練習が，他方の手や足による成績に影響を与える現象を両側性転移という。これを確かめるために，次のような実験を行った。パソコンで，マウスを右に動かすとカーソルが左に，マウスを左に動かすとカーソルが右に動く状態で，図形をなぞらせる試行を，利き手が右である13名の大学生に行わせた。最初に，利き手の右手で1試行行わせ，かかった時間を測定した後，13名の被験者を無作為に3群に分け，以下のようなことを行った。第1群（右手群）の被験者には，利き手の右手で10試行練習させた。第2群（左手群）の被験者には，利

第7章　複数の群の平均値差の検定

表1　練習を行った手と課題成績の上達（単位：秒）

被験者	練習	上達	被験者	練習	上達	被験者	練習	上達
阿部	右手	14	馬場	左手	11	千葉	休止	4
土井	右手	18	遠藤	左手	12	藤田	休止	4
後藤	右手	14	林	左手	11	五十嵐	休止	8
神保	右手	15	小林	左手	14	李	休止	4
松本	右手	14						
平均		15.0	平均		12.0	平均		5.0
標準偏差		1.7	標準偏差		1.4	標準偏差		2.0
全体の平均 = 11.0，全体の標準偏差 = 4.6									

き手と反対の左手で10試行練習させた。第3群（休止群）の被験者には，他の被験者の様子を見学させた。これらの処遇の後，全員に再び利き手の右手で1試行行わせ，かかった時間を測定し，最初の試行から上達した秒数を計算した。その結果が表1である[注1]。10試行の練習をはさむか否かで，上達秒数に差があるだろうか。また，利き手と反対の手による練習は，利き手による練習と，練習休止と，どちらに近い成績となるだろうか。

表1には「練習」と「上達」という2つの変数がある。この研究では，上達という変数の値が，練習という変数の値の違いによって変化するかどうかを調べている。「上達」のような，変化するかどうかを調べる量的変数のことを従属変数という。一方，「練習」のような，従属変数の値を変化させる質的変数のことを要因という。また，「練習」という変数には「右手」「左手」「休止」という値があるが，これらのような，要因の値のことを水準という。要因には，被験者間要因と被験者内要因という区別がある。表1の「練習」のように，1人の被験者を1つの水準のみに割り当てる要因を被験者間要因という。これに対し，同じ被験者がすべての水準に参加する要因を被験者内要因という。要因が被験者間要因なのか，被験者内要因なのかによって，分析方法が異なるので注意されたい。本項では，要因が被験者間要因である場合の方法について説明する。

1要因の分散分析とは，要因が1つあるときに，その水準間で従属変数の平均値に差があるといえるかどうか，統計的仮説検定を使って調べることである。以下，第4章の統計的仮説検定の手順に従って説明する。

注1）　仮想データである。

①帰無仮説と対立仮説

1要因の分散分析では，次のような帰無仮説と対立仮説を立てる。

帰無仮説：すべての群で母平均が等しい。
対立仮説：少なくとも1対の群間で母平均が異なる。

図1は，表1のデータの上達秒数の度数分布をプロットし，さらに下に群ごとのデータをプロットしたものである。図中の群平均はそれぞれの群における標本平均で，全平均は全データの標本平均である。群平均が全平均の周りに散らばっていることに注目されたい。この群平均の散らばりが，「すべての群で従属変数の母平均が等しい」という帰無仮説が正しくてもありうる程度のものなのか調べる。

②検定統計量

図1において，それぞれの群内でデータが群平均の周りに散らばっていることに注目されたい。この散らばりは，それぞれの群平均よりもデータが大きかったり小さかったりする「誤差」によると考える。

要因が被験者間要因の場合，誤差による散らばり，すなわち群内のデータの散らばりは，それぞれの群の不偏分散[注2]を自由度[注3]で重みづけ平均する[注4]。表1のデータの場合，右手群，左手群，休止群の不偏分散はそれぞれ 3.0，2.0，4.0 で，自由度はそれぞれ (5 − 1)，(4 − 1)，(4 − 1) なので，誤差による散らばりの大きさをまとめると

$$\frac{5-1}{(5-1)+(4-1)+(4-1)} \times 3.0 + \frac{4-1}{(5-1)+(4-1)+(4-1)} \times 2.0$$
$$+ \frac{4-1}{(5-1)+(4-1)+(4-1)} \times 4.0$$
$$= \frac{(5-1) \times 3.0 + (4-1) \times 2.0 + (4-1) \times 4.0}{(5+4+4)-3}$$
$$= 3.0 \tag{7.1}$$

注2) 不偏分散については，第4章を参照のこと。
注3) 自由度については，第5章を参照のこと。
注4) その前提として，それぞれの群の母分散はすべての群で等しいと仮定する。

第7章 複数の群の平均値差の検定

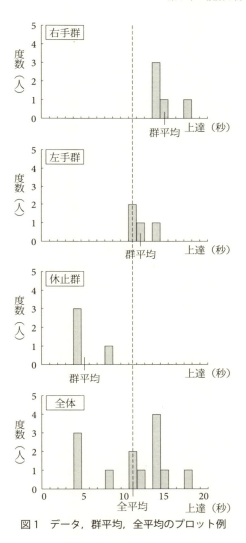

図1 データ, 群平均, 全平均のプロット例

となる。ここで, (7.1) 式の下から2行目の式の分子の「(5 − 1) × 3.0 + (4 − 1) × 2.0 + (4 − 1) × 4.0」は, すべてのデータの (データ − 群平均)² を合計したものになっている。これを群内平方和という。また, 分母の「(5 + 4 + 4) − 3」は, (データ数 − 群の数) となるが, これを群内自由度という。群内平方和を群内自由度で割ったものを群内平均平方という。この群内平均平方が, 誤差による散らばりの大きさとされるものである。

群平均の散らばりを誤差による散らばりと比べたいが，第4章の標準誤差の説明を思い出されたい。群平均という統計量は，その変動が群のデータ数に反比例して小さくなる。そこで，群内のデータの散らばりと比べるために，それぞれの（群平均−全平均）^{2}には群のデータ数を掛け算する。この，群のデータ数×（群平均−全平均）^{2}を平均するとき，群平均の数ではなく（群の数−1）で割る。表1のデータの場合，右手群，左手群，休止群の群平均はそれぞれ 15.0，12.0，5.0 で，データ数はそれぞれ 5，4，4 で，全平均は 11.0 なので，群平均の散らばりは

$$\frac{5 \times (15.0 - 11.0)^2 + 4 \times (12.0 - 11.0)^2 + 4 \times (5.0 - 11.0)^2}{3 - 1} = 114.0$$

となる。群内の場合と同様に，平均する際の分子である，群のデータ数×（群平均−全平均）^{2}の合計を群間平方和といい，分母である（群の数−1）を群間自由度といい，群間平方和を群間自由度で割ったものを群間平均平方という。

ちなみに，すべてのデータの（データ−全平均）^{2}を合計したものを全体平方和というが，被験者間1要因分散分析では

$$群間平方和 + 群内平方和 = 全体平方和 \qquad (7.2)$$

という関係が成り立つ。表1のデータの場合，群間平方和，群内平方和，全体平方和はそれぞれ，228.0，30.0，258.0 であるので，この関係が成り立っている。また，（データ数−1）のことを全体自由度という。

群平均の散らばりが誤差による散らばりに比べて十分大きいかを調べるために，群間平均平方を群内平均平方で割る。これを F 統計量といい，分散分析の検定統計量とする。表1のデータの場合，F 統計量の値（F 値）を計算すると，

$$F = 114.0 \div 3.0 = 38.00$$

である。

③有意水準

第4章，第5章，第6章の統計的仮説検定と同様に，分散分析でも有意水準は5%とすることが多い。この例題でも，有意水準を5%とする。

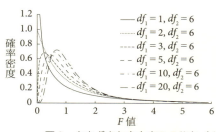 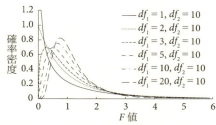

図2 さまざまな自由度のF分布（df_1＝分子の自由度，df_2＝分母の自由度）

表2 表1のデータの分散分析表

	平方和	自由度	平均平方	F値
群間	228.0	2	114.0	38.00
群内	30.0	10	3.0	
全体	258.0	12		

④検定統計量の実現値の計算

②でF統計量について具体的な値を用いて説明したとおり，F統計量の値（F値）は38.00である。分散分析の結果を示すためには，表2のような，平方和，自由度，平均平方，F値をまとめた分散分析表を作ることが多い。

⑤ p 値の計算

F統計量は，「すべての群の母平均が等しい」という帰無仮説が正しいとき，F分布という確率分布に従う。F分布は，2つの自由度で形状の決まる確率分布で，F分布に従う確率変数の値は必ず0以上になる（図2）。分散分析では，2つの自由度のうち，第1自由度（分子の自由度）が群間自由度，第2自由度（分母の自由度）が群内自由度であるF分布（これを「自由度が（群間自由度，群内自由度）であるF分布」と表記する）を用いる。

F値が十分大きなものであったら，帰無仮説を棄却する。表1のデータの場合，F値を計算すると，

$$F = 114.0 \div 3.0 = 38.00$$

である。巻末の付表4のF分布において，自由度が（2, 10）のF分布に従う確率変数は，4.10より大きな値になる確率が5％であるので，$F > 4.10$ を有意水準5％

の棄却域とする。38.00 は 4.10 より大きいので，帰無仮説は棄却される。p 値[注5]を計算すると，自由度が (2, 10) の F 分布に従う確率変数が 38.00 より大きな値になる確率は，0.000021 で，0.05 より小さい。したがって，右手群，左手群，休止群の母平均がすべて等しいとする帰無仮説を棄却する。

⑥自由度調整済み決定係数

再び図1を参照されたい。それぞれの群内では従属変数の値がさほど散らばっていないのに，全データでは値が大きく散らばっていることがわかる。これは，要因に値の散らばりを大きくする効果があるといえる。その効果の大きさは決定係数で表現することが多い[注6]。

第3章で説明されたように，決定係数[注7]とは，従属変数の分散のうち，要因の水準の違いで説明できる割合のことである。母集団における決定係数を式で表すと

$$\frac{\text{要因で説明できる母分散}}{\text{全体の母分散}} = 1 - \frac{\text{要因で説明できない母分散}}{\text{全体の母分散}} \qquad (7.3)$$

となる。これを推定する方法を1つ紹介する。

まず，全体の母分散を，全体平方和÷全体自由度で推定する[注8]。次に，要因で説明"できない"母分散を，群内平均平方で推定する。最後に，群内平均平方÷(全体平方和÷全体自由度)を1から引き算したものを，母集団の決定係数の推定量[注9]とする。まとめると，

$$1 - \frac{\text{群内平均平方}}{\text{全体平方和} \div \text{全体自由度}} \qquad (7.4)$$

となる。これを自由度調整済み決定係数という。表1のデータの場合，全体平方和÷全体自由度を計算すると，21.5 になる。群内平均平方は 3.0 であった。以上

注5) p 値については，第4章を参照のこと。
注6) 要因の効果の大きさを表現するものには，決定係数のほかにコーエンの f というものもある。南風原 (2014) を参照のこと。
注7) 決定係数については，第8章も参照のこと。
注8) この式は，水準の違いを無視したときの，不偏分散の計算式になっている。
注9) ただし，不偏推定量（第4章参照）ではない。

より，自由度調整済み決定係数の値は

$$1 - \frac{3.0}{21.5} = 0.860$$

となる。したがって，母集団では上達秒数の分散の約86.0％を練習する手の違いで説明できていると考えられる。

2．多重比較（ボンフェロニ法）

分散分析の対立仮説は「要因の少なくとも1対の水準間で，従属変数の母平均が異なる」である。これが採択されても，具体的にどの水準とどの水準の間で母平均が異なるといえるかについてはわからない。母平均が異なるといえる（つまり，有意な平均値差のある）水準対を探すためには，多重比較[注10]という方法を用いるとよい。多重比較にはさまざまな方法があるが，本書では，まず考え方が単純で汎用性の高いボンフェロニ法を説明する。

①帰無仮説と対立仮説

多重比較では多くの場合，要因の水準を2つずつ対にし，各々の水準対について次のような帰無仮説と対立仮説を設定する。

帰無仮説：母平均が等しい。
対立仮説：母平均が異なる。

ただし，母平均が異なるといえる水準対を探すために，多重比較ではなく，すべての水準間でt検定[注11]を行うと，行った回数の分だけ，母平均が等しい対で有意差が誤って検出される[注12]確率が大きくなる。1枚1枚は当選確率の低いクジも，多数枚応募すればした分だけ，景品を得られる確率が大きくなるようなものと考えられたい。水準の組み合わせがa通りある場合，分散分析の$\frac{1}{a}$倍の有意水準で1つひとつの水準対にt検定を行えば，少なくとも1対で誤って有意差が検

注10) 多重比較は，水準対の間の差だけでなく，母平均に関するさまざまな仮説を検定することができる。くわしくは，南風原（2014），永田ら（1997）を参照のこと。
注11) t検定については，第6章を参照のこと。
注12) このような誤りを第1種の誤りという。第1種の誤りについては第4章を参照のこと。

出される確率は，分散分析の有意水準以下となる。このようにして行う多重比較をボンフェロニ法という。

② 検定統計量

　ボンフェロニ法は，有意水準を分散分析の $\frac{1}{a}$ 倍で行う t 検定である。したがって，検定統計量も，t 検定と同じ t 統計量である。計算式も同じである[注13]。

③ 有意水準

　前述のように，ボンフェロニ法では，水準の組み合わせが a 通りある場合，分散分析の $\frac{1}{a}$ 倍の有意水準で1つひとつの水準対に t 検定を行う。表1のデータでは，水準が3つなので，対の数は3つである。したがって，分散分析で有意水準を5％とするならば，ボンフェロニ法では，有意水準を5 ÷ 3 = 1.667％として，1つひとつの t 検定を行う。ただし，論文等では，多重比較の有意水準として，個々の有意水準（この例の場合は 1.667％）ではなく，分散分析の有意水準（この例の場合は 5％）を報告する。

④ 検定統計量の実現値の計算

　表1のデータで，それぞれの水準対に対して対応のない t 検定を行うと，右手群と左手群の間，左手群と休止群の間，右手群と休止群の間で，t 統計量の値（t 値）はそれぞれ，2.79，5.72，8.05 である[注14]。

⑤ p 値の計算

　④で計算した t 値より，p 値はそれぞれ，0.0270，0.0012，0.000088 となる[注15]。③より，対の数が3つなので，分散分析の有意水準を5％とすると，その $\frac{1}{3}$ の有意水準（つまり 0.05 ÷ 3 = 0.0167）と p 値を比べる。これは，p 値を3倍して有意水準の 0.05 と比べることと同じである。p 値を3倍すると，それぞれ 0.0809，0.0037，0.0003 となる。よって，有意水準5％で有意な平均値差があるのは，左手

注13）　統計ソフトウェアによっては，ボンフェロニ法による多重比較を指定すると，t 統計量の分母の $\sqrt{\ }$ の中身の計算に，対象とする2水準以外の水準の分散も用いる場合もある。

注14）　t 統計量の分母の $\sqrt{\ }$ の中身の計算に，対象とする2水準以外の水準の分散も用いると，この通りの t 値にはならない。

注15）　t 統計量の分母の $\sqrt{\ }$ の中身の計算に，対象とする2水準以外の水準の分散も用いると，この通りの p 値にならない。

第7章 複数の群の平均値差の検定

群と休止群の間と，右手群と休止群の間ということになる。したがって，左手で練習しても右手で練習しても，休止しているより上達し，しかも左手の練習での上達は右手と遜色ないくらいに上達するといえる。

なお，多重比較にボンフェロニ法を用いた場合，信頼区間[注16]を求めるときには，t分布の両側5％点の代わりに，t分布の両側$\frac{5}{a}$％点を用いて計算すればよい。効果量としては，t検定と同じように，標準化平均値差[注17]を報告するとよい。

例題1　インターネット認知行動療法の効果

インターネットを使った認知行動療法（Internet-Based Cognitive Behavior Therapy；以下，「ICBT」とする）が，大うつ病性障害（以下，「うつ病」とする）に対して効果があるのか調べるために，うつ病の患者を無作為に3群に分けた。仕立群の患者には，構造化面接に基づき，個人に合わせて仕立てたICBTを10週間実施した。標準群の患者には標準化されたICBTを実施した。統制群の患者には，同じ期間，仲介者を通じてパソコンを使った話し合いをさせた[注18]。表3は，それぞれの患者の，抑うつ尺度得点の値が10週間でどれくらい改善したか（この値が大きいほど，うつ病が改善したことを表す）である[注19]。仕立ICBTや標準ICBTは，うつ病に効果があるといえるだろうか。

表3　各群の患者の抑うつ尺度得点の改善

仕立群		標準群		統制群	
患者	改善	患者	改善	患者	改善
T01	15	S01	10	C01	3
T02	16	S02	8	C02	−1
T03	17	S03	12	C03	1

表4　表3のデータの分散分析表

	平方和	自由度	平均平方	F値
群間	342.0	2	171.0	57.0
群内	18.0	6	3.0	
全体	360.0	8		

このデータから，分散分析表を作成すると，表4のようになる。

付表4により，自由度が（2, 6）のF分布に従う確率変数は，5.14より大きな値になる確率が5％であるので，$F > 5.14$を有意水準5％の棄却域とする。F値の57.0はこれより大きいので，少なくとも1対の治療法の間で，改善の母平均に差があるという対

注16）　2群の母平均差の信頼区間の求め方は，第6章を参照のこと。
注17）　標準化平均値差については，第6章および第14章を参照のこと。
注18）　統制群の被験者にこのようなことを行うのは，被験者に「インターネットを使った治療を受けている」と意識させるためである。治療法に実際に効果がなくても，治療を受けているという意識だけで症状が多少寛解することがある。これを偽薬効果あるいはプラセボ効果という。治療法に偽薬効果以上の効果があるかを確かめるために，偽薬効果を起こさせる統制群のことを，偽薬統制群という。この研究の統制群も偽薬統制群である。
注19）　このデータはJohnston et al.（2012）を参考に作成した仮想データである。

立仮説を採択する。

仕立群と標準群，標準群と統制群，仕立群と統制群の間で対応のない t 検定を行うと，p 値はそれぞれ，0.0097，0.0053，0.0003 となる。水準対の数が3なので p 値を3倍すると，それぞれ 0.0290，0.0159，0.0009 となる。よって，どの水準間にも有意水準 5% で有意な平均値差がある。

3．多重比較（テューキー法）

被験者間要因で行う多重比較には，検出力[20]の高いテューキー法を用いることが多い。ここでは，テューキー法について簡単に説明する。

テューキー法では，分散分析の帰無仮説である「すべての群で従属変数の母平均が等しい」ときに，最大の群平均と最小の群平均の差が従う確率分布を利用する。「最大の群平均と最小の群平均の差が有意になる」ことは「少なくとも1つの水準対の平均値差が有意になる」ことと同じであるため，テューキー法で平均値差の棄却域を決めれば，帰無仮説が正しいときに少なくとも1対で誤って有意差が検出される確率が，分散分析と同じになる。最大と最小以外の群平均の差についても，同じ棄却域を適用し，平均値差（から計算した統計量）が棄却域の値となった水準対に，有意な差があるとする。

計算式は省略するが，表1のデータについて，統計ソフトウェアを使い，テューキー法で多重比較を行うと，右手群と左手群の間，左手と休止群の間，右手群と休止群の間の p 値はそれぞれ，0.0648，0.0005，0.000017 となる。よって，有意水準 5% で有意な平均値差があるのは，左手群と休止群の間と，右手群と休止群の間ということになる。

4．要因が被験者内要因の場合

要因が被験者内要因のときには，被験者間1要因の分散分析とは異なる方法を用いる。統計ソフトウェアを用いるときには注意されたい。ただし，結果の見方は，被験者間1要因の分散分析と同様で，自由度が（群間自由度，群内自由度）である F 分布を参照し，F 値が十分に大きな値であったら「少なくとも1対の間で，従属変数の母平均に差がある」という対立仮説を採択する。

多重比較については，群平均同士が独立であることを前提としない，ボンフェロニ法を用いることが多い。なお，被験者間要因の場合でも被験者内要因の場合

注20）　検出力については，第4章を参照のこと。

でも，多重比較には，ボンフェロニ法やテューキー法以外にも，目的に応じてさまざまな方法がある。詳細は，永田ら（1997）や繁桝ら（2008）などを参照されたい。

II 要因が2つある場合

ここまでは，要因が1つだけの場合に平均値差を調べる方法について説明してきた。本節では，要因が2つあるときに，従属変数に対して，どの要因がどのような影響を与えるのかを調べる方法を説明する。

1．2要因分散分析

従属変数に影響を与えうる要因が2つある具体的な状況として，以下のようなものを考えてみよう。

大学生全体から無作為に抽出した，積極性の高い学生，中程度の学生，低い学生を，それぞれ無作為に2群ずつに分け，一方の群には映像を使って授業を行い，他方の群には実習形式で授業を行った。授業の後，授業内容に関する理解度テストを行った。表5はその平均値等である[注21]。積極性と授業形式は，理解度に影響があるといえるだろうか。

表5　理解度テストの平均値等（上段：人数，中段：平均値，下段：標準偏差）

		積極性			周辺平均
		高	中	低	
授業形式	映像	4名 301.0点 (10.03)	4名 307.0点 (5.35)	5名 313.0点 (11.58)	13名 307.5点 (10.19)
	実習	5名 333.0点 (7.91)	4名 321.0点 (13.44)	4名 309.0点 (5.29)	13名 321.9点 (13.42)
周辺平均		9名 318.8点 (18.80)	8名 314.0点 (12.07)	9名 311.2点 (9.05)	26名 314.7点 (13.81)

注21）仮想データである。

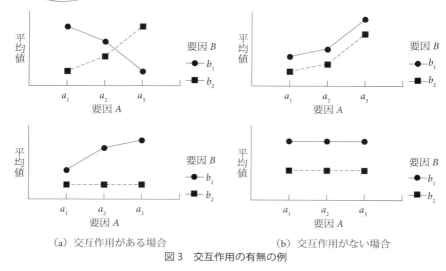

(a) 交互作用がある場合　　　(b) 交互作用がない場合
図3　交互作用の有無の例

①帰無仮説と対立仮説

　要因が2つある場合，それぞれの要因について，水準が異なるときに従属変数の値が変化するかどうかを調べることができる。これを，それぞれの要因の主効果という。2要因分散分析では，主効果に加え，たとえば「積極性が高い学生は実習形式の方が理解度が高く，積極性が低い学生は映像形式の方が理解度が高い」というような，要因を組み合わせた効果も調べることができる。これを交互作用効果という。

　一方の要因を横軸，他方の要因を線の種類，従属変数を縦軸として平均値をプロットした折れ線グラフにすると，交互作用がある場合には，折れ線が平行にならない（図3のa）。有意な交互作用がない場合には，折れ線が平行に近くなる（図3のb）。

　2要因分散分析では，2つの要因の主効果と，それらの交互作用効果の，全部で3つの効果について，その有意性を調べる。したがって，表6のような帰無仮説と対立仮説を立てる。

②検定統計量

　2要因分散分析でも，主効果や交互作用効果の検定は，それぞれの効果について F 値を求め，自由度が（群間自由度, 群内自由度）である F 分布を用いて仮説の採否を判断する。2要因分散分析では，平方和の計算が難解であるため，本書

第7章 複数の群の平均値差の検定

表6 2要因分散分析の帰無仮説と対立仮説

効果	帰無仮説	対立仮説
要因Aの主効果	母集団で要因Aの主効果はない	母集団で要因Aの主効果がある
要因Bの主効果	母集団で要因Bの主効果はない	母集団で要因Bの主効果がある
交互作用効果	母集団で交互作用効果はない	母集団で交互作用効果がある

表7 表5のデータの分散分析表

	平方和	自由度	平均平方	F値	棄却域
積極性	160.0	2	80.0	0.89	$F > 3.49$
授業形式	1260.0	1	1260.0	14.00	$F > 4.35$
交互作用	1440.0	2	720.0	8.00	$F > 3.49$
群内	1800.0	20	90.0		
全体	4765.5	25			

ではその計算式を省略するが，分散分析表の見方は，1要因の分散分析表と同じである。表7に表5のデータの分散分析表を示す。なお，表5のデータでは，要因が2つとも被験者間要因であるが，被験者内要因がある場合には，後述のように，表7とは異なる分散分析表になるので，注意されたい。

③有意水準

2要因の分散分析でも，3つの効果について，それぞれ有意水準を5％として検定を行うことが多い。

④検定統計量の実現値の計算

表5のデータの場合，付表4を参照すると，自由度が（2, 20）のF分布に従う確率変数が3.49より大きな値になる確率が5％なので，積極性の主効果と，積極性と授業形式の交互作用の検定では，$F > 3.49$を有意水準5％の棄却域とする。積極性の主効果のF値である0.89は3.49より小さいので，積極性の主効果がないという帰無仮説は保持される。交互作用のF値である8.00は3.49より大きいので，交互作用がないという帰無仮説は棄却される。授業形式の主効果に関しては，自由度が（1, 20）のF分布を参照すると，$F > 4.35$が有意水準5％の棄却域となる。授業形式のF値である14.00は4.35より大きいので，授業形式の主効果がないという帰無仮説は棄却される。以上をまとめると，授業形式の主効果と，積極性と

137

授業形式の交互作用は5%水準で有意であるが，積極性の主効果は5%水準で有意ではない。

⑤ p 値の計算

2要因の分散分析のそれぞれの効果の検定でも，実際に統計ソフトウェアを使って行うときには，F 値と棄却域を見比べるよりも，p 値と有意水準（0.05）を見比べることの方が多い。表5のデータの場合，積極性の主効果，授業形式の主効果，積極性と授業形式の交互作用効果の p 値はそれぞれ，0.427，0.001，0.003である。授業形式の主効果，積極性と授業形式の交互作用効果の p 値が0.05より小さいので，これらの効果が5%水準で有意である。

2．単純主効果

交互作用効果が有意な場合，一方の要因の水準で場合分けし，他方の要因について1要因分散分析を行う。これを単純主効果の検定という。単純主効果の検定は，群内平均平方の計算方法が，単なる1要因の分散分析と異なる。くわしくは繁桝ら（2008）を参照されたい。

3．少なくとも一方が被験者内要因の場合

2要因分散分析で，要因が両方とも被験者間要因の場合には，主効果の検定でも交互作用効果の検定でも，群内自由度や群内平均平方は同じものを共通して用いた。被験者内2要因の場合や，一方の要因のみ被験者内である混合計画の場合，どの効果の検定かによって，用いる群内自由度や群内平均平方が異なる。統計ソフトウェアの出力を見る際には注意されたい。

III　本章のまとめ

本章では，3つ以上の平均値を比較する方法について学んだ。また，平均値に影響を与える要因が2つある場合の効果の考え方についても学んだ。

◆学習チェック
☐　被験者間要因と被験者内要因の違いを理解した。
☐　分散分析表の見方を理解した。
☐　多重比較の方法について理解した。
☐　主効果と交互作用効果について理解した。

文　献

南風原朝和（2014）続・心理統計学の基礎——統合的理解を広げ深める．有斐閣．

Johansson, R., Sjöberg, E., Sjögren, M. et al.（2012）Tailored vs. standardized internet-based cognitive behavior therapy for depression and comorbid symptoms: A randomized controlled trial. *PLoS ONE*, 7(5); e36905, 1-9.

永田靖・吉田道弘（1997）統計的多重比較法の基礎．サイエンティスト社．

繁桝算男・大森拓哉・橋本貴充（2008）心理統計学——データ解析の基礎を学ぶ．培風館．

重回帰分析と階層線形モデル

宇佐美　慧

Keywords 偏回帰係数, 標準偏回帰係数, 変数の統制, 第3の変数, 重相関係数, 多重共線性, 自由度調整済み決定係数, データの非独立性, 級内相関係数, クロスレベル交互作用

　本章では，複数の説明変数を用いて目的変数を説明・予測する方法である重回帰分析について説明する。重回帰分析は，とくに第9章の因子分析や，第10章の共分散構造分析など，より発展的な統計モデルを理解するうえでの基礎的な枠組みを与えるという点でも重要である。重回帰分析の発展的なモデルとして，独立性が満たされないデータである階層データを扱うための階層線形モデルについても本章で説明する。

I　重回帰分析

1．はじめに

　回帰分析の考え方は，心理学を超えて，きわめて多くの研究・実践場面において適用されている。たとえば，教育学・心理学において1日あたりの勉強量や生活習慣（説明変数）から試験の成績や合否（目的変数）の関係を把握したい場合が挙げられる。また，医学・薬学・疫学において患者のバイオマーカーの情報や年齢（説明変数）などの情報から，患者の入院期間の長さや治療予後（目的変数）を予測したい場合も該当する。他にも，経済学・経営学において，季節や曜日の違い，製品の単価（説明変数）の情報から製品の購入数（目的変数）を説明・予測したい場合などが挙げられるだろう。回帰分析の適用においては，実際の目的変数の値である観測値と予測値がなるべく近い値になるような精度の高い予測を行うことが最も重要な場合もあれば，目的変数と特定の説明変数間の関係の有無やその強さを評価したい場合もある。回帰分析を利用する目的はこのように状況に応じて異なるところがあり，それに応じて注目すべき分析結果の観点も変わってくる。

第8章 重回帰分析と階層線形モデル

2．モデルの基礎（説明変数が 2 つの場合）

第 3 章で説明した単回帰分析では，

$$\text{目的変数}_j = \text{切片} + \text{回帰係数} \times \text{説明変数}_j + \text{残差}_j \tag{8.1}$$

のような，個人$_j$の説明変数の値（説明変数$_j$）から連続的な目的変数（目的変数$_j$）の値を説明・予測するための直線の回帰式を考えた。つまり，目的変数を，説明変数によって説明・予測できる部分である予測値（切片 + 回帰係数 × 説明変数$_j$）とできない部分である残差$_j$の和に分解している。回帰式の切片とは，説明変数の値が 0 である個人$_j$の予測値を意味し，そして回帰係数は，説明変数の 1 単位分の増加に伴う予測値の増分を意味する。

重回帰分析は，説明変数が複数ある場合の分析である。仮に 2 つの説明変数がある場合を考えると，重回帰分析のモデル式は，

$$\text{目的変数}_j = \text{切片} + \text{偏回帰係数}_1 \times \text{説明変数}_{1j} + \text{偏回帰係数}_2 \times \text{説明変数}_{2j} + \text{残差}_j \tag{8.2}$$

と表すことできる。単回帰分析の場合と類似して，目的変数を，説明変数で説明・予測できる部分である予測値（切片 + 回帰係数$_1$ × 説明変数$_{1j}$ + 回帰係数$_2$ × 説明変数$_{2j}$）とできない部分である残差$_j$の和で表現している。2 つの説明変数から回帰式が構成されることから，回帰式はとくに回帰平面とも呼ばれる。また，切片は，2 つの説明変数がともに 0 である個人の予測値と解釈できる。重回帰分析では，個々の説明変数に係る回帰係数（回帰係数$_1$，回帰係数$_2$）は偏回帰係数と呼ばれる。

図 1 は，500 名の中学生における普段の 1 日あたりの平均的な勉強時間および友達との遊び時間（説明変数）から試験成績（目的変数）を予測する回帰平面を示したものである（仮想データ）。データの一部を表 1 に示している。分析の結果，成績の予測値は，「26.39 + 9.10 × 勉強時間 + 2.28 × 遊び時間」となった。ここで，切片は，普段の勉強時間および友達との遊び時間がともに 0 であるような生徒における成績の予測値を表し，いまの例では 26.39（点）であることがわかる。また，図 1 を見ると，2 つの偏回帰係数（9.10 および 2.28）は，回帰平面の各説明変数に対応する軸の方向で見たときの傾きの大きさである。

141

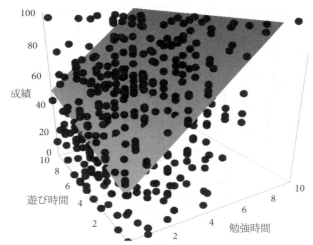

図1 勉強時間と遊び時間から成績を説明・予測する回帰平面

表1 データの概要

ID	成績（点）	勉強時間（時間）	遊び時間（時間）
1	41	3	7
2	56	1	4
3	61	4	5
4	100	6	1
⋮	⋮	⋮	⋮
500	30	0	6

　重回帰分析において，各変数を標準化した場合の偏回帰係数はとくに標準偏回帰係数と呼ばれる。偏回帰係数（または回帰係数）は，相関係数と異なり，説明変数および目的変数の標準偏差，すなわち測定の単位に依存する量である。したがって，いまの例では，勉強時間を時間単位のデータで分析するか，または分単位（＝時間×60）のデータで分析するかの違いで回帰係数の値は変わってしまう。この性質は，説明変数が複数あるときにいずれの説明変数が目的変数をよりよく説明・予測できるか比較をしたい場合には望ましくない。そのような場合には，代わりに標準偏回帰係数を利用することで比較は容易になる。

　先のデータを標準化して，予測値を再度求めたところ勉強時間の標準偏回帰係数は 0.57，遊び時間の標準偏回帰係数は 0.19 となった。勉強時間の方が遊び時間

よりも成績を予測・説明するうえでより重要な変数であることがわかる。

3．偏回帰係数の解釈と意義

①偏回帰係数の解釈

単回帰分析のように，モデル内の母数は，最小二乗法などによって推定できる。式が複雑になるためここでは省略するが，偏回帰係数の推定量で重要なのは，単回帰分析のように各説明変数と目的変数間の相関だけでなく，説明変数間の相関にも依存した量になるという点である。(8.2)式を見れば，形式的には重回帰分析は単回帰分析の単純な拡張といえる。しかし，重回帰分析では，複数ある説明変数間の相関関係の情報が新たに含まれる。そのことから，偏回帰係数などの分析結果を解釈するうえでさまざまな違いが生じる。それでは，偏回帰係数はどのように解釈ができる量なのだろうか。重要な内容であるため，以下では少し長くなるがこの点について説明する。

まず，偏回帰係数$_1$の場合を考えるために，説明変数$_1$を1単位分増やした状況を考えてみよう。ここで，仮に2つの説明変数間の相関が正ならば，説明変数$_1$が高いほど説明変数$_2$も高い傾向にある。このため，説明変数$_1$が1単位分増えたときの個人は，説明変数$_2$の値も連動してより高い値を示すことが期待され，結果その個人の予測値の増分には，単に偏回帰係数$_1$だけではなく偏回帰係数$_2$の影響も反映されることが考えられる。このことから，偏回帰係数$_1$は，「説明変数$_1$が1単位増えたときの目的変数の増分」を純粋に表しているわけではないことがわかる。

ここで，偏回帰係数$_1$という量は，説明変数$_2$の係数ではないためその点で無関係であることに注意すると，偏回帰係数$_1$は「説明変数$_1$が1単位増えたときの目的変数の増分」ではなく，「説明変数$_2$の値を変えずにそのままにしたときの，説明変数$_1$が1単位増えたときの目的変数の増分」といえる。つまり，実際には2つの説明変数の間には何らかの相関があるかもしれないが，偏回帰係数$_1$は，仮想的に説明変数$_2$の値をそのままの条件にして，説明変数$_1$のみが増加したときの目的変数の増分を考えているのである。このような，特定の（説明）変数を一定の値のままにしておく操作を統計学では統制する（または，「コントロールする」や，「（影響を）除去する」），という。変数を統制するということは，その変数が同じ値をとる集団を統計学的に仮想的に作り出す操作を意味している。いまの偏回帰係数$_1$の文脈でいえば，「説明変数$_2$の値が同じ値をとる集団を考えたときの，説明変数$_1$が1単位増えたときの目的変数の増分」と解釈できることを意味して

いる。同様に，偏回帰係数₂も，「説明変数₁の値が同じ値をとる集団を考えたときの，説明変数₂が1単位増えたときの目的変数の増分」と解釈できる。

具体的に，先ほどの，勉強時間と遊び時間の2つの説明変数を投入した重回帰分析の例で考えてみよう。1日の時間は24時間と限られているため，1日の勉強時間が増えすぎると，遊びの時間は制限される。反対に，遊びの時間を長く取り過ぎると，勉強に割ける時間が減る。このことを反映して，表1の勉強時間と遊び時間のデータの相関は−0.37と負の値である。勉強時間に関する偏回帰係数（=9.10）は，「勉強時間が1時間長くなったときの試験成績の増分」という意味ではなく，「友達との遊び時間が同じ長さである生徒たちの集団を考えたときの，勉強時間が1時間長くなったときの試験成績の増分」と考えられる。同様に，遊び時間に関する偏回帰係数（=2.28）も，「遊び時間が1時間長くなったときの試験成績の増分」という意味ではなく，「勉強時間が同じ長さである生徒たちの集団を考えたときの，遊び時間が長くなったときの試験成績の増分」となる。

②偏回帰係数の意義

このような解釈上の違いを反映して，偏回帰係数は，単回帰分析における回帰係数とは異なり，説明変数間の相関に依存した量になる。説明変数間の相関が0であれば，偏回帰係数は回帰係数と同じ値となり，またこの場合，他の説明変数からの影響が実質的にないことを意味するので，回帰係数のように「説明変数が1単位増えたときの目的変数の増分」として解釈できる。しかし，説明変数間の相関が0でない限りは，偏回帰係数は回帰係数とは異なる値を示す。この違いは，説明変数間の相関の絶対値が大きいほど顕著であり，また偏回帰係数の解釈はしばしば複雑になる。実際に偏回帰係数がどのように解釈できるかは，数学的・統計学的問題を超えて，分析者の方で検討していく必要がある。

たとえば，いまの例では，遊び時間が長い生徒ほど勉強時間が短いという負の相関（=−0.37）が見られる。このとき，遊び時間の偏回帰係数は，「（勉強をしないで）遊び時間が長くなったときの成績との関係」を意味しているのではなく，「勉強時間は一定の条件のまま，友達との遊び時間が長くなったときの成績との関係」を意味する。つまり，ここでの遊び時間の長さを勉強時間の短さを反映した量と解釈するのは不適当であり，勉強時間が長い生徒か短い生徒かに関係なく，友人との遊びが学業成績にどのように関わっているのかを反映しているのである。

いまの例からも示唆されるように，他の説明変数の影響を積極的に統制して説明変数の意味づけを変えることによって，単なる相関関係を超えて，興味ある変

数間のありうる因果関係についてより迫った検証ができる可能性がある。他の例として、「就寝時間の遅さが（成長ホルモンの分泌を阻害して）子どもの身体的成長に悪影響を及ぼす」ことを調べるため、子どもたちの日常の就寝時間と身体的成長に関するデータをとって単回帰分析をしたとする。しかし、「就寝時間の遅さは、単に睡眠時間の短さを反映していて、むしろそれが子どもの身体的成長に悪影響を及ぼすのではないか」という反論がありうるだろう。そこで、就寝時間と睡眠時間の両方を説明変数として投入することで、睡眠時間が長いか短いかに関係なく（つまり、一定の条件のまま）、就寝時間と身体的成長の間のありうる因果関係についてより迫った検証ができる可能性がある。なお、いまの例の睡眠時間のように、特定の変数間の相関関係に影響を及ぼすと考えられるその他の変数を第3の変数と呼ぶ[注1]。

重回帰分析では、目的変数を予測するための回帰式を得ること自体が分析の主目的であることも多いが、このように第3の変数を統制しながら興味ある説明変数と目的変数の関係を調べる目的で利用されることも多い。

4．決定係数と重相関係数

目的変数の分散に対する予測値の分散の割合は決定係数（または分散説明率）と呼ばれ、その値が高いほど回帰式が目的変数の値をよく説明できることを意味する。説明変数と目的変数の間の（因果）関係の有無の検討だけでなく、目的変数の値をよく予測できる回帰式を構成することが重要である場合、個々の偏回帰係数そのものよりも、決定係数の大きさが重要な指標になる。表1の成績データの例では、決定係数は 0.285 となった。

その他の類似の指標として、予測値と目的変数の間の相関係数があり、重回帰分析の文脈ではこれをとくに重相関係数と呼ぶ。重相関係数は決定係数の平方根に等しいことが知られているため、一方の値がわかれば他方の値もわかるという関係にある。いまのデータの例では、0.534 となる。なお、仮に1つの説明変数のみを投入した単回帰分析の場合に比べ、別の新たな説明変数も投入した重回帰分析の方が、決定係数は同じかそれよりも大きな値を示す。

また、回帰式による目的変数の予測の精度に関する情報をより直接的に示して

注1）　ただし、この例のような調査研究から、変数間の因果関係を厳密に主張するためには、他のありうる第3の変数の特定と統制や、変数間の時間的先行性（原因が結果を時間的に先行していること）を述べることなどが必要となる。そのため、あくまでこの例は、単なる相関関係を超えて、因果関係により迫った検証を行うための第一歩としての手続きであることに注意が必要である。

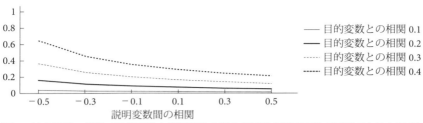

図2 決定係数の推移（目的変数と説明変数の間の相関は各説明変数で同じであると仮定）

くれる指標として，観測値と予測値のズレである残差の標準偏差の推定値を意味する，予測の標準誤差がある。一般に，決定係数（または重相関係数）が大きいほど予測の標準誤差は小さくなり，高い精度で予測ができる。いまのデータの例では，予測の標準誤差は22.98（点）となる。残差の分布に正規分布を仮定できる場合，「残差の全体のおよそ2/3は予測値を中心に±22.98点内に収まる」，または「残差の全体のおよそ95％は予測値を中心に±2×22.98点（＝±45.96点）内に収まる」のように，残差の大きさ，すなわち予測の精度についてより具体的な解釈が可能になる。

重回帰分析において決定係数（または重相関係数）を高めるための一般的な条件として，①目的変数との相関が高く，かつ②他の説明変数との相関が低い説明変数を選択すること，が挙げられる。説明変数が2つの場合における，各説明変数と目的変数との相関および説明変数間の相関別の決定係数の推移を示したのが図2である。

①は直感的に理解しやすい方針であるが，②については，少し注意が必要である。仮に説明変数間の相関が正のとき，それが0に近づくほど，各説明変数の持つ意味合いは互いに無関係となり，そして目的変数の異なる側面をそれぞれ説明する役割をもつことから決定係数が高くなることがイメージされるが，負の大きな相関がある方が決定係数はさらに高くなる。ただし，前の節で述べたように，説明変数間の相関の絶対値が大きいと偏回帰係数の解釈はしばしば困難になるため，結果を解釈するうえでは好ましくない場合もある。加えて，次の節でも述べるように，偏回帰係数の推定値の標準誤差の点からしても，説明変数間の相関の絶対値が高いことは一般に好ましくない。

5．多重共線性

一般に，サンプルサイズが大きいほど偏回帰係数などの母数の推定値の標準誤

差は小さくなり，より高い精度で推定できる。しかし，偏回帰係数に関する標準誤差の大きさは，先に見た偏回帰係数の推定量の場合と同様に，説明変数間の相関関係に依存する。具体的な式については本書では割愛するが，説明変数が2つの場合，説明変数間の相関の絶対値が大きいほど，偏回帰係数の標準誤差も大きくなる。したがって，説明変数間の相関の絶対値が大きい，すなわち説明変数が反映する意味内容の重複度が大きい場合，標準誤差が非常に大きくなり，偏回帰係数の推定値が不安定になることがある。これを多重共線性の問題という。

6．モデルに投入する説明変数について

これまで見てきたように，重回帰分析では，偏回帰係数の解釈，決定係数（および重相関係数）および標準誤差のそれぞれにおいて説明変数間の相関が関わってくるのが重要なポイントである。とくに，説明変数間の相関係数の絶対値が大きいことは，多重共線性により偏回帰係数の推定値が不安定になり，さらにそれに伴って目的変数の予測値や決定係数の推定結果も不安定になってしまうことから一般に望ましくないといえる。加えて，このような場合は偏回帰係数の解釈がしばしば複雑になり，分析結果の意味づけが難しくなる場合もある。

したがって，分析目的からして当該の独立変数を投入する強い理由がない限りは，重回帰分析に投入する説明変数は，説明変数間の相関が高くなりすぎないものを選定することが必要であり，互いに相関が高い説明変数群がある場合は，該当する変数の一部を削除することや，和得点・因子得点（第9章参照）などのその他の量を新たに生成するなどの工夫が一般に必要となる。

7．偏回帰係数の検定

相関係数や回帰係数，群間の平均値差の場合（第6章参照）のように，母集団における偏回帰係数（および切片）の大きさが0かどうかを，統計的仮説検定を用いて調べることができる。具体的には，「母集団における偏回帰係数が0である」という帰無仮説を検定するためには，偏回帰係数の推定値の，その標準誤差に対する比として定義される検定統計量が，自由度「サンプルサイズ－説明変数の数－1」のt分布に従うことが知られているため，このt分布の棄却の限界値を超えるかどうかで検定ができる。

表1の成績データについて重回帰分析を行った際の推定と検定の結果を表2に示している。勉強時間，遊び時間の偏回帰係数はいずれも両側5％水準で統計的に有意であることがわかる[注2]。

第 5 巻　心理学統計法

表 2　重回帰分析の結果

	推定値	標準誤差	信頼区間	t 値	p 値
切片	26.39	2.63	$[21.23, 31.55]$	10.03	$p = 0.000$
勉強時間の偏回帰係数	9.10	0.65	$[7.84, 10.37]$	14.07	$p = 0.000$
遊び時間の偏回帰係数	2.28	0.49	$[1.32, 3.24]$	4.64	$p = 0.000$

8．説明変数が 3 つ以上の場合の補足

①偏回帰係数の解釈

　説明変数が 3 つ以上ある場合の重回帰分析における偏回帰係数の解釈の方法については，説明変数が 2 つであった場合を一般化できる。具体的に，ある説明変数に係る偏回帰係数については，「それ以外のすべての説明変数を統制した，すなわちこれらの説明変数の大きさがすべて同じ集団を仮想的に考えたときの，その集団における説明変数の 1 単位増えたときの目的変数の増分」と解釈できる。したがって，一般に説明変数の数が多くなればなるほど，特定の偏回帰係数の意味は複雑になる。そのため，とくに因果関係に迫った検証を目的として重回帰分析を適用する場合は，投入する説明変数の種類やこれらの間の相関の大きさに応じて，偏回帰係数がどのように解釈できるかについて注意を払うことが必要である。

②決定係数

　先に述べたように，目的変数の分散に対する予測値の分散の比として決定係数を定義し，計算することができる。この点は説明変数の数に関係なく可能である。しかし，このような定義の下で計算される（標本の）決定係数は，母集団における回帰式の残差分散を低く見積もってしまうことで，母集団における決定係数を実際よりも高く見積もってしまうことが知られている。とくに，説明変数の数が多い場合にこの傾向が強くなる。これは，収集した標本には見かけ上よくあてはまるような回帰式が得られるが，他の標本には必ずしも同程度によくあてはまるとは限らないという事実を反映している。このような問題が懸念される場合は，とくに残差分散の過少推定を抑えるという観点から推定量を修正した決定係数として，自由度調整済み決定係数と呼ばれる統計量がよく利用される。一般に，自由度調整済み決定係数は，通常の決定係数よりも小さな値となる。表 1 のデータの

注 2)　表 2 の $p = 0.000$ は小数点以下第 4 位で四捨五入すると 0.000 になることを意味する。第 14 章注 6 参照。

第8章　重回帰分析と階層線形モデル

例では，決定係数は 0.285 であった。自由度調整済み決定係数の値は 0.282 となり，この例ではあまり大きな違いは生じていないが，決定係数よりも小さな値となっていることが確認できる。

③多重共線性

3つ以上の説明変数を仮定した一般的な状況でも，多重共線性の問題は生じる。より具体的には，ある説明変数と他の説明変数間の相関が全体として高いほど，その説明変数に関する偏回帰係数の標準誤差は大きくなる。したがって，一般に重回帰分析においては，互いの相関係数が大きくなりすぎないような説明変数群を選定することが，各偏回帰係数における多重共線性の問題に対処し，また各偏回帰係数をより明瞭に解釈するうえで有効である。

II　階層線形モデル

1．階層データとは

心理学研究では，たとえば児童・生徒の学力や心身の健康度などに関する実態調査を行うために，全国の学校に調査への参加を依頼し，そしてその協力校の生徒たちからデータを収集することがある。また医学・疫学などでは，たとえばある感染症予防法の効果検証を行うために，全国の病院やケアセンターを実験群か統制群に無作為に割り当てて，各施設内の患者からデータを得ることがある。これらは，学校や病院などの集団単位でデータの抽出がまず行われ，次に生徒や患者のような個人が段階的に抽出されている。このような二段抽出を経たデータは，独立性が満たされないデータである階層データの代表例としてよく知られている。図3は無作為抽出と二段抽出における標本の抽出の様子を対比したものである。二段抽出が特定の集団（学校）の抽出をまず行っているという点で，無作為抽出とは明らかに異なるものである。

これ以外にも，個人の右目と左目の視力のデータや，双子・夫婦などのペアデータのような対応のあるデータ，または縦断データ・反復測定データも広義には階層データの範疇に含まれる。階層線形モデルとは，このような階層データを扱うための統計モデルである。

では，データの独立性とは何を意味するのだろうか。素朴な例としては，「一度サイコロを振って3の目が出たとしても次の目が何かはわからない」というように，一方のデータ（最初のサイコロの目）から他方のデータ（次のサイコロの

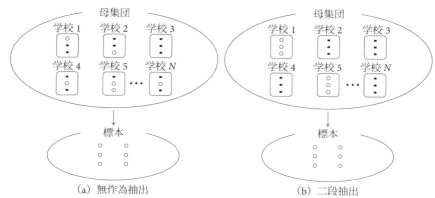

図3 無作為抽出により得られたデータと，二段抽出により得られた階層データの対比（白色の点〔個人〕がサンプリングされたことを意味する）
（出典）宇佐美（2017），p.129。

目）を直接予測できないことを意味する。このことは一見当然のようにも思えるが，階層データではこの点が成り立たない。

具体的に，日本の中学生の学力の実態を把握するために，学校と生徒を段階的に抽出する二段抽出を利用して学力調査を行い，試験成績に関する（階層）データを得た場合を考えてみよう。学校は学力や特定の技能を基準にして層化された集団と考えることができる。そのため，ある生徒のデータの情報（たとえば，得点が高い）がわかったら，同じ学校の他の生徒のデータの情報も，（同様に，ある程度は得点が高い，などと）予想ができてしまう。これが階層データの非独立性を意味する。したがって，仮に特定の学校の生徒から100人分の（階層）データを得るのと，無作為抽出を行ってさまざまな学校から100人分の生徒のデータを得るのとでは，日本の中学生の学力の実態を把握するうえで明らかに情報量に違いがあり，階層データは無作為抽出の場合ほどの情報を有していないこととなる。

2．一変数の場合――平均の推測

①モデル式

このことをもう少し具体的に考えてみよう。上記の例のように，学力の実態を把握するために，全国の中学生（母集団）における試験成績の（母）平均を正確に推定したいとする。無作為抽出をして，異なる学校の生徒から成績データ（目的変数）を得たとする。このとき，ある生徒jの成績を目的変数$_j$とすると，

第8章 重回帰分析と階層線形モデル

$$目的変数_j = 平均 + 残差_j \tag{8.3}$$

と表現できる。残差$_j$は，この式から「残差$_j$＝目的変数$_j$－平均」と表現できることからもわかるように，平均からの偏差，つまり生徒$_j$が平均から見てどれだけ離れているかを示している。

次に，二段抽出を伴う階層データの場合を，階層線形モデルをもとに考えてみよう。ある学校$_i$に所属する生徒$_j$の成績を目的変数$_{ij}$とすると，(8.3)式に対応する目的変数$_{ij}$の式は，階層線形モデルでは，

$$目的変数_{ij} = 平均_i + 残差_{ij} \tag{8.4}$$

と表現する。ここで，残差$_{ij}$は，学校$_i$の生徒$_j$の成績（目的変数$_{ij}$）の，学校$_i$の平均（平均$_i$）からの偏差を表す。残差$_{ij}$の分散は，同じ学校$_i$の中の生徒の成績の個人差（＝集団内分散）を表す。

(8.4)式では，各学校で成績の平均が異なることを仮定して，添え字$_i$がついている。階層線形モデルでは，(8.4)式に加えて，平均$_i$が全学校の平均（ここでは，「全平均」とする）からどれだけ離れているかを示す，

$$平均_i = 全平均 + 残差_i \tag{8.5}$$

を考える。残差$_i$は，残差$_{ij}$とは異なり，平均$_i$が全平均からどれだけ離れているかを表す。したがって，残差$_i$の分散は，各学校の平均成績に関する学校間差の大きさ（＝集団間分散）を表す。注意したいのは，同じ学校$_i$に所属している生徒であれば，どの生徒にも残差$_i$が式の中に共通して含まれるということである。このことが，同一集団（学校）内の個人（生徒）に関するデータの情報の重複度としての非独立性を説明する役割を担っている。目的変数に関する数直線上で，集団内分散と集団間分散を視覚的に示したものが図4である。この例では，同一集団内の個人のデータの違い（集団内分散）に比べて，各集団の平均の違い（集団間分散）が大きい状況を表している。

このように，階層線形モデルでは，(8.4)式のような同一集団（学校）内の個人（生徒）についてのモデル式の他に，(8.5)式のような集団に関するモデル式も同時に考えて階層データを表現する。(8.4)式のモデルをレベル1の式，(8.5)式をレベル2の式とそれぞれ呼ぶことがある。

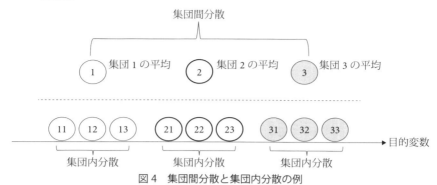

図4 集団間分散と集団内分散の例

（注） 集団の数が3，集団内の個人の数が3の場合。「11」と書いた丸は集団1の個人1のデータを表す。同様に，「12」は集団1の個人2のデータを表す。図中における左右の位置の違いは，目的変数の大きさの違いを意味している。

②級内相関係数

データの非独立性の強さの目安として，目的変数$_{ij}$の分散[注3]に対する残差$_i$の分散（集団間分散）の割合として定義される，級内相関係数：

$$級内相関係数 = \frac{残差_i の分散（集団間分散）}{残差_i の分散（集団間分散）+ 残差_{ij} の分散（集団内分散）}$$

(8.6)

がある。この値が大きいほど，目的変数の平均の集団間差（集団間分散）が大きく，データの非独立性が強いことを意味する。級内相関の大きさの解釈については，階層線形モデルが広く利用されている教育学・心理学・社会学の領域を中心に示されてきた経験的な基準がいくつかある。たとえば，ラウデンブッシュら（Raudenbush et al., 2000）では0.05，0.10，0.15の値を順に，小さな級内相関，中程度の級内相関，大きな級内相関として分類している。ただし，扱う目的変数の種類や抽出する集団の性質等に応じて期待される級内相関の大きさも変化するため，このような基準を機械的に適用することは避けるべきである。データの非独立性が強いほど，それを無視して分析することの弊害が大きい。具体的には，級内相関係数が大きいほど，それを無視して分析すると，全平均（試験成績の母平

注3） 目的変数$_{ij}$の分散は，残差$_i$の分散（集団間分散）＋残差$_{ij}$の分散（集団内分散）となる。

均)の推定値の標準誤差を過少推定してしまう。つまり,非独立性によって実際は同一の集団内の個人の情報(データ)には重複があるにもかかわらず,それを無視して分析することで平均の推定精度を不当に高く見積もってしまう(=誤差を過少推定してしまう)のである。

3．2変数の場合――切片と回帰係数の推測

階層線形モデルは,これまで述べてきたような,平均などの母数を推定する際の標準誤差の過少推定を防ぐために行うといった消極的な理由のみから利用されるものではない。むしろ,先の例のように,集団間の情報(集団間分散)と集団内の情報(集団内分散)の情報を分離して得られることが階層線形モデルの重要な特長である。このような利点は,これまで述べた1変数(平均の推測)よりも,2変数以上のデータから変数間の関係を調べる場合に顕著となる。

①モデル式

例として,無作為抽出を行い,異なる学校の生徒から成績データ(目的変数)と,生徒の1週間あたりの平均的な勉強時間の回答データ(説明変数)を得たとする。そして,勉強時間から成績をどの程度説明・予測できるかに関心があるとする。生徒 $_j$ の成績データを目的変数$_j$とすると,目的変数$_j$に関する回帰式は,単回帰分析での(8.1)式と同じ形になる。

一方,二段抽出を通して,学校(集団)$_i$から生徒(個人)$_j$のデータ(階層データ)が抽出された状況を考える。階層線形モデルでは,学校$_i$に所属する生徒$_j$の成績データ(目的変数$_{ij}$)を,

$$目的変数_{ij} = 切片_i + 回帰係数_i \times 説明変数_{ij} + 残差_{ij} \quad (8.7)$$

と表現する。(8.4)式のように,回帰式の切片および回帰係数に集団差(学校間差)があることを仮定して,添え字 i をつけている。そして,これらについて,(8.5)式のように

$$切片_i = 切片の平均 + 切片の残差_i \quad (8.8)$$
$$傾き_i = 傾きの平均 + 傾きの残差_i \quad (8.9)$$

と表現する。つまり,各集団の切片および傾きの平均(それぞれ,「切片の平均」

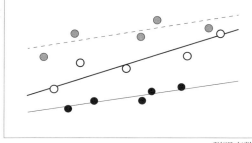

図5 各集団の回帰直線の切片や傾きが異なり，データ（目的変数）の非独立性を反映した例（集団数が3つの場合）

「傾きの平均」とする）と，それらからの残差（それぞれ，「切片の残差$_j$」「傾きの残差$_j$」）の和で表現する。

　切片の残差$_j$の分散を推定することで，各学校の切片にどのくらいの学校間差（集団間差）があるかを定量的に把握できる。同様に，傾きの残差$_j$の分散を調べることで，各学校の傾きの集団間差を調べられる。さらに，切片の残差$_j$と傾きの残差$_j$の間の相関関係を通して，切片の大きい学校は傾きが大きい傾向もあるかといった関係性も調べられる。2変数の階層線形モデルでは，これらの残差の分散・共分散を通して回帰直線の集団間差を考えることでデータの非独立性を表現している。逆に言えば，集団間で回帰直線の切片や傾き（回帰係数）に違いがあれば，データの非独立性を反映しているといえる（図5）。これは，ある集団の個人の情報がわかったときに，同じ回帰直線上付近にあると予想できるという理由で，同一集団内の他の個人の情報（データ）も部分的にわかるためである。

②集団間差の説明要因についての検証

　(8.8) 式と (8.9) 式において，残差分散が大きく，切片や回帰係数に無視できない集団間差があると考えられるときに，それが集団のどのような特徴（集団変数）で説明できるかを考えることは有効である。たとえば，いまの試験成績（目的変数）と勉強時間（説明変数）の例の場合，切片や回帰係数の集団間差が，各学校のさまざまなプロフィール情報の違い（例：私立か公立か，進学校か否か）によって説明できれば，たとえば，どのような学校では勉強時間と成績の関係がより強く現れているのかどうかを検証できる。この点は，個人のレベル（レベル1）における2変数間の関係の違いが，集団のレベル（レベル2）の水準の違いによってどの程度説明できるかを意味することから，クロスレベル交互作用と呼ば

れることがある（南風原，2014; Raudenbush et al., 2002）。

この点に関する検証を階層線形モデルによって行うには，集団単位の説明変数である集団変数（集団変数$_j$）をレベル2の式の中に投入すればよい。たとえば，傾き$_j$に関する（8.9）式で，

$$\text{傾き}_j = \text{傾きの切片} + \text{傾きの回帰係数} \times \text{集団変数}_j + \text{傾きの残差}_j \quad (8.10)$$

とすれば「傾きの回帰係数」を通して，集団変数$_j$の水準の違いが，各集団における説明変数$_{ij}$と目的変数$_{ij}$の関係の強さとしての傾き$_j$の集団差をどの程度説明・予測できるか調べられる。これがクロスレベル交互作用を表す回帰係数となる。

③補　　足

本節では説明変数も集団変数の数も1つに限定して説明したが，重回帰分析のように複数の説明変数および集団変数を投入することができる。ただし，そのときは，前節で述べたように，ある説明変数（または集団変数）にかかる偏回帰係数は，それ以外のすべての説明変数（または集団変数）の影響を統制したうえでの増分を表す量となることに解釈上注意が必要である。本節の最初にも述べたように，階層データに分類されるデータには多くの種類があり，さまざまな研究デザインを通して収集される。この点を含め，階層線形モデルの推定や分析例などに関するさらなる詳細については，南風原（2014）やラウデンブッシュら（Raudenbush et al., 2002），豊田（2012）も参照してほしい。

◆学習チェック
□ 偏回帰係数の解釈の方法について理解した。
□ 重回帰分析において説明変数間の相関が及ぼす影響について理解した。
□ 階層データの意味について理解した。
□ 階層線形モデルがデータの非独立性をどのように表現しているか理解した。

文　献

南風原朝和（2014）続・心理統計学の基礎—統合的理解を広げ深める．有斐閣．
Raudenbush, S. W. & Bryk, A. S. (2002) *Hierarchical Linear Models: Applications and Data Analysis Methods*, 2nd Edition. Sage Publications.
Raudenbush, S. W. & Liu, X. (2000) Statistical power and optimal design for multisite randomized trials. *Psychological Methods*, 5; 199-213.
豊田秀樹（2012）回帰分析入門—Rで学ぶ最新データ解析．東京図書．
宇佐美慧（2017）発達心理学・教育心理学研究におけるサンプルサイズ設計．In：村井潤一郎・橋本貴充編：心理学のためのサンプルサイズ設計入門．講談社，pp. 128-147.

第5巻　心理学統計法

第9章

因子分析

尾崎幸謙

Keywords　因子負荷量，共通性，独自性，因子得点，因子間相関，因子数，因子軸の回転，単純構造，因子の命名

　本章では心理学で発祥した統計手法である因子分析について解説する。因子分析は構成概念を見出したり，推定したり，構成概念に関する仮説を検証するための手法であり，パーソナリティ，態度などを扱う研究では必須の方法といってもよい。因子分析には探索的因子分析と確認的因子分析があり，本章では両方について解説する。

I　確認的因子分析と探索的因子分析

　本節では，そもそも因子分析とは何であるかについて説明した後に，2種類の因子分析それぞれについて概説する。

1．構成概念の推定

　外向性，知能，職務満足感など，心理学ではさまざまな概念を扱う。これらの概念に共通しているのは，目には見えないけれども，これらが存在することを考えることができるということである。初対面の人とでも気軽に話ができ，人前でしゃべることが得意で，友達が多い人を思い浮かべてみてほしい。この人は外向性が高い人と考えることができる。外向性は目には見えないけれども，外向性が高い人や低い人について考えることはできる。心理学で扱うこれらの概念は構成概念と呼ばれ，観察された事象を用いて推定される。
　例を挙げてみよう。表1は2,800人の対象者について収集された，パーソナリティのビッグ・ファイブ[注1]を測定する調査項目の一部である[注2]。このうち，1番

注1）　ビッグ・ファイブ理論とはパーソナリティには5つの次元（調和性，誠実性，外向性，神経質傾向，開放性）があるとする特性論である。

第 9 章　因子分析

表 1　ビッグ・ファイブ調査項目の一部

1. 他人に関心がない
2. 他人の健康のことを尋ねる
3. どうやって他人を慰めればよいのか知りたい
4. 子ども好きである
5. 人々を安心させる
6. アイデアを豊富に持っている
7. 難しい読み物を避ける
8. 会話を高度に展開する
9. 物事をじっくり考えることに時間を費やす
10. 話題について深く調べることはない

目から 5 番目の項目は，調和性（他人に対する優しさや利他性）を測定するためのものである。これらの項目に対して，「非常にそうである」から「全くそうでない」までの 6 件法でデータを収集したならば，このデータが先に述べた観察された事象である。このため，調査項目のことを観測変数と呼ぶことがある。因子分析は構成概念を推定することを目的とした統計手法であり，このデータに対して因子分析を適用することで，各対象者がもつ調和性という構成概念を推定することが可能となる[注3]。

　因子分析によって捉えられた構成概念は因子と呼ばれる。因子は個人ごとの値をもつため変数である。しかしながら，因子は表 1 の項目のようにデータを収集して直接的に観測したものではないため，観測変数と対比させて潜在変数と呼ばれる。潜在変数は，直接観測されていない変数であり，因子分析では因子と（後述する）誤差を指す。

2．確認的因子分析と探索的因子分析の概要

①確認的因子分析の概要

　因子分析は構成概念の推定のための統計手法であるが，その中でも確認的因子分析の目的は，ある状況下における構成概念の推定である。その状況とは，各観測変数がどの因子を測定するかということについて仮説が存在する場合である。たとえば，ある研究者が調和性因子と学力の関係を調べようとしたとする。調和性

注2）　表 1 は，統計ソフトウェア R の psych パッケージに含まれる bfi データの収集に使用された項目である。項目内容は英語で記述されているが，本章の執筆者が日本語に翻訳した。

注3）　私たちが「あの人は外向性が高い」というとき，それはその人の外向性を直接感じたからではなく，初対面の人とでも気軽に話ができ，人前でしゃべることが得意だということを目にした（観察した）結果から述べている。因子分析が行っていることも同じである。

157

因子は表1の1番目から5番目の観測変数で測定できることが過去の研究からわかっているので，これら5項目についてデータを収集したとする。これは，1番目から5番目の観測変数は調和性因子と対応関係をもつことが分析前にわかっている，あるいは十分に予想できる状況なので，確認的因子分析を実行することになる。

また，表1の6番目から10番目の観測変数は開放性因子（創造性や知性）を測定するためのものである。したがって，1番目から10番目の観測変数は全体として2つの因子を推定し，1番目から5番目は調和性因子，6番目から10番目は開放性因子という対応がついている。ビッグ・ファイブを測定する調査項目のように，過去の研究から観測変数と因子との関係が定まっている場合には，確認的因子分析によって因子を測定する。

1番目から5番目の観測変数は調和性因子を測定するといった観測変数と因子の関係性のことを本章では因子分析モデルと呼ぶ。分析前に想定したモデルが正しいかどうかを具体的なデータを用いて確認するため，この手法は確認的因子分析と呼ばれる。たとえば2番目の観測変数が調和性因子とは別の概念を測定する場合，このモデルはデータにうまく適合しないため，モデルは正しくないと判断される。確認的因子分析は第10章で説明する共分散構造分析と呼ばれる統計手法の枠組みで実行される分析方法であり，モデルがデータにあてはまっているかを評価するために共分散構造分析で使用される適合度指標と呼ばれるいくつかの数値が用いられる。適合度指標に加えて，想定したモデルが正しいかどうかを確認するためには，因子負荷量と呼ばれるパラメータのチェックも必要となる。

②探索的因子分析の概略

一方，探索的因子分析は，各観測変数と因子との関係について明確な仮説がない状況において因子を推定することを目的とする。オールポートら（Allport et al., 1936）は，明るい・堅いなど，性格に関する言葉を辞書から抜き出し，その整理を試みた。そして，キャッテル（Cattel, 1946）はそれまで知能の推定に使われていた因子分析を，性格に関する言葉の整理のために使った。このような研究が積み重なり，性格に関する理論が成立していった。このとき使用された因子分析は探索的因子分析である。性格に関する言葉それぞれがどのような因子と対応関係にあるかはわかっていなかったからである。ある構成概念を測定する尺度がこれまでになく，この尺度を新しく作ろうとするときに使用される因子分析は探索的因子分析であることが多い。

第9章　因子分析

■ Ⅱ　確認的因子分析

これまでは確認的因子分析と探索的因子分析の概要について説明してきた。本節ではまず確認的因子分析についてより深く説明していく。

1．データの説明

①bfi データ

Ⅱ節の確認的因子分析およびⅢ節の探索的因子分析では，Ⅰ節で説明した bfi データを用いて説明していく。そのため，まず bfi データについてより具体的に説明する。

表2に bfi データの調和性因子と開放性因子のローデータの一部を示した。ここには5名のデータしか示していないが，データには 2,800 名分が含まれている[注4]。表1の1番目から10番目の質問項目が，表2の A_1 から O_5 にそれぞれ対応している。また，各項目は「非常にそうである」から「全くそうでない」までの6件法となっており，「非常にそうである」が6点，「全くそうでない」が1点である。

A 合計と O 合計は，それぞれ5項目の合計である。ただし，逆転項目である A_1，O_2，O_5 については得点を逆転させて合計している。たとえば A_1「他人に関心がない」は，この項目に対して肯定的な回答をする人ほど調和性が低いので逆転項目である。得点を逆転させるためには，得点を -1 倍してカテゴリ数 $+1$ を足せばよい。表2のような6件法では，たとえば1点は $1 \times (-1) + 6 + 1 = 6$ 点となり適切に処理することができる。したがって，ID $= 61688$ の A 合計は $6 + 6 + 6 + 6 + 6 = 30$ となる。

②相関行列と共分散行列

確認的因子分析はデータの共分散行列に対して分析を行うので，表3にこのデータの相関行列および共分散行列を示した。表3の網かけ部分は共分散行列であり，変数と変数の組み合わせの箇所は，それらの変数間の共分散を表している。一方，網かけのない部分は相関行列であり，変数と変数の組み合わせの箇所は，そ

注4）　ただし，153名にはデータに欠測個所があるため，これらを除外した 2,647 名のデータを分析に使用している。欠測に対するこのような処理はリストワイズ削除と呼ばれ，統計的には推奨される方法ではない。しかしながら，ここでは欠測データの割合が大きくないため，リストワイズ削除を行ったデータに対して分析を進める。

159

第 5 巻　心理学統計法

表 2　bfi データの調和性因子と開放性因子の素データ（一部）

ID	A_1	A_2	A_3	A_4	A_5	O_1	O_2	O_3	O_4	O_5	A 合計	O 合計
61688	1	6	6	6	6	6	1	6	6	1	30	30
62990	6	1	1	1	1	6	1	6	6	1	5	30
63324	1	1	1	3	1	1	6	1	2	6	12	6
65715	5	1	5	1	4	6	6	5	4	3	13	20
65895	3	4	5	6	3	3	2	2	6	3	22	20

表 3　10 項目間の相関行列と共分散行列

	A_1	A_2	A_3	A_4	A_5	O_1	O_2	O_3	O_4	O_5
A_1	1.98	− 0.57	− 0.5	− 0.32	− 0.33	0.01	0.16	− 0.1	− 0.13	0.21
A_2	− 0.34	1.38	0.76	0.58	0.58	0.17	0.03	0.23	0.12	− 0.14
A_3	− 0.27	0.49	1.71	0.72	0.84	0.22	0	0.36	0.06	− 0.1
A_4	− 0.15	0.33	0.37	2.2	0.58	0.09	0.09	0.13	− 0.08	0.04
A_5	− 0.19	0.39	0.51	0.31	1.6	0.23	− 0.01	0.37	0.03	− 0.09
O_1	0.01	0.13	0.15	0.06	0.16	1.27	− 0.39	0.54	0.25	− 0.36
O_2	0.07	0.01	0	0.04	− 0.01	− 0.22	2.43	− 0.53	− 0.14	0.67
O_3	− 0.06	0.16	0.23	0.07	0.24	0.39	− 0.28	1.48	0.28	− 0.51
O_4	− 0.08	0.08	0.04	− 0.04	0.02	0.19	− 0.08	0.19	1.44	− 0.29
O_5	0.11	− 0.09	− 0.06	0.02	− 0.06	− 0.24	0.33	− 0.32	− 0.18	1.74

れらの変数間の相関係数を表している[注5]。たとえば，変数 A_1 と変数 A_2 の共分散は − 0.57，相関係数は − 0.34 である。

　同じ因子を測定しているにもかかわらず相関係数がマイナスになる理由は，一方が逆転項目だからである。たとえば A_1「他人に関心がない」に肯定的な回答をする人ほど調和性が低く，A_2「他人の健康のことを尋ねる」に肯定的な回答をする人ほど調和性が高いので，この 2 項目間の相関係数（− 0.34）と共分散（− 0.57）は符号がマイナスになっている。

注5)　共分散と相関係数については第 3 章を参照のこと。

160

第9章　因子分析

２．確認的因子分析の目的とパス図

①確認的因子分析の目的

　表3を見ると，相関行列のうち，太線で囲んだ2箇所は囲みのない箇所に比べて相関係数の絶対値が大きいことがわかる。太線で囲んだ2箇所の数値は調和性因子（A）と開放性因子（O）を測定する項目間の相関係数である。

　確認的因子分析を行い，仮説通りの因子が測定されることが確認されるというのは，仮説が相関行列や共分散行列に当てはまるということを表す。10項目のうち，はじめの5項目は調和性因子，後の5項目は開放性因子を測定するという仮説が相関行列に当てはまるならば，各5項目間の相関係数は，その他の相関係数に比べて絶対値が高くなるだろう。表3はそのような相関行列になっているように見えるが，これが正しいかどうかを統計的に判断する必要がある。このために確認的因子分析を実行する。

②確認的因子分析のパス図

　確認的因子分析は第10章で説明する共分散構造分析と呼ばれる統計手法の枠組みで実行される分析方法である。共分散構造分析では，変数間の関係性を表すパス図を描き，分析者の想定しているモデル[注6]や推定結果を読者にわかりやすく示すことが一般的である。このパス図は A_1 から A_5 は調和性因子，O_1 から O_5 は開放性因子を測定し，因子間には相関があるという分析者の仮説を表している。図1は，表3の10項目に対して2因子の確認的因子分析モデルをあてはめた場合のパス図である。数値および太線で示している部分については後述する。

　パス図では，観測変数は長方形，潜在変数は円や楕円で示される。確認的因子分析モデルで潜在変数に相当するのは，因子と誤差である。誤差もデータとして観測するわけではないので潜在変数に分類される。

　太線で示した観測変数 A_1 は調和性因子 A と誤差 e_1 から単方向の矢印を受けている。これは，観測変数 A_1 は調和性因子 A と誤差 e_1 から影響を受けているという仮説を示している。言い換えれば，観測変数 A_1 の値の個人ごとの高低は調和性因子 A の個人ごとの高低と，調和性因子 A 以外からの影響を表す誤差 e_1 の個人ごとの高低で決まることを表している。他の9つの観測変数についても同じ構造をしている（ただし，観測変数 O_1 から O_5 は開放性因子 O から影響を受けるという

注6）　分析者の想定しているモデルとは，変数間の関係性に関する分析者の仮説・予測のことである。

161

第 5 巻　心理学統計法

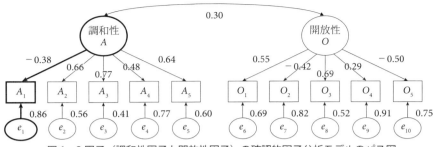

図1　2因子（調和性因子と開放性因子）の確認的因子分析モデルのパス図

違いはある）。また，調和性因子 A と開放性因子 O の間には，双方向の矢印が設けられている。これは2つの因子間の相関を表している。

　このように，各観測変数はその観測変数に対して矢印を発している因子と誤差から影響を受け，因子間には相関を仮定するというのが，確認的因子分析モデルである。なお，各観測変数は2つ以上の因子から影響を受けてもよい。もし観測変数 A_1 が開放性因子 O からも影響を受けることを仮説とするならば，観測変数 A_1 は調和性因子 A と開放性因子 O の両方から単方向の矢印を受けるパス図となる。

3．確認的因子分析の出力結果

①因子負荷量，因子間相関

　確認的因子分析で最も重要なアウトプットは因子負荷量である。因子負荷量は，各因子が各観測変数に対して与える影響の大きさを表している。確認的因子分析には，回帰分析と同じように，標準化推定値と非標準化推定値がある。通常は因子と観測変数の分散をそれぞれ1にした場合の標準化推定値を見て結果を解釈する。

　図1には因子負荷量の標準化推定値が記載されている。表4の調和性 A の列と開放性 O の列にも標準化された因子負荷量を掲載した。たとえば，観測変数 A_1 と A_2 に対する調和性因子 A からの因子負荷量は，それぞれ－0.38と0.66である。観測変数 A_1 と A_2 で因子負荷量の符号が異なるのは，先に述べた通り，観測変数 A_1 が逆転項目だからである。この場合，因子 A は調和性因子と解釈される。それは，この因子の得点が高いほど，A_1 の値が低く，A_2 の値が大きいからである。同様にして，もう一方の因子は開放性因子と解釈することができる。

　O_4 に対する因子負荷量は0.293であり他と比べてやや小さい。これは，観測変数 O_4 が開放性を測定する他の項目（O_1, O_2, O_3, O_5）との相関が低いからである。

第9章　因子分析

表4　確認的因子分析の出力

	調和性 A	開放性 O	共通性	独自性
A_1	− 0.38		0.14	0.86
A_2	0.66		0.44	0.56
A_3	0.77		0.59	0.41
A_4	0.48		0.23	0.77
A_5	0.64		0.40	0.60
O_1		0.55	0.31	0.69
O_2		− 0.42	0.18	0.82
O_3		0.69	0.48	0.52
O_4		0.29	0.09	0.91
O_5		− 0.50	0.25	0.75

　表2を見ると，観測変数 O_4 は O_1 と 0.19，O_2 と − 0.08，O_3 と 0.19，O_5 と − 0.18 の相関しかもっていない。このように因子負荷量の低い観測変数がある場合，その観測変数は因子の測定にあまり役立っていないと考えられるため，分析から除外することがある。ここでは，後述する適合度が悪くないこともあり，観測変数 O_4 は分析から除外せずに進める。

　確認的因子分析の目的は，観測変数と因子との間に仮説通りの関係が存在すると考えられるかどうか確認することであった。因子負荷量はこの問いに対する回答の1つになる。因子負荷量がある程度大きな値でなければ，観測変数と因子との間に仮説通りの関係性が見出されたとはいえないからである。ここではおおむね 0.4 以上の因子負荷量が得られたため，A_1 から A_5 は調和性，O_1 から O_5 は開放性を表すという仮説が支持されたと考える。回答の1つと限定したのは，適合度指標も参照する必要があるからである。

　また，図1に示したように，因子間相関は 0.302 であった。したがって，調和性因子との得点が大きいほど，開放性因子の得点も大きいと解釈することができる。

②共通性と独自性

　図1の各誤差の右肩の数値は，これらの誤差の分散を表している[注7]。因子分析ではこれを独自性と呼ぶ。独自性とは，観測変数の分散のうち，因子で説明することができない割合である。逆に，観測変数の分散のうち，因子で説明すること

第 5 巻　心理学統計法

表 5　表 2 の各対象者の因子得点

ID	O_1	O_2	O_3	O_4	O_5	A 合計	O 合計	A 因子得点	O 因子得点
61688	6	1	6	6	1	30	30	1.03	0.92
62990	6	1	6	6	1	5	30	− 2.48	0.62
63324	1	6	1	2	6	12	6	− 2.33	− 2.24
65715	6	6	5	4	3	13	20	− 1.06	− 0.12
65895	3	2	2	6	3	22	20	− 0.27	− 0.77

ができる割合を共通性と呼ぶ。したがって独自性は 1 から共通性を引いた値になるので，表 4 の共通性と独自性を足せば，すべての観測変数について 1 になる。

　共通性が低い観測変数は，因子からの影響を少ししか受けない。そのような項目は因子の測定にはあまり役立たないので，分析から除外することがある。共通性はこのように項目を削除する目的で使用する。なお，図 1 のように 1 つの観測変数が 1 つの因子から影響を受けているとき，共通性は標準化した因子負荷量の二乗に等しい。表 4 から，たとえば A_1 については − $0.377^2 ≒ 0.142$ となり，共通性に一致することが確認できる。

③因子得点

　因子得点とは，各因子についての個人ごとの得点である。表 5 に表 2 の各対象者についての因子得点を示した[注8]。O_1 から O5 および A 合計と O 合計は表 2 と同じものを示した。因子得点は各因子に関する各個人の得点なので，各人について A 因子と O 因子の得点の両方が求まる。

　ID = 61688 の対象者は，A 因子を測定する 5 項目の合計得点が最も高い。したがって，A 因子得点も他の対象者に比べて高くなっていることがわかる。逆に，ID = 62990 の対象者は，A 因子を測定する 5 項目の合計得点が最も低い。したがって，A 因子得点も他の対象者に比べて低くなっていることがわかる。また，ID = 61688 と 62990 の対象者は，O 因子を測定する 5 項目の合計得点が最も高い。したがって，O 因子得点も他の対象者に比べて高くなっていることがわかる[注9]。一方，

注7)　確認的因子分析では，図 1 のように誤差の分散を推定する統計ソフトウェアと，誤差からの影響を推定する統計ソフトウェアがある。前者の場合，誤差からの影響は 1 に固定され，後者の場合，誤差の分散は 1 に固定される。本章では，図 1 のように，誤差の分散を推定し，誤差からの影響は 1 に固定した結果を掲載する。

注8)　くわしくは述べないが，因子得点は因子負荷量などの結果と素データを用いて推定している。

164

第9章　因子分析

ID = 63324 の対象者は，O 因子を測定する 5 項目の合計得点が最も低い。したがって，O 因子得点も他の対象者に比べて低くなっていることがわかる。

　ID = 65715 と 65895 の対象者は，O 因子を測定する 5 項目の合計得点が 20 点で等しい。しかしながら，O 因子得点は － 0.12 と － 0.77 で異なる。これは，因子負荷量（表 4 を参照のこと）が相対的に小さい，O_2 や O_4 について，ID = 65715 の対象者は小さな値（O_2 は逆転を考慮すると 1 点，O_4 は 4 点）をもつのに対し，ID = 65895 の対象者は大きな値（O_2 は逆転を考慮すると 4 点，O_4 は 6 点）をもつことに原因がある。

　ID = 65715 の対象者は因子負荷量の小さい，言い換えれば O 因子とあまり関係のない項目で 20 点中の 5 点しか占めていない。逆に，因子負荷量の大きい，言い換えれば O 因子と関係の深い項目（O_1，O_3，O_5）で 20 点中の 15 点を占めている。したがって，ID = 65715 の対象者は開放性因子の得点が高いと考えることができる。

　一方，ID = 65895 の対象者は因子負荷量の小さい，言い換えれば O 因子とあまり関係のない項目で 20 点中の 10 点を占めている。逆に，因子負荷量の大きい，言い換えれば O 因子と関係の深い項目（O_1，O_3，O_5）で 20 点中の 10 点しか占めていない。したがって，ID = 65895 の対象者は開放性因子の得点が低いと考えることができる。因子得点とは，このように各観測変数と因子の関係性（因子負荷量）を考慮した得点であるという意味で，項目得点の合計として与えられる尺度得点とは異なる。

④適合度と自由度

　観測変数と因子との間に仮説通りの関係が存在すると考えられるか，という問いに答えるためには，先に述べた因子負荷量だけでなく，適合度指標を検討する必要がある。因子負荷量がある程度大きいだけでなく，モデルがデータに当てはまっていることも必要だからである。モデルがデータに当てはまっているというのは，このモデルに従ってデータが発生していると言い換えることもできる。図 1 の場合には，2 つの因子の値と因子負荷量の大きさに応じて各人の観測変数の値がある程度決まり，誤差を加えたものが各人の観測変数の値になるというメカニ

注 9）　ID = 61688 と 62990 の対象者は，O 因子を測定する 5 項目の得点がすべて同じにもかかわらず，因子得点は ID = 61688 の対象者の方が高い。これは，因子得点は因子間の相関も考慮して推定されているからである。因子間の相関は正であり，A 因子の得点は ID = 61688 の対象者の方が高いため，O 因子の因子得点は ID = 61688 の対象者の方が高く推定されている。

表 6　図 1 のモデルの適合度指標

χ^2 値	自由度	p 値	CFI	RMSEA	SRMR	AIC
404.547	34	0.000	0.912	0.064	0.048	85141.26

ズムがデータに当てはまっているかということである。

　表 6 に図 1 のモデルの適合度指標を掲載した。χ^2 値は各種適合度指標を計算する際の基礎になる指標である。この χ^2 値に対して，表 6 の自由度を用いて検定を行った際の有意確率が，表 6 の p 値である。検定の帰無仮説は「このモデルはデータに従っている」である。ここでは p 値はほぼ 0 なので，帰無仮説は棄却され，このモデルはデータに従っているとはいえないと解釈される。しかしながら，この検定はサンプルサイズが大きい場合に有意になりやすい。この分析ではサンプルサイズが 2,647 でかなり大きいため，χ^2 検定の結果ではなく，他の指標によって検討する。

　CFI，RMSEA，SRMR は，良いモデルであると主張するための基準をもった適合度指標であり，一般には CFI は 0.95 以上，RMSEA は 0.05 以下，SRMR は 0.05 以下のときに，当該モデルのデータへの適合は良いと判断される[注10]。また，フーら（Hu et al., 1999）は，RMSEA が 0.06 かつ SRMR が 0.08 のとき，モデル選択の基準としてよく機能すると述べている。また，フーパーら（Hooper et al., 2008）では CFI は 0.95 以上，RMSEA は 0.07 以下，SRMR が 0.08 以下のときにモデルを受け入れることができると述べている。ここでは，両基準には若干達していないが，図 1 のモデルを受け入れることができると判断した。

　図 1 のモデルを受け入れることは，因子と観測変数の関係に関する仮説が成り立つことを意味する。このように，因子分析において因子と観測変数の関係に仮説通りの構造が成り立つとき，因子的妥当性が満たされたと考える。因子的妥当性については III 節 1 ③でも述べる。

　AIC は情報量規準と呼ばれる指標の 1 つであり，モデル評価のための目安となる基準が存在しない。同じデータに対して異なるモデルを当てはめた場合に，AIC の値の小さなモデルほど良いモデルと判断する。したがって，たとえば開放性因子は，A_3「どうやって他人を慰めればよいのか知りたい」にも影響を与えると考

注 10）　CFI は観測変数間に関係性がないことを仮定した独立モデルに対して，分析したモデルがどの程度データに適合しているかを表す指標である。SRMR は標本共分散行列のうちモデルで説明することができない部分を表す指標である。RMSEA はモデルとデータの 1 自由度あたりの乖離度を表す指標である。

第9章　因子分析

表7　回帰分析と因子分析の対応

回帰分析	因子分析
（偏）回帰係数	因子負荷量
説明変数間の相関	因子間相関
説明変数	因子得点
決定係数	共通性
1 − 決定係数	独自性

え，図1のモデルに開放性因子 O から観測変数 A_3 への単方向矢印を加えたモデルと図1のモデルを AIC によって比較することはできる。しかしながら，観測変数 O_4 は開放性因子を測定することができないと考え，図1のモデルから観測変数 O_4 を削除したモデルと図1のモデルを AIC によって比較することはできない。2つのモデルに同じデータに当てはめられたものではないからである。この場合は，数値的基準をもつ CFI，RMSEA，SRMR によって判断する。

⑤因子分析と回帰分析の対応

　図1の太線で囲んだ箇所を見ると，これは回帰分析モデルと捉えることができる。つまり，説明変数が調和性因子 A，目的変数が観測変数 A_1，誤差が e_1 であり，回帰係数が − 0.377 になっていると考えることができる。実際には因子分析と回帰分析はもちろん異なる。最大の違いは，回帰分析の説明変数は観測されているのに対して，因子分析は説明変数がそれ自体は観測することができない潜在変数になっていることである。しかしながら，因子分析を回帰分析から捉え直すと，因子分析の理解は容易になる。

　表7に回帰分析と因子分析の対応をまとめた。図1において，開放性因子 O から観測変数 A_3 に単方向の矢印を引いたとする。すると，A_3 は，調和性因子 A と開放性因子 O の両方から単方向の矢印を受けることになり，これらの因子をともに説明変数と考えた重回帰分析と捉えることができる。したがって，因子負荷量は（偏）回帰係数と見なすことができる。さらに，そのモデルにおいて調和性因子 A と開放性因子 O の相関は，重回帰分析では説明変数間の相関である。その説明変数の値は，因子分析では因子得点である。

　回帰分析の決定係数は，目的変数の分散のうち説明変数で説明することができる割合であった。目的変数を観測変数，説明変数を因子に置き換えれば，これは共通性の定義に等しい。したがって，回帰分析において1から決定係数を引いた

167

値は,因子分析では独自性となる。

III 探索的因子分析

本節では探索的因子分析について説明していく。確認的因子分析で登場した因子負荷量,因子間相関,共通性,独自性,因子得点は探索的因子分析にも登場し,2つの因子分析で同じ意味をもっている。探索的因子分析のみに登場する用語として,因子数,因子軸の回転,単純構造,因子の命名がある。本節ではこれらを中心に説明する。

探索的因子分析は確認的因子分析と同じように,構成概念の推定を行うための方法だが,探索的因子分析は観測変数と因子の間の関係性や,複数の観測変数によっていくつの因子を測定しているのか,という点について明確な仮説がない状況で行う分析である。したがって,探索的因子分析の目的は,観測変数と因子の関係性や,因子の数を発見することであると考えることができる。

1. 探索的因子分析の手順

①因子数の決定

探索的因子分析ではまず因子数を定める必要がある。因子数を定めないと,観測変数と因子の間の関係性を調べることができないからである。因子数の決定にはいくつかの方法があるが[注11],ここではスクリープロットによる方法を説明する。

図2に表1の10項目のデータのスクリープロットを描いた。この図の横軸は因子数であり,縦軸は固有値と呼ばれる数値である。したがって,この図を固有値のスクリープロットと呼ぶことがある。固有値のスクリープロットは,因子分析によく似た主成分分析[注12]において主成分の数を決定するために用いられる方法であり,因子分析においても因子数の決定に用いられる。

固有値の大きさは,当該因子によって観測変数の分散の合計のうちいくつ説明できるかを表している。図2を見ると,1つ目の因子によって2.6程度,2つ目の因子によって1.8程度,3つ目の因子によって1程度が説明できることがわかる。

注11) 因子数の決定方法についてくわしく知りたい読者は豊田(2012)を参照のこと。
注12) 主成分分析は,因子分析と同様に比較的多数の観測変数の情報を,相対的に少数の次元(因子ないし主成分)によって表現する方法である。両者の違いは,因子分析が統計モデルに基づく方法であるのに対し,主成分分析は多変量データを簡約に示す記述統計学の一種である。

第9章 因子分析

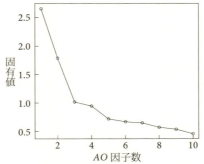

図2 表1の10項目のデータのスクリープロット

因子数の決定は，観測変数（の分散の合計）がおおむねいくつの因子で説明できるかを決めることであり，固有値の大きな因子を採用する。

スクリープロットによる方法は，固有値が大きく下がる1つ前の因子までを採用するという考え方である。図2の場合は第2因子から第3因子にかけて固有値が大きく下がり，それ以降はあまり下がらなくなっていることから，2つ目の因子までを採用する。

スクリープロット以外の方法として，解釈可能性を考慮するという考え方もある。たとえば，2つ目の因子までを採用した場合，各因子が何を表しているのか解釈することが可能かどうか，ということである。本データにおいては，後述するように，1つ目の因子は調和性，2つ目の因子は開放性を表しており，解釈は十分に可能である[注13]。以上2つの方法から，本データは2つの因子によって説明可能であると考え，分析を進める。

② 初期解と共通性

因子数を定めたとしても，探索的因子分析の分析結果[注14]は1つには定まらず，無数求めることができる。このうち，最初に求まる分析結果のことを初期解と呼ぶ。初期解を表8に示した。数値は因子負荷量である。表8のうち，初期解とプロマックス解（後述）の列の数値は確認的因子分析でも登場した因子負荷量であ

注13) 本データは，各5項目がどのような構成概念を測定しているのか明確な状況，つまりわざわざ探索的因子分析を行う必要がない状況である。したがって，因子数の決定についても行う必要性はない。しかしながら，実際に探索的因子分析を行うのは，いくつの因子で複数の観測変数が説明できるかわからない状況である。この場合には，スクリープロットや解釈可能性を考慮して決定する必要が生じる。

注14) 表8のような因子負荷行列を指す。

表 8　因子負荷量と共通性および独自性

観測変数	初期解		プロマックス解		共通性	独自性
	第 1 因子	第 2 因子	第 1 因子	第 2 因子		
A_1	− 0.35	− 0.08	− 0.36	− 0.02	0.13	0.87
A_2	0.63	0.17	0.65	0.01	0.43	0.57
A_3	0.74	0.20	0.77	0.02	0.59	0.41
A_4	0.44	0.23	0.51	− 0.10	0.25	0.75
A_5	0.63	0.12	0.62	0.06	0.41	0.59
O_1	0.32	− 0.44	0.08	0.52	0.29	0.71
O_2	− 0.13	0.47	0.11	− 0.49	0.23	0.77
O_3	0.43	− 0.51	0.14	0.62	0.45	0.55
O_4	0.14	− 0.26	− 0.01	0.30	0.09	0.91
O_5	− 0.22	0.48	0.03	− 0.54	0.28	0.72

る。探索的因子分析では，各因子がどのような意味をもっているのか分析前には
わかっていないため，因子負荷量を見て，各因子の意味づけを行う。これを因子
の命名と呼ぶ。しかしながら，初期解を見て因子の命名を行うことができること
はまずない[注15]。このため探索的因子分析では後述する因子軸の回転を行い，比
較的解釈しやすい解を探す。

　表 8 には共通性と独自性も示している。確認的因子分析で説明した通り，共通
性は観測変数の分散のうち因子で説明できる割合，独自性は観測変数の分散のう
ち因子で説明できない割合であった。したがって，共通性の低い観測変数は，想
定している因子によって（表 8 では 2 つの因子によって）十分に説明できないこ
とを意味している。そのような観測変数は因子の測定を行うのに適していないた
め，分析から除外することがある。確認的因子分析の場合と同じように，観測変
数 O_4 の共通性が 0.09 であり低い。このため，O_4 を削除してもよいが，ここでは
説明を簡単にするために O_4 を残して分析を進める。

③プロマックス回転と因子の命名

　先に述べたように，初期解を使って因子の命名を行うことは難しい。そこで，因
子軸の回転という操作を行う。因子軸の回転を行うことは，初期解の因子負荷量

注15)　無数の解の中で，初期解は計算上最も求めやすい解であるが，解釈のしやすさを考慮
して求めた解ではない。

第9章　因子分析

に変換を行うことと同じである。回転方法（変換方法）には，大きく直交回転と斜交回転という2種類がある。直交回転とは，複数の因子が存在する場合に，因子間相関を0にしたまま[注16]変換を行う操作である。一方，斜交回転とは，複数の因子が存在する場合に，因子間相関が0以外の値をとることを許容した変換を行う操作である。心理学研究で扱う構成概念間の関係性がまったく認められないというケースは，あまり考えられないため，心理学研究では斜交回転を行うことが一般的である。

　斜交回転にもさまざまな方法が考案されているが[注17]，プロマックス回転[注18]と呼ばれる方法が最も一般的である。表8にはプロマックス回転を行った場合の因子負荷量も掲載している。これをプロマックス解と呼ぶ。これを見ると，太枠で囲んだ箇所の因子負荷量の絶対値は大きく，囲んでいない箇所の因子負荷量の絶対値は小さいことがわかる。このように，各因子には，比較的少数の観測変数のみが高い因子負荷量をもち，各観測変数は1つの因子からのみ大きな影響を受けるケースを単純構造と呼ぶ。単純構造の場合，各因子に対する命名は，因子負荷量の絶対値の大きな箇所のみを考えて行えばよい。

　表8のプロマックス解を見ると，第1因子はA_1からA_5に対して絶対値の大きな因子負荷量をもつため調和性因子，第2因子はO_1からO_5に対して絶対値の大きな因子負荷量をもつため開放性因子と命名することができる。因子負荷量の中で符号がマイナスになっているケースがあるのは，確認的因子分析の場合と同じように逆転項目が含まれるからである。このように，因子軸の回転は因子の意味の解釈を容易にするために実行する[注19]。

　表4の確認的因子分析では各観測変数が対応する因子からのみ影響を受けており，表8の探索的因子分析では各観測変数がすべての因子から影響を受けていることがわかる。確認的因子分析は観測変数と因子の対応について仮説があるから，探索的因子分析は仮説がないからそれぞれの表のようになる。

　繰り返し述べているように，探索的因子分析は，観測変数と因子の関係性が明

注16）　「したまま」となっているのは，初期解の因子間相関は0だからである。
注17）　因子軸の回転についてくわしく知りたい読者は豊田（2012）を参照のこと。SEMのソフトウェアMplusではプロマックス回転ではなく，斜交ジオミン回転がデフォルトの回転方法になっている。斜交ジオミン回転は各観測変数が複数の因子から大きな因子負荷量をもちながら，因子間では因子負荷量のメリハリがついた解を求めることを目的としている。
注18）　プロマックス回転も，因子間では因子負荷量のメリハリがついた解を求めることを目的として入るが，斜交ジオミン回転とは違い，各観測変数が1つの因子から大きな因子負荷量をもつことを目指している。
注19）　因子数が1の場合には回転を行うことができない。初期解を見て解釈を行う。

171

確ではない場合に実施する。しかしながら，明確ではないというのは程度問題であり，観測変数と因子の関係性についてある程度予想が立つ場合もありうる。このとき，表8の因子負荷量（プロマックス解）を見て，観測変数と因子の関係性が事前の想定通りであったならば，このときⅡ節3④で述べたように因子的妥当性が満たされたと考える。妥当性については第13章でくわしく述べるが，測定したい構成概念を適切に測定できている程度のことである。

④因子得点

　本章では具体的な数値は示さないが，探索的因子分析でも因子得点を求めることができる。複数の因子について因子得点を求め，因子得点間で回帰分析を行うこともできるが，因子得点は推定方法の違いによって異なる値が求まるという問題点がある。第10章で説明する共分散構造分析は，因子得点を推定せずに，因子間の関係性について分析することができる。

■ Ⅳ　本章のまとめ

　本章では，確認的因子分析と探索的因子分析の両方について説明を行った。両方とも構成概念の測定を目的としているが，その使用場面が異なる。心理学研究では，尺度構成済みの項目を使って，因子に関する何らかの分析（因子間の関係性を調べたり，条件間で因子得点に違いがあるか調べるなど）を行う際には確認的因子分析を使えばよい。一方，探索的因子分析は尺度構成の場面で使用する。

　本章ではくわしく述べなかったが，因子分析を行う前に，第2章で説明した1つの変数の記述統計量を吟味したり，第3章で説明した相関係数に関する注意事項に留意したり，第13章で説明する項目得点の分析を行うことは必須である。たとえば，データに外れ値が含まれるとき，相関係数は想定外の値をとることがある。因子分析は相関係数を用いて行われるため，外れ値に気づかないまま因子分析を行うと，誤った結果を報告してしまうことになる。

◆学習チェック
□　確認的因子分析と探索的因子分析の違いについて理解した。
□　因子負荷量，共通性，独自性，因子得点，因子間相関といった因子分析のアウトプットがそれぞれどのような意味をもつ指標であるのか理解した。
□　確認的因子分析において，モデルがデータに当てはまるのかについて，どのように確認すればよいか理解した。

第9章　因子分析

□　探索的因子分析において，どのように因子数を決めればよいか理解した。
□　探索的因子分析において，どのように因子の命名を行えばよいか理解した。

文　　献

Allport, G. W. & Odbert, H. S.（1936）*Trait Names: A Psycho-Lexical Study*. Psychological Monographs, No. 211.（Vol. 47, No. 1）.

Cattell, R. B.（1946）*Description and Measurement of Personality*. World Book Company.

Hooper, D., Coughlan, J. & Mullen, M. R.（2008）Structural equation modelling: Guidelines for determining model fit. *The Electronic Journal of Business Research Methods*, 6; 53-60.

Hu, L. & Bentler, P. M.（1999）Cutoff criteria for fit indexes in covariance structure analysis: Conventional criteria versus new alternatives. *Structural Equation Modeling*, 6; 1-55.

豊田秀樹編（2012）因子分析入門―R で学ぶ最新データ解析．朝倉書店．

第5巻 心理学統計法

第10章

共分散構造分析

室橋弘人

🔑 Keywords　共分散構造分析，共分散構造，パス図，観測変数，潜在変数，パス係数，分散，共分散，適合度指標

本章では，共分散構造分析[注1)]と呼ばれる分析手法について解説する。共分散構造分析では，複数の変数間の関係のありかたについて分析者が（比較的）自由に仮説を立てることが可能であり，その設定した変数間の関係性全体がデータに合致するものであるかどうかを検討することができる。なお，共分散構造分析という一風変わった名前の由来については，後の部分で解説を行う。

I　共分散構造分析でできること

共分散構造分析は本書でこれまで取り上げてきた分析手法と比べると，扱うことができる仮説の枠組みが非常に広いのが特徴である。しかし，だからこそ何を行うことのできる分析であるかが一言で表しにくく，また利用する際には分析者が指定しなければならないことが多くてわかりにくい面がある。そこでまずは，共分散構造分析を用いると何が可能となるのかについて解説を行う。

共分散構造分析では複数の変数間の関係について分析者が自由に仮説を立てられるということはすでに述べたが，自由に仮説を立てられるとはどういうことだろうか。本書ではすでに，第8章において説明変数を用いて目的変数を説明・予測する手法である重回帰分析と，第9章において観測変数から潜在変数を推定する手法である因子分析の解説を行った。端的に述べるならば，共分散構造分析とは，これら2つの手法を自由に組み合わせて実行することが可能な分析である。

たとえば重回帰分析という枠組みでは，説明・予測の材料である説明変数と，説

注1)　共分散構造分析（covariance structure analysis）には，構造方程式モデリング（structural equation modeling）という別名も存在している。略称としては，後者の頭文字を用いた SEM という表記が用いられることも多い。

第 10 章 共分散構造分析

明・予測される対象である目的変数が存在するというところから分析が始まっていた。これらのうち説明変数は複数個が存在してもかまわなかったが，目的変数は 1 個のみを扱うことが想定されていた[注2]。したがって，同じデータを扱うとしても，複数の異なる目的変数を対象とした説明・予測を行いたいならば，それらは別個の重回帰分析として行う必要があった。

しかし同じデータを用いた分析を行うならば，目的変数は異なっていても，説明変数（の一部）は重複している場合もあるだろう。あるいは，片方の重回帰分析において目的変数として説明・予測の対象となった変数が，もう片方の重回帰分析では説明変数となるような，いわば数珠つなぎの関係になっているような分析を行いたい場合も出てくるだろう。検討したい仮説が複雑であるほど必要な重回帰分析の回数も増えていくことになり，手間や煩雑さが増してしまう。しかし共分散構造分析を用いれば，複数の重回帰分析を 1 つの分析にまとめて実行することが可能になる。

また因子分析という枠組みでは，実際に得られている観測変数の値から，直接観測されているわけではない仮想的な潜在変数の値を推定することが可能であった。しかし心理学における研究では，潜在変数として捉えられた，目に見えない心の推定結果が，さらに他の変数とどのような関係にあるのかを調べることに興味・関心がある場合が多い。このためには，因子を説明変数もしくは目的変数とした重回帰分析が必要となる。この手続きは，第 9 章において解説された因子分析によって得られる因子得点を用いた重回帰分析を行うことによって可能となるが，研究仮説が複雑になるほど行わなければならない分析の手数が増えるというのは，重回帰分析の場合と同じである。しかし共分散構造分析を用いれば，このような潜在変数を対象とした重回帰分析も，簡単に実現することが可能となる。

つまり共分散構造分析とは，重回帰分析と因子分析を包括・統合する，これらよりも広範な仮説を取り扱うことができる枠組みであると位置づけることができる。共分散構造分析を利用すれば，重回帰分析と因子分析を自由に組み合わせて表現した自分だけの研究仮説について，それがデータに合致しているのかどうかを検討することが可能になる。たとえば 10 個の変数を含むデータにおいて，最初の 5 個の変数に基づいて因子が測定され，その因子が次の 2 個の変数から重回

注2) 第 8 章（8.2）式において，目的変数は左辺に 1 個だけしか存在しなかったことを思い出してほしい。ただし，第 8 章では触れられていないが，複数の目的変数を扱うための回帰分析としては，多変量回帰分析を用いることもできる。しかし共分散構造分析は，この多変量回帰分析も内包する枠組みとなる。

第 5 巻　心理学統計法

帰分析に基づいて予測・説明されると同時に，同じ因子が残りの 3 個の変数に対して単回帰分析に基づいて 3 つの予測・説明を行うといった研究仮説を検討したい場合を考えてみよう。このような複雑な仮説を前章までの手法を用いて扱うためには，複数の分析に分割することが必要となる。しかし共分散構造分析ならば，これを 1 回の分析でまとめて扱うことが可能である。これは単に分析の手間が省けるというだけでなく，分析全体での仮説検定の回数を減らしたり，誤差の累積を避けたりできる[注3] という点で，より正確な結果が得られることが期待できる，統計学的にも望ましい手法であるといえる。

■ II　モデルとパス図

　共分散構造分析を行うためには，分析者が検討したい仮説における変数間の関係をすべて明示的に指定しなければならない。この，分析したい変数間の関係性全体のことをモデルと呼ぶ。分析したいモデルを把握するという作業は分析者にとって必ずしも容易ではないだけでなく，結果を読む読者にとっても困難なものとなる。なぜなら共分散構造分析において検討される仮説は，一般的に複数の重回帰分析と因子分析とが組み合わさった複雑なものとなるからである。そこで共分散構造分析では，分析者と読者の双方に対して利便を図るため，モデルをパス図という視覚的表現を用いて表現することが多い。パス図とは，一定の記法を用いて変数間の関係を表現した図であり，分析者が自分の扱う仮説をわかりやすくまとめることと，結果を他者にわかりやすく伝えることの，双方を可能にしてくれる非常に便利な記述法である。そこで本節では，このパス図の基本的なルールを解説しながら，共分散構造分析においてモデルを組み立てるために用いられる基礎的な道具立てを紹介していく。

1．パス図を構成する基本的な部品

①変数を表すための記号

　共分散構造分析のパス図には，2 種類の変数が登場する。そのうちの 1 つは，実際に測定されている変数であり，観測変数と呼ばれる。観測変数は，パス図にお

注3)　たとえば因子分析によって得られる因子得点は，正確には因子得点の推定値であり，ある程度の誤差が含まれている。しかし得られた因子得点を変数として用いて重回帰分析を行った場合，この誤差はまったく考慮されないことになる。共分散構造分析を用いて一括した分析として行えば，こういった問題を回避することができる。

第 10 章 共分散構造分析

いては長方形を用いて表すことが一般的である。また変数の内容をわかりやすくするために，長方形の内部に変数名を記すことが多い。

共分散構造分析において登場するもう1つの変数は，実際には観測されていない変数であり，潜在変数と呼ばれる。パス図において，潜在変数は円もしくは楕円を用いて示すのが通例である。潜在変数はデータセット内に存在しない変数を表すためのものだが，だからといって何でも自由にパス図の中に登場させてよいというわけではない。共分散構造分析における潜在変数とは，直接観測されているわけではないが，その値を観測変数から推測することが可能であるような変数を表すためのものである。

パス図において潜在変数が利用される代表的な用途の1つは，因子を表すことである。第9章において述べたように，因子分析という枠組みを利用すれば，複数の観測変数の情報に基づいて，それらの背後に共通して存在しているような因子の値を推定することができる。この因子は，観測値が得られているわけではないが，データセットに含まれる変数から推測されるものであるという点で，まさに共分散構造分析における潜在変数としての条件を満たすものといえる。

また，もう1つの潜在変数の重要な用途は，誤差を表すことである。共分散構造分析では，第8章で扱った重回帰分析と同じ考え方を用いて，説明変数が目的変数を予測・説明するという関係性を取り扱う。つまり，説明変数による目的変数の予測・説明は完全なものではなく，いくばくかの誤差を含むことが前提となる。この誤差という変数も，データセット内に存在しているわけではないが，データセット内に含まれる説明変数と目的変数から推定される値である。したがって誤差もまた，共分散構造分析のパス図では，潜在変数として表されることになる。

②変数同士の関係を表すための記号

共分散構造分析のパス図では，観測変数を表す長方形や，潜在変数を表す円・楕円を特定の記号を用いて結びつけることで，それらの変数同士が何らかの関係性をもっているという仮説を表現する。このために用いる記号は2種類存在している。

まず1つ目は，ある変数が別の変数を予測・説明するという，重回帰分析的な関係を表すための記号である。このような関係性を表現するためには，説明変数から目的変数に対して，単方向矢印を引くという形でパス図を記述する。たとえば図1の（a）は，観測変数 X が説明変数として，目的変数である観測変数 Y を

177

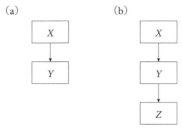

図1　パス図における単方向矢印の利用例

予測・説明しているという関係を表すパス図である。これに対して図1の（b）は，観測変数 X が観測変数 Y を予測・説明するという関係性と，観測変数 Y が観測変数 Z を予測・説明するという関係性の，双方が同時に存在することを表していることになる[注4]。

　これに対してもう1つの記号は，変数同士の間に相関関係が存在することを表すために用いられる。パス図において変数間に相関関係があることを示すためには，両者を双方向矢印で結びつける。変数間に相関があるということは，片方の変数の値が違えば，もう片方の変数の値がそれに応じて変化するという共変関係が存在することを意味している。しかし片方の変数がもう片方を予測・説明するような方向性は想定できないという場合に，こちらの記号を利用することになる。たとえば図2の（a）は，潜在変数 X と潜在変数 Y の間に相関があると想定されることを表している。また，単方向矢印と双方向矢印は，自由に組み合わせて使うことが可能である。たとえば図2の（b）は，相関をもつ観測変数 X と観測変数 Y が，観測変数 Z を予測・説明するという関係性を表すことを示している。

2．パス図において仮説を表現するための基本的な組み合わせ

　前項ではパス図を構成する基本的な部品を紹介したが，じつはこれだけでは，まだ自分の仮説をパス図として表現するためには不十分である。共分散構造分析では，分析者が想定する変数間の関係を，重回帰分析と因子分析を組み合わせた形で示すことが必要になる。このためには，両分析を表現するための特定の部品の組み立て方を知っていなければならない。逆にいうならば，どんなに複雑なパス図であっても，重回帰分析と因子分析の要素に分解すれば，どういった仮説を表しているかをおおむね理解することが可能となる。

[注4]　ただし図1には誤差が含まれていないため，重回帰分析を表現するパス図としては不完全なものである。正確な表現方法については次項を参照のこと。図2も同様である。

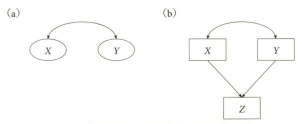

図2　パス図における双方向矢印の利用例

①重回帰分析を表すための組み合わせ
　重回帰分析的な関係性，すなわち説明変数が目的変数を予測・説明するという関係をパス図で表すためには，以下の条件を満たすように部品を組み合わせればよい。

(A)　説明変数から目的変数に対して，単方向矢印を引く
(B)　重回帰分析の誤差を表す潜在変数を用意する
(C)　誤差を表す潜在変数から，目的変数に対して単方向矢印を引く
(D)　説明変数が複数個ある場合，それらの間に双方向矢印を引く

　たとえば前項において示した図1に対してこの手続きを行い，共分散構造分析において推定することが可能な仮説を表すパス図として完成させると，図3の(a), (b)の通りとなる。モデルにおいて重回帰分析的な関係の目的変数となる変数のすべてについて，誤差が付与されることを確認してほしい。また，観測変数 X_1, X_2 が観測変数 Y を予測・説明しているという重回帰分析的な関係があることを示すパス図は，図3の(c)のような形になる。これは，目的変数 Y が説明変数 X_1, X_2 そして誤差からの影響によって表現されるという，重回帰分析のモデルである第8章(8.2)式の記述をそのまま図として表す形になっている。

②因子分析を表すための組み合わせ
　因子分析的な関係性，すなわち各観測変数が共通する成分である因子と，個別独自の成分の和によって構成されているという関係性を表すためのパス図は，じつはすでに第9章II節において確認的因子分析として紹介されている。すなわち第9章の図1のようなパス図が，因子分析を表すための実例である。このようなパス図を作成するためには，以下の条件を満たすように部品を組み合わせればよ

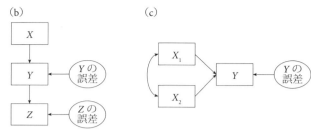

図3　重回帰分析を表すパス図の例

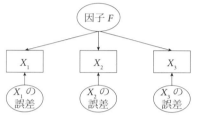

図4　（確認的）因子分析を表すパス図の例

い。

- （A）　共通する成分である因子を表す潜在変数を用意する
- （B）　因子から影響を受けている観測変数に対して，単方向矢印を引く
- （C）　観測変数ごとに，独自の成分である誤差を表すための潜在変数を用意する
- （D）　誤差から対応する観測変数に対して，単方向矢印を引く

　これを実際に行い，観測変数 X_1, X_2, X_3 に基づいて因子 F が推定されるという因子分析的な関係があることを示すパス図を作成すると，図4のようになる。第9章の図1は2つの因子がそれぞれ5個の観測変数によって推定される状況を表していたが，そのパス図も，上述したようなルールに基づいて生成されるものであることを確認してほしい。

③その他の基礎知識

　前述した2つの分析を表す記述を組み合わせることによって，分析者が想定する変数間の関係を指定したパス図を作成するのが，共分散構造分析の基本となる。ただし実際にそのようなパス図を作り上げるうえで注意しなければならないのが，誤差から単方向矢印を受けているような変数間に相関関係があることを表現した

第 10 章　共分散構造分析

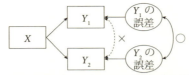

図 5　誤差を受けている変数間への双方向矢印の設定の行い方

い場合である．このときは，変数そのものではなく，変数に対応する誤差同士の間に双方向矢印を引かなければならない．

たとえば説明変数 X が目的変数 Y_1，Y_2 を予測・説明するという重回帰分析的な関係性がある状況において，さらに Y_1 と Y_2 の間に相関関係があると想定したい場合を考える．このときの双方向矢印は，図 5 の○印の位置に引くのが正解であり，×印の位置に引いてはならない．

また，最終的にできあがったパス図における変数間の関係によって，変数やパス図の一部を特別な名称で呼ぶことがある．これらの用語は共分散構造分析を理解するうえで重要な役割を果たすため，必要なものを取り上げて紹介しておきたい．まず，パス図において単方向の矢印を 1 本でも受けている変数は内生変数，単方向の矢印を一切受けていない変数は外生変数と呼ばれる．「内生」とは，モデル中で他の変数からの予測・説明が行われていることを表す言葉であり，したがって内生変数には必ず予測・説明に伴う誤差を表す潜在変数からの単方向矢印も引かれていることになる．またパス図のうち，因子分析的な枠組みによって観測変数から因子を推定している部分を測定方程式，測定方程式以外の部分（主に観測変数や潜在変数同士の重回帰分析的な関係性を表現している部分）を構造方程式と呼ぶことがある．

例として，図 6 に示したパス図を見てほしい．くわしい内容については次節で紹介するが，この図は 2 つの因子分析を同時に行い，さらに因子に対して回帰分析を行うような仮説を表現するモデルとなっている．このパス図において外生変数となっているのは，2 つの因子および観測変数 x_1, …, x_6 に対する誤差を表す潜在変数と，学年である．それ以外のすべての変数は，単方向矢印を受けているので内生変数となる．また，確認的因子分析によって空間把握能力因子を推定している部分（A）と，言語能力因子を推定している部分（B）が測定方程式に当たる．それ以外の部分（C）が構造方程式である．

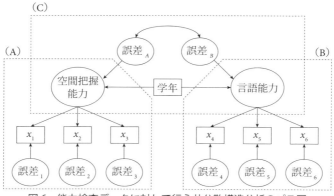

図6 能力検査データに対して行う共分散構造分析のパス図

III 共分散構造分析によって得られる分析結果

1．母数の推定値

　本節では実際のデータの分析例を通して，共分散構造分析の実行過程と，得られる分析結果に関する解説を行う。利用するのは，アメリカの中学生300名に対して実施された能力検査[注5]のうち，6つの分野における得点と学年[注6]である。分析に用いる能力検査の内容を，表1に示した。

　変数のうち，$x_1, \cdots, x_3$ は図形の視覚的な把握に関する能力を測定しているため，これらの得点から空間把握能力因子を推定することができるのではないかと考えられる。これに対して $x_4, \cdots, x_6$ は文章の意味を読み取ることに関する能力を測定しているため，これらの得点から言語能力因子を推定できるだろうと仮定できる。また，これら2つの因子が表す能力は，学年が上がるにつれて向上することが期待できる。よって空間把握能力と言語能力は，学年によってある程度の予測・説明が可能ではないかと考えられる。加えて，全般的な知能が高い生徒は空間把握能力と言語能力の双方が高いのではないかと予想できるため，両者の間には相関も存在しそうである。以上の仮説を同時に表すモデルをパス図によって表現すると，図6の通りとなる。因子分析を表す構造によって空間把握能力因子

注5）　計算例では統計ソフトウェアRのlavaanパッケージに含まれているHolzingerSwineford 1939 データから一部の変数を利用しているが，大元の出典はHolzinger et al.（1939）である。
注6）　アメリカの制度では中学1年生が7年生，中学2年生が8年生……と呼ばれるため，データ上の値はこれに準じた形となっている。分析では，この値をそのまま利用する。

第 10 章　共分散構造分析

と言語能力因子が観測変数から推定されると同時に，これらの因子を目的変数，学年を説明変数とした回帰分析を表す構造が組み合わせられていることを確認してほしい。加えて空間把握能力因子と言語能力因子との間には，前節で解説した規則に則った形で双方向矢印も設定されている。

表1　分析に利用する能力検査の内容

変数名	内容
x_1	視覚的認知
x_2	立方体
x_3	ひし形
x_4	段落理解
x_5	文章完成
x_6	語彙

　以上のようなパス図で表されるモデルを指定して共分散構造分析を実行すると，母数の推定値と呼ばれる値を分析結果として得ることができる。母数の推定値とは，モデルに含まれる変数間の関係性を表す具体的な数値である。基本的な共分散構造分析の枠組みにおいて母数の推定値として得られる結果は，3種類存在している。1つ目は，外生変数となっている潜在変数の分散である。これは潜在変数が誤差を表すものであれば誤差分散に，因子を表すものであれば因子の分散に対応することになる。2つ目は，単方向矢印に対するパス係数である。これは，その単方向矢印が表す関係性の強さや方向性を表す値であり，重回帰分析における偏回帰係数に相当する。最後に3つ目は，双方向矢印に対応するパス係数である。これは，双方向矢印が引かれた変数間の共分散の値に対応する。これらの値を読み取ることで，モデルにおいて指定した変数間の関係が，実際にどのようになっているかを細かく検討することが可能となる。たとえば図6のモデルであれば，表2に含まれるだけの母数の推定値が得られることになる。

　それでは，共分散構造分析は，これらの母数の推定値をどのようにして求めるのだろうか。モデルにおいて内生変数となっている観測変数は単方向矢印を受けているので，これが表す回帰分析的な関係に基づいて，他の変数から予測・説明されるという式によって表現することができる。たとえば図6のモデルに含まれる観測変数 x_1 は，空間把握能力から x_1 へのパス係数を β_1，学年から空間把握能力へのパス係数を β_3 と表し，脚注7において述べたように誤差からのパス係数を1とすることを踏まえると，以下のように分解できる。

注7）推定対象の中に誤差を表す潜在変数からの単方向矢印のパス係数が含まれていないが，これは誤差からのパス係数は値を1に固定する（推定の対象としない）という決まりがあるためである。この他にも，本書では紙幅の都合のために説明を省いている事柄が多く存在している。くわしくは次節を参照のこと。

第 5 巻　心理学統計法

表 2　推定対象となる母数

種別	内容
外生変数となっている潜在変数の分散	観測変数 x_1, …, x_6 に対する誤差の分散
	空間把握能力に対する誤差の分散
	言語能力に対する誤差の分散
単方向矢印のパス係数[注7]	空間把握能力→ x_1, …, x_3
	言語能力→ x_4, …, x_6
	学年→空間把握能力，言語能力
双方向矢印のパス係数	空間把握能力と言語能力

$$x_1 = \beta_1 \times 空間把握能力 + 1 \times 誤差_1$$
$$= \beta_1（\beta_3 \times 学年 + 1 \times 誤差_A）+ 誤差_1$$
$$= \beta_1 \beta_3 \times 学年 + \beta_1 \times 誤差_A + 誤差_1 \tag{10.1}$$

同様にして観測変数 x_2 は，空間把握能力から x_3 へのパス係数を β_2 とすると，次のように書き下すことができる。

$$x_2 = = \beta_2 \beta_3 \times 学年 + \beta_2 \times 誤差_A + 誤差_2 \tag{10.2}$$

　これらの式変形によって得られる右辺側の表現を利用すると，観測変数 x_1 と x_2 の共分散を，学年，誤差$_1$，誤差$_2$，誤差$_A$ の分散共分散と，パス係数 β_1，β_2，β_3 の組み合わせによって表現することが可能となる。これに対してデータからは，x_1 と x_2 の間に存在する共分散の実測値を得ることができる。両者の値がなるべく近くなるように，学年，誤差$_1$，誤差$_2$，誤差$_A$ の分散共分散や，パス係数 β_1，β_2，β_3 といった母数の値を決定するのが，共分散構造分析における推定の手続きとなる。ただしこの作業は，実際にはすべての観測変数間の分散共分散に対して同時に行われ，結果として図 7 に示されるような母数の推定値を導く[注8]。この手続きにおいて，データから得られる実際の分散共分散の値を行列状に配置したものを標本共分散行列，モデル（パス図）に基づく表現によって母数の組み合わせと

注8）　この作業を手計算で行うことは現実的ではないため，共分散構造分析の実行には統計ソフトウェアの利用が必要となる。専用の統計ソフトウェアとしては，Amos，EQS，LISREL，Mplus，MX などがある。また，R においてパッケージ lavaan もしくは sem を導入することによっても，共分散構造分析を行うことができる。

第10章 共分散構造分析

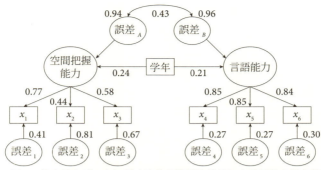

図7 能力検査データに対する共分散構造分析による母数の推定値

して表現される分散共分散の成分を行列状に配置したものを母共分散行列と呼ぶ。共分散構造分析という名称は，この両者を近づけるように推定を行うためにつけられた呼び名である。

また，これら母数の推定値のすべてについて，共分散構造分析では非標準化解と標準化解という2通りの結果を得ることができる。非標準化解がデータに含まれる変数をそのまま用いて分析を行ったときの結果であるのに対して，標準化解は観測変数を標準化してから分析を行った場合の結果である。両者の使い分けは，とくにパス係数の解釈において重要となる。単方向矢印のパス係数は，非標準化解の場合は通常の偏回帰係数に対応するが，標準化解の場合は標準偏回帰係数に相当する値を表すことになる。また双方向矢印のパス係数は，非標準化解の場合には変数間の共分散を表すのに対し，標準化解の場合は相関係数を表すことになる。このため，モデルに含まれる変数間の関係性の相対的な強弱に興味がある場合には，主に標準化解の方を利用して解釈を行うことになる。また潜在変数の分散も，変数間で相対的な大小の比較を行うならば，標準化解を利用する必要がある。

中学生に対する能力検査のデータに対して図6のようなモデルを仮定して行った共分散構造分析の結果のうち，パス係数ならびに潜在変数の分散の標準化解を，図7に示した。なお，共分散構造分析において得られる母数の推定値は，それぞれが有意であるかどうかの検定を行うことができるが，図中に示されたすべての値は1%水準で有意であることが確認された。

母数の推定値のうち，空間把握能力因子から観測変数 x_1, …, x_3 ならびに言語能力因子から観測変数 x_4, …, x_6 への単方向矢印のパス係数はいずれも中程度以上の値となっており，これらの因子が適切に推定されていることがわかる。そして

第 5 巻　心理学統計法

学年から空間把握能力因子と言語能力因子への単方向矢印のパス係数が，ほぼ同程度の正の値であることは，学年が高い生徒ほど平均的な空間把握能力と言語能力が，同じくらい高くなっているという予測が成り立つと解釈できる。また，空間把握能力因子（の誤差）と言語能力因子（の誤差）の間の双方向矢印のパス係数（＝相関係数）が 0.43 であることから，両者の間には中程度の正の相関があり，片方の能力が高い生徒は，もう片方の能力も高い傾向がある（しかも，この相関関係は，学年以外の要因によって発生している）ことがわかる。

2．適合度指標

じつは，共分散構造分析によって得られる結果は，母数の推定値だけではない。もう 1 つの重要な結果として，適合度指標と呼ばれるものが得られる。適合度指標とは，分析したモデルにおいて仮定されている変数間の関係が，実際のデータにおける変数間の関係性とどの程度合致しているのかという，分析仮説の全体的な妥当性を表す情報である。前項において述べたように，共分散構造分析の推定手続きは，データに基づく標本共分散行列と，モデルに基づく母共分散行列を近づけることによって行われる。このとき，指定しているモデルが違えば，母共分散行列を構成する母数の組み合わせ方もさまざまに変化することになる[注9]。すると，母数の値をうまく定めて母共分散行列を標本共分散行列に近づけられる場合もあれば，これができない場合も出てくる。当然前者のような状況であることが望ましく，このような状態であれば，モデルがデータによく適合していると呼ばれる。適合度指標とは，この両者の類似の具合を数値化したものである。

したがって共分散構造分析の結果を検討する際には，前項で解説を行った母数の推定値の解釈を行うよりも前に，適合度指標を確認することが必要となる。適合度指標の値が悪い場合の母数の推定値は，実際のデータにおける標本共分散行列をうまく再現することができていない結果であり，これは分析において指定したモデル（が表す変数間の関係性のあり方）そのものが不適切である可能性が高いことが示唆されているからである。母数の推定値は，あくまで標本共分散行列に可能な限り母共分散行列を近づけようとした結果であり，両者が十分に近づいたかどうかという観点は一切考慮されていない。よって共分散構造分析においては，適合度指標の検討を行うことが必要不可欠となるのである。たとえ母数の推

注9）　たとえば図 6 とは異なるモデルを変数間に仮定すれば，観測変数 x_1 や x_2 は，（10.1）式や（10.2）式とは異なる形で書き下されることになる。すると，これらによって表される母共分散行列の内容も変化することになる。

第10章 共分散構造分析

表3 図7のモデルに対する共分散構造分析の適合度指標

χ^2値	自由度	p値	CFI	RMSEA	SRMR	AIC
27.244	12	0.007	0.977	0.065	0.043	5038.128

定そのものが問題なく完了していたとしても,適合度指標の面で不十分な結果となっているならば,分析したモデルは十分な妥当性をもっているとは認められないので,結果を利用してはいけないということに注意してほしい。

ただし共分散構造分析には,さまざまな種類の適合度指標が存在している。これは,多くの研究者によって少しずつ違った視点から,標本共分散行列と母共分散行列(の推定結果)との乖離を確認する手法が提案されてきたという歴史的な経緯があるためである。このため共分散構造分析を行う際には,いくつかの適合度指標を選んで組み合わせて用いることで,複数の観点からモデルの適合度を確認するのが一般的な手続きとなっている。代表的な適合度指標の名称や,その解釈基準については,第9章における解説がそのまま共分散構造分析全般に当てはまるものになっているので,そちらを参照してほしい。

表3は,中学生の能力検査データに対して図7のようなモデルを当てはめて推定を行って得られた適合度指標の結果である。第9章の場合と同じく χ^2 検定の結果は有意となっているが,本分析も標本サイズが比較的大きいため,この結果は用いない。その他の適合度指標を見ると,CFIが0.95以上,RMSEAが0.07以下,SRMRが0.08以下という条件を満たしているため,指定したモデルはデータを十分に近似しているものとして許容できることがわかる。したがって,図7に示された母数の推定値に基づくような関係性が,変数間には存在していると解釈して差し支えないことになる。

IV 共分散分析を実際に行うために

本章では共分散構造分析の概略,とくに何を調べることが可能な分析なのかという点に重点をおいて解説を行ってきた。したがって数理的な詳細や,実際に分析を実行するうえで必要となる細かい知識については,まだまだ触れられていない部分が多い。本章の内容だけでも,すでに行われた共分散構造分析の結果の概要を読み取ることは十分に可能なはずだが,より詳細な知識を必要とする読者は,朝野ら(2005),狩野ら(2002),豊田(1998)などへと読み進んでみてほしい。

本書でくわしく述べることのできなかった注意点をいくつか補足すると,共分

第5巻　心理学統計法

散構造分析では，分析者が本当に何の制限もなくモデルを指定できるというわけではない。実際には，データに含まれる観測変数の個数に応じて，推定可能な母数の数には上限が存在するため，必然的にパス図を作成するために利用可能な部品の数が制限されることになる。また推定の際の重要なテクニックとして，母数の値を推定させず，指定した値に固定するという操作がある。たとえば前節の例では，誤差を表す潜在変数からのパス係数を推定せず，1に固定することを行っていた。また母数の値を固定する手続きは，分析者の仮説をモデルに反映させるためにも必要となる場合がある。

　最後に，共分散構造分析が必要とするサンプルサイズの大きさについても触れておきたい。本書で紹介されている他の分析法と比べると，共分散構造分析は，安定した結果を得るためには比較的大きなサンプルサイズが必要となることが多い。また，分析するモデルが複雑であるほど要求されるサンプルサイズも大きくなる。たとえば少なくとも100〜200の標本が必要であると言われたり（Boomsma, 1985），変数ごとに10の標本が必要であると言われたり（Nunnally, 1967），推定する母数ごとに5ないし10の標本が必要であると言われたり（Bentler et al., 1987）している。必要なサンプルサイズは推定するモデルによっても変化するため一律の基準を示すことは難しいが，実際に共分散構造分析を利用する際には余裕をもって大きめのサンプルサイズを確保しておくことが望ましい。

◆学習チェック
□　共分散構造分析を用いると何が可能となるかについて理解した。
□　重回帰分析的な関係性を表現するパス図の描き方について理解した。
□　因子帰分析的な関係性を表現するパス図の描き方について理解した。
□　共分散分析の結果の読み取り方について理解した。

　　　文　　　献

朝野熙彦・鈴木督久・小島隆矢（2005）入門 共分散構造分析の実際. 講談社.

Bentler, P. M. & Chou, C. H.（1987）Practical issues in structural modeling. *Sociological Methods & Research.* 16; 78–117.

Boomsma, A.（1985）Nonconvergence, improper solutions, and starting values in LISREL maximum likelihood estimation. *Psychometrika.* 50; 229–242.

Holzinger, K. & Swineford, F.（1939）*A Study in Factor Analysis: The Stability of a Bifactor Solution.* Supplementary Educational Monographs, No. 48. University of Chicago Press.

狩野裕・三浦麻子（2002）グラフィカル多変量解析—AMOS，EQS，CALIS による目で見る共分散構造分析 増補版. 現代数学社.

Nunnally, J. C.（1967）*Psychometric Theory.* McGraw-Hill.

豊田秀樹（1998）共分散構造分析［入門編］—構造方程式モデリング. 朝倉書店.

第11章 そのほかの多変量解析

小杉考司

> **Keywords** 数量化Ⅰ類，数量化Ⅱ類，判別分析，数量化Ⅲ類，双対尺度法，対応分析，数量化Ⅳ類，多次元尺度構成法，クラスター分析

　この章では，ここまでの章で扱ってきた重回帰分析，因子分析，共分散構造分析とは異なる分析方法を紹介する。

　異なるといっても，2つ以上の変数を説明変数と目的変数とに区分して影響力の強さを見る，といったところが異なるわけではない。異なっているところは，データの種類である。第1章で説明したように，データの測定には4つのレベルがあり，これを尺度水準という。ここまでの章で扱ってきた多変量解析では，間隔尺度以上の，いわゆる量的変数をデータとしていた。この章では，必ずしも量的な性質が担保されない，いわゆる質的変数のデータも視野に入れた多変量解析を紹介する。

Ⅰ　数量化理論

1．数量化とは

　数量化理論は，林知己夫の開発した分析手法である。Ⅰ，Ⅱ，Ⅲと連番がついていて，Ⅵ類まであるとされるが，林はデータごとにそれにふさわしい分析方法を考案したにすぎない。林が開発した多くの手法のうち代表的なものを，後に弟子の飽戸弘が整理するにあたって，同様の手法が適用されているものをグルーピングし順に，Ⅰ，Ⅱ，Ⅲ類と命名・分類したことで，その名称が広く使われるようになった。本章では一般的なデータに応用しやすいⅠ，Ⅱ，Ⅲ類を紹介する。

　また，数量化は別名をもつものが多い。林はデータに合った分析方法を考えることを第一と考えており，結果的に他の研究者が開発した分析方法と同じものであったことが，後々明らかになるというケースもあった。そのため，数量化という名前でなくても実質的に同じことをしている，という意味で多くの別名をもつ

分析になっている。

　冒頭で述べたように，数量化は名義尺度や順序尺度などのデータに対して適用される多変量解析である。これは林の発想が，「データに合った分析をする」というものであったことと関係が深い。間隔尺度以上の，数字としての意味があるものに対して分析をするのではなく，性別や居住地域，職業の種類などの本来数字の順番や大きさがつけられないものに対して，「データをうまく説明するためにはどのような数字を割り振ればよいか」という観点から開発されている。データに数字を割り振る，という観点である。数字を見つけるのではなく，分析者の方がカテゴリに数字を与えるので，「数量化」というのである。

2．数量化Ⅰ類

　数量化Ⅰ類は重回帰分析と関連の強い手法である。重回帰分析は2つ以上の変数に対して，一方を説明変数，他方を目的変数と考え，偏回帰係数の大きさで影響力の強さを考察する手法であった（第8章を参照）。このとき，説明変数も目的変数も間隔尺度以上の量的なデータであることが前提であったが，説明する側の変数がカテゴリであった場合，数量化Ⅰ類の出番になる。

　たとえば次のようなデータに利用できる。

- 学年と性別によって，児童生徒の睡眠時間の長さが異なるというリサーチクエスチョンをもっている。
- クライアントが誰と一緒に住んでいるかのチェックシートに回答したとする。チェックシートには回答欄として，父親，母親，祖父母，兄弟姉妹，ペットなどの項目が並んでおり，該当する箇所に丸をつけてもらう。同居者の種類によって，クライアントの精神的健康度が異なるという仮説を検証したい。
- 研究者が関わっている地区の中には5つの小学校があり，学校に通う児童生徒の学校適応感尺度の得点が小学校ごとにどのように違うかを明らかにしたい。

　上に挙げた例はいずれも，学年，性別，同居者，地区など説明変数がカテゴリである。目的変数の方は，睡眠時間，精神的健康度や学校適応感などの尺度得点（尺度から計算される個人得点）であり，こちらは量的な数字と見なしてかまわない。このようなときに，目的変数を最もうまく説明するように，説明変数の各カテゴリに適切な数量を割り振ることを考える。最後の例などは，分散分析によってカテゴリ間の平均の差を考えることもできるが，その場合は目的変数の差を見ることになり，カテゴリの意味的な比較しかできない。一方，数量化Ⅰ類で分析

第 11 章　そのほかの多変量解析

するとカテゴリに数値が割り振られるため，相対的な大小関係などの比較やその解釈をすることができるし，重回帰分析のように予測式を立てることもできるという利点がある。

ここまでで明らかなように，変数の種類が違うだけで，分析としては重回帰分析と同じであるともいえる。実際，統計ソフトウェアによっては，数量化分析という分析名から選ぶ必要があるところもあるが，たとえば R などの統計ソフトウェアでは，変数がカテゴリであるということを指定しておけば，分析に用いる関数は重回帰分析と同じものでよい。

具体的な数値例で考えてみよう。表 1 のように，学年と性別，睡眠時間のデータが得られたとする。

ここで性別変数は，男子と女子という名義尺度の変数であるが，統計ソフトウェアにデータとして入力する場合は男子を 1，女子を 2 として数字で入力し，そのうえでこの変数が名義尺度であると設定し，数字にラベルをつけることでカテゴリ名を表示させることが多い。このように，名義尺度の変数に仮の数字を割り振って（コード化して）入力する。性別変数のデータと同様に，学年変数も 1，2，3 として入力することで，名義尺度の変数であることを統計ソフトウェアに指定する。

表 1　学年と性別と睡眠時間のデータ（仮想データ）

性別	学年	睡眠時間
男子	1 年生	9.3
女子	1 年生	9.0
男子	1 年生	9.5
女子	1 年生	9.0
男子	2 年生	7.0
女子	2 年生	8.1
男子	2 年生	8.7
女子	2 年生	9.3
男子	3 年生	4.1
女子	3 年生	7.8
男子	3 年生	8.0
女子	3 年生	7.8

このデータを数量化 I 類で分析した結果は表 2 のようになる。

表の一番左列には，切片と，女子，2 年生，3 年生というラベルがある。説明変数は性別と学年だが，男子と 1 年生というラベルが示されていない。これらのグループ（変数）はどこに行ったのだろうか？

統計ソフトウェアは，名義尺度の変数であると設定されていれば，計算上は「男子であるか，ないか」「女子であるか，ないか」を変数として作成し，分析を実行する。また，数量化は各カテゴリに数値を割り振るものであるが，カテゴリ同士の関係は相対的なものなので，最初のカテゴリに割り振られた仮の数字（たとえば男子の 1）を基準とした結果が示される。今回ここで示したのは，基準となるカテゴリ（男子，1 年生）を 0.000 としたとき，他のカテゴリは相対的にどれぐらいになるかを示した数値である。切片の 8.833 という値は，予測値全体のベースラインとなる値である。これに各カテゴリによる増減が加わったものが推定値と

第 5 巻　心理学統計法

表 2　数量化 I 類による分析結果（一部）

	推定値	標準誤差	t 値	p 値
切片	8.833	0.711	12.429	0.000
女子	0.733	0.711	1.032	0.332
2 年生	− 0.925	0.870	− 1.063	0.319
3 年生	− 2.275	0.870	− 2.614	0.031

なる。

　具体的には，性別で見ると女子は 0.733 であり，男子は表中に示されていない
ものの，基準となるため 0.000 である。これらの数値は，回帰分析の回帰係数と
同じように解釈する。すなわち，男子に比べて女子の方が睡眠時間が長い傾向が
ある，ということがわかる。同様に学年で見ると，基準となる 1 年生は 0.000，2
年生は − 0.925，3 年生は − 2.275 と，学年が上がるにつれて絶対値が大きくなっ
ていくが，符号は負なので，学年が上がるにつれて睡眠時間が短くなる傾向があ
るといえる。

　このように，カテゴリに付された仮の数字には本来，数量的な意味はないが，分
析の結果割り振られた（数値化された）係数を見ることで，相対的にデータの解
釈がより客観的でわかりやすくなるのである。

3．数量化 II 類

　数量化 II 類は数量化 I 類とは違い，目的変数もカテゴリである場合である。目
的変数がカテゴリで，説明変数が量的な変数の場合に，目的変数をできるだけ区
別するための分析は「判別分析」として知られており，そこではカテゴリに分類
することができる判別スコアを算出することが目的である。数量化 II 類では説明
する変数もされる変数もカテゴリであり，うまく分類できるように説明変数に数
値を割り振ることで，変数の相対的な重要度を明らかにすることができる。

　数量化 II 類が利用できる事例には次のようなものがある。

●飲酒習慣には家庭環境からの影響があると考えられる。普段からお酒を飲むか，飲
　まないかを目的変数とし，両親がお酒を飲むか，飲まないか，職場での飲酒の機会

注 1）　データ全体の睡眠時間の平均は 8.1333 である。係数で見ると男子は 0.000，女子は 0.733
　　　であるから，これは平均して （0.000 ＋ 0.733)/2 ＝ 0.36665 が中心になっている。同様に学年
　　　の係数は （0.000 − 0.925 − 2.275)/3 ＝ − 1.066667 が中心になっている。平均 8.1333 からこ
　　　れらのずれを引き算すると，8.1333 − 0.36665 −（− 1.066667）＝ 8.833 という切片になる。

第 11 章　そのほかの多変量解析

が多いか　少ないか，中程度か，といった変数がどれほど影響を与えているかを明らかにしたい。
- 治療の経過で，退院後にすぐまた入院するクライアントと，しばらく経ってからまた通院しだすクライアント，その後の経過が良好で問題のないクライアント，の 3 種類がいる。診断名や行った心理療法，クライアントの家族構成などがこうした違いに影響しているのでは，という仮説をもっている。
- 睡眠の質をよいものにするためには，夕食の量や，入浴したかシャワーで済ませたかの違い，部屋の暗さといった生活習慣や生活環境が関係していると考えられる。調査票を用いた研究で，昨日の睡眠が満足したかどうかを「よく眠れた（良好）」「まあ眠れた（普通）」「あまり眠れなかった（悪い）」の 3 段階で答えてもらい，そのほか睡眠の質に関係しそうな変数についても調査した。これらの説明変数の効果を検証したい。

こうした例にあるように，説明したい変数がカテゴリに分かれている（お酒を飲むか飲まないか，退院後の経過，睡眠の質）場合，群分けに適した数値を説明変数の水準に割り振ること考えるのが，数量化 II 類である。

具体的な数値例で考えてみよう。表 3 のように，夕食の量と入浴条件，睡眠の質のデータが得られたとする。

これを各変数がカテゴリであることを指定し，分析を行う。

分析の結果はたとえば表 4 のように表示される。

表 4 には解 1，解 2 と 2 つの列があるが。まずは解 1 の列を見てみよう。数量化 I 類の例と同じように，夕食については水準 1（多め）を基準値である 0.000 に対して，水準 2（少なめ）の数値が − 1.184 という数字，入浴条件については水準 1（風呂）を基準 0.000 として，水準 2（シャワー）が − 0.516，水準 3（入らない）が 1.700 となっている。分析結果が示すのは，これらの数値を使った判別関数と呼ばれる式を作ることができる，ということである。解 1 の係数によって作られる式を第一判別関数と呼ぶが，第一判別関数は，

第一判別関数 = − 1.184 × 夕食少なめ − 0.516 × シャワー
　　　　　　　＋ 1.700 × お風呂に入らない ＋ 切片

という式で表現される数値である。夕食少なめや入浴状況について，該当するようであれば 1，該当しないようであれば 0 の数字が入ると考える。たとえば，「夕食が少なめで，シャワーを浴びて寝る」というケースは，

193

第 5 巻　心理学統計法

表3　夕食の量と入浴条件，睡眠の質のデータ（仮想データ）

夕食の量	入浴条件	睡眠の質
多め	入らない	悪い
多め	シャワー	良好
少なめ	シャワー	良好
多め	シャワー	普通
多め	入らない	悪い
少なめ	入らない	普通
多め	シャワー	悪い
多め	入らない	普通
少なめ	風呂	良好
少なめ	入らない	普通
少なめ	入らない	悪い
少なめ	風呂	普通

表4　数量化Ⅱ類の結果（1）：割り振られた係数

	解1	解2
夕食の量：少なめ	−1.184	−1.165
入浴条件：シャワー	−0.516	1.099
入浴条件：入らない	1.700	0.067

$$-1.184 \times 1 - 0.516 \times 1 + 1.700 \times 0 + 切片 = -1.700 + 切片$$

であり，「夕食が多めで，シャワーを浴びる」というケースは，

$$-1.184 \times 0 - 0.516 \times 1 + 1.700 \times 0 + 切片 = -0.516 + 切片$$

である[注2]。ここで，夕食が多めの人やお風呂に入る人は式の中に出てきていないが，基準となる0なので式の中に現れていない。このように，それぞれのパターンについて数式が成り立ち，個々のケースに数値が算出される。この数値を判別得点とか，判別スコアと呼ばれる。

　判別関数は，目的変数のカテゴリ数−1個計算される。今回は睡眠の質が3段階だったので，解1と2が示されている。2つの判別スコアを元のデータに並べて示したのが表5である。

　判別スコアを目的変数ごとに平均すると表6のようになる。

　このことから，解1では判別スコアが低いことと良好な睡眠に関係があること

注2）　ここでの第一判別関数の切片は，約0.086である。この数字は，目的変数の出現率を係数にかけたものを総和することで得られる。

第 11 章 そのほかの多変量解析

表 5 数量化 II 類の結果 (2)：判別スコア

夕食の量	入浴条件	睡眠の質	解 1	解 2
多め	入らない	悪い	1.614	0.250
多め	シャワー	良好	− 0.602	1.282
少なめ	シャワー	良好	− 1.786	0.116
多め	シャワー	普通	− 0.602	1.282
多め	入らない	悪い	1.614	0.250
少なめ	入らない	普通	0.430	− 0.916
多め	シャワー	悪い	− 0.602	1.282
多め	入らない	普通	1.614	0.250
少なめ	風呂	良好	− 1.270	− 0.982
少なめ	入らない	普通	0.430	− 0.916
少なめ	入らない	悪い	0.430	− 0.916
少なめ	風呂	普通	− 1.270	− 0.982

表 6 数量化 II 類の結果 (3)：判別スコアの要約

睡眠の質	解 1 平均	解 2 平均
良好	− 1.219	0.139
普通	0.120	− 0.256
悪い	0.764	0.216
分散説明率	0.923	0.077

がわかる。夕食を少なめにすること（係数 − 1.184）は，多めであること（基準値 0.000）よりも良質な睡眠に影響するし，お風呂に入らないこと（係数 1.700）は夕食を少なめにすること以上に，悪い睡眠に分類される方に影響するだろう。このように，カテゴリの相対的な重要度がわかるように，数値が割り振られている。

また，分析結果にはこれらの関数の相対的重要度が分散の説明率として示される。今回は解 1 が 92.3% とデータのほとんどの分散を説明したので，第一判別関数だけに注目して考察を進めたが，実際に複数の判別関数が得られたときは，こうした重要度も参考にしながら考える必要があるだろう。

また，こうした数値は現在のデータに適合するように数値化したものであり，今後の予測にどれほど有用であるかを考える際には慎重にならなければならない。

4．数量化 III 類

数量化 III 類は，I，II 類のような目的変数をもたない。すなわち，何かを説明するためにカテゴリに数値を割り振る，という目的があるわけではない。目的変数をもたない分析という意味では，主成分分析や因子分析（第 9 章）に似た分析方法である。また，数量化 I 類が回帰分析，II 類が判別分析と深い関わりがあり，質的変数を使った分析方法であったように，III 類も質的変数に適用される分析方法である。

195

第 5 巻　心理学統計法

表 7　子どもの好きな遊具についてのデータ（仮想データ）

	すべり台	ブランコ	シーソー	うんてい	ジャングルジム
A 男	1	1	0	0	1
B 夫	1	0	0	1	1
C 亮	0	0	1	0	0
D 彦	0	1	1	0	1
E 美	1	1	0	1	1
F 子	1	1	0	1	0
G 奈	0	1	1	0	0
H 乃	0	1	0	0	1

　ところで，数量化Ⅲ類と数学的には同等であるが，開発者や開発経緯の異なる
2 つの分析がある。1 つは対応分析（correspondence analysis）であり，もう 1 つは
双対尺度法（dual scaling）という。もちろん厳密には，変数のコード化の違いや，
結果の表示の仕方などで，少しずつ違うところがあるが，統計ソフトウェアに「数
量化Ⅲ類というのはメニューにないが，（多重）対応分析がある」というのであれ
ば分析は可能である。

　数量化Ⅲ類が利用できる事例は次のようなものがある。

●不登校児童が，どのような理由で不登校になったかについての調査を行った。友人
　関係とのトラブル，学業不振，いじめなど，さまざまな理由について複数回答可で
　該当項目を選んでもらったところ，回答には何らかのパターンが見られるようであ
　る。
●医療施設に求める改善点の希望アンケートを行った。受付に関すること，診察に関
　すること，治療に関すること，投薬に関すること，支払いに関することなど，いく
　つかの観点について改善点があると思うかどうかを聞き，来院する人の傾向をつか
　みたいと考えている。
●クライアントの語りを逐語録に記録している。治療が進むにつれ，ポジティブな表
　現をすることが増えてきたように感じているが，印象で捉えるだけでなく，客観的
　にこの感覚を評価し，報告したいと考えている。

　具体的な数値例で考える。表 7 のデータは，公園に遊びに来ている子どもに対
し，好きな遊具について複数回答可で回答を求めたものである。
　ここで，1 とあるのは「好き」と選択したことを意味し，0 は選択されなかった
ことを意味する。

第11章 そのほかの多変量解析

表8 数量化Ⅲ類の結果（1）：行変数のスコア

	第1次元	第2次元
A男	－0.420	－0.823
B夫	－0.867	0.869
C亮	2.876	1.848
D彦	0.891	－0.726
E美	－0.610	0.222
F子	－0.693	1.065
G奈	1.518	0.065
H乃	－0.101	－2.012

表9 数量化Ⅲ類の結果（2）：列変数のスコア

	第1次元	第2次元
すべり台	－0.828	0.721
ブランコ	0.124	－0.795
シーソー	2.251	0.855
うんてい	－0.924	1.553
ジャングルジム	－0.283	－1.067

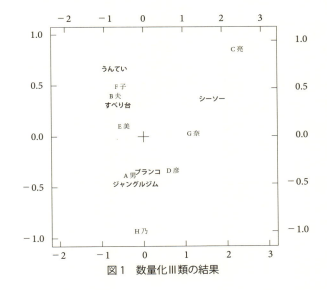

図1 数量化Ⅲ類の結果

　このデータを使って数量化Ⅲ類を行うと，表8，表9のような結果が得られる。
　結果を見ると，元データである表7の行の変数と列の変数の両方に数値が割り振られている。これは因子分析において，項目に因子負荷量が，個人に因子得点が付与されることと同じである。
　分析者は，列の変数（ここでは遊具）の分類を考えてもよいし，行の変数（ここでは個人）の分類を考えてもよい。また，図1のように両者を同時にプロットして考察することもできる。
　たとえば今回の結果のプロットから，遊具は「うんていとすべり台」「ブランコ

197

とジャングルジム」「シーソー」の3つのグループに分類できそうである。また回答者からは，C亮とH乃が遠くにいることから類似性が低く，B夫とF子の類似性が高いことが見て取れる。また，B夫とF子はうんていやすべり台が好きなグループであるといえるだろう。

　図の解釈については，それぞれの相対的な関係にしか意味はなく，x軸やy軸は原点を中心にどの方向を向いていてもよい（回転しうる）ので，第一軸，第二軸に命名するというようなことは意味がないことに注意が必要である。あくまでも，空間的なまとまり，相対的な位置関係に注目するとよい。

5．数量化Ⅲ類とテキストマイニング

　ところで，この節の最初に示した応用事例その3にあるように，クライアントの自然な言葉や会話上の表現を分析対象としたいこともあるだろう。自由記述や逐語録など，自然な言葉の中にあるパターンを分析する方法は一般に，テキストマイニングと呼ばれる。このテキストマイニングで行う分析過程は，「形態素解析」と「多変量解析」に分割することができる。

　形態素解析とは，自然言語を品詞ごとに分離・分類することである。たとえば「私はとても気分がいい」という言葉を「私」「は」「とても」「気分」「が」「いい」という要素に分解する。この分解は，日本語辞書を用いて機械的に行うことができる。

　多変量解析とは，本書でも説明されている重回帰分析や因子分析，数量化など多数の変数を同時に扱うデータ分析の総称である。品詞に分類された言葉同士の関係を分析するためには，質的変数の分析を行う数量化Ⅲ類が用いられる。

　テキストマイニングを実行するための統計ソフトウェアの中には，形態素解析と多変量解析の両方をパッケージングしてあるものもあれば，多変量解析の部分を統計ソフトウェアRなどと連携して対応するようなものもある。

　いずれにせよ数量化理論を用いることで，質的変数についての量的アプローチができるようになっているので，読者もさまざまな可能性を考えてもらいたい。

　ここまで説明してきたように，数量化Ⅲ類ではいくつかのカテゴリに分類されたデータについて説明変数・目的変数のような区分をせず，行変数と列変数の対応関係を理解しやすくするために数値化するものである。テキストマイニングでは，一緒に使われる言葉同士の関係をプロットし，用語のまとまりを見ることができる。他にも，個人ごとのチェックリストから，個々人の分類をするような用途にも利用可能である。数量化Ⅲ類は，質的研究で用いられることの多いKJ法

第11章 そのほかの多変量解析

をより客観的に，数量的に行う方法であるともいえる。KJ法は，データとして得られた意見やアイデアなどをカードにまとめ，模造紙の上などで視覚的に分類していく方法である。数量化Ⅲ類や，次の多次元尺度構成法は，KJ法で行う主観的な分類を，データに基づいて客観的に行う方法であるともいえ，多くの場面で応用できる。

II 多次元尺度構成法

1．多次元尺度構成法とは

多次元尺度構成法（multi dimensional scaling; MDSと略す）とは，一言で言うならば，地図を作る分析方法である。この分析に用いるデータは，対象同士の距離関係である。いくつかの町があって，それぞれの町が相互に何km離れているかという情報しかなかったとしても，そこから多次元尺度構成法を使えば，地図を復元することができる。

心理学的な応用場面では，この距離関係に該当するのが，心理的な距離，すなわち自分にとって苦手であるとか嫌いであるというようなことであってもよいし，複数のものを一対比較したときに似ている・似ていないといった類似度の判断であってもよい。たとえばオレンジジュースとりんごジュースを飲んだら全然違う味がするけれども，ウーロン茶と緑茶ではそれほど大きな違いを感じない，というのであればオレンジジュースとりんごジュースの距離が大きく，ウーロン茶と緑茶の距離が小さいということがいえる。こうした心理的な距離のデータから，心理的な地図を構成しようというのが，この手法の目的である。

なお多次元尺度構成法は，数量化Ⅳ類に対応する。数量化の観点からは，類似度データを対象に，対象同士の類似度が近くなれば距離が近く，類似度が遠くなれば距離が遠くなるように数値を割り振り，対象同士の関係を解釈しやすくすること，といえる。しかし多次元尺度構成法は，数量化Ⅳ類を超えて非常に多くの応用例や発展を見せている。

多次元尺度構成法が利用できる事例は次のようなものがある。

- プレイセラピーでクライアントである子どもが，遊ぶときに使うことが多いおもちゃと，そうではないおもちゃがあるように見える。これまでの観察事例から，遊ぶ回数が多いおもちゃは，心理的に親しんでいることから心理的距離が近く，そうでないおもちゃは心理的距離が遠いと考えた。そこで，子どもが遊ぶ様子を15分ごと

199

第 5 巻　心理学統計法

に観察し，一緒に遊んでいるおもちゃの組み合わせをカウントするという調査を行った。このデータから，子どもがどのようにおもちゃを分類しているのかその傾向を探りたい。
- いくつかの事例検討会を行っているなかで，カウンセラーの熟練度合いによって，事例の捉え方が異なっているのではないかという仮説をもつようになった。そこで，熟練度の異なるカウンセラーに対して，それぞれの事例を一対比較し，類似しているかどうかの判断を 10 段階で求めた。
- 子育ての初期段階にある保護者を対象に，子育てで困ったときはどういった人が助けてくれるかについての調査を行った。配偶者，実の両親，義理の両親，近所の友人，遠くの友人，親戚など複数の対象について，困ったときにどの程度助けてもらっているか，いくつかの項目で訊ねた。このデータから，ソーシャルサポートをしてくれる人の分類を行いたい。

　1つ目の例は，「A と B のおもちゃは同時に使われることが多く，A と C，B と C の組み合わせで同時に使われることが少ない」ということがあれば，A と B の距離は A と C，B と C に比べて近い，というように距離として考えることができる。第 2 の例は，事例の類似度を評定してもらうものであるが，類似度が心理的な距離であると考えれば，これも距離データと見なして分析することができるだろう。第 3 の例に関しては，複数の項目についての尺度評定値であるが，それぞれの評定値について，配偶者と実の両親とでは何点離れているか，配偶者と義理の両親とではどうか，といったように評定値を対象同士の距離に換算して分析に用いる。

　距離は各対象のすべての組み合わせについて得られるため，行と列に対象を並べた行列を作り，これを分析の対象にする。この行列をとくに距離行列というが，距離行列が得られれば，MDS によって地図を描くことができる。この地図は，心理的な空間であるから，実際の地図のように東西南北など絶対的な方向に意味があるわけではない。分析の結果として重要なのは，原点と対象同士の相対的な位置関係である。なお，多次元尺度構成法では対象同士の座標のことをとくに，布置（configuration）と呼ぶ。

　また，実際の地図は 3 次元の地理的な情報を 2 次元に落として表示する。高さの情報が東西南北の距離情報に比べてそれほど大きくないので，これでも問題がないのであるが，実際の心理学的なデータの場合は，心理学的な空間が何次元あるかが事前にわかっていない。結果の見やすさのために，2 次元で表示されることが多いが，実際の運用にあたっては，データとの当てはまりを表す適合度を参考に次元数を決めるべきである。もし 3 次元解が適切であると考えるのであれば，

第11章 そのほかの多変量解析

表10 ペアで解いた課題の数

	A	B	C	D	E	F
A	0					
B	8	0				
C	17	9	0			
D	2	2	3	0		
E	5	6	8	9	0	
F	7	23	6	2	18	0

表11 表10を心理的距離に換算

	A	B	C	D	E	F
A	0.000					
B	0.125	0.000				
C	0.059	0.111	0.000			
D	0.500	0.500	0.333	0.000		
E	0.200	0.167	0.125	0.111	0.000	
F	0.143	0.043	0.167	0.500	0.056	0.000

たとえば3次元の解を次元1，2と次元2，3の2枚の地図で表現する，などといった工夫をするべきである。

具体的な数値例で考えてみよう。次の例は，グループの中で2人ずつペアになって一定時間の間に協力して課題を解くという実験を行った仮想データである。解いた課題の量が多いほど，2人の相性が良かったと解釈し，相性が良いことはすなわち心理的距離が近いことだと考えたとしよう。表10に示したのがペアで解いた課題の数である。

表10は，たとえばAはBと8つの課題を，Cとは17の課題を解いた，というように行と列の対象者を組み合わせて結果をまとめたものである。またこの表10では，左下半分側しか数値が埋まっていないが（このように，行列の左下の部分を下三角と呼ぶ），右上の部分（上三角）には下三角と同じ数値が入るため，省略される。

課題の量が多いほど2人の心理的距離は近いと考えるので，分析にあたっては数字の大小関係を逆にする必要がある。ここでは逆数をとって，表11のようにしてから分析を行う。ここでも上三角は同様に省略している。

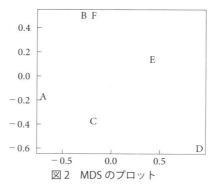

図2　MDSのプロット

　MDSによって得られたグループメンバーの地図が図2である。

　図2にはBとFが互いに近く，とりわけDが孤立していることが示されている。このように数人のデータであれば元のデータを見ていても思いつく結果かもしれないが，対象の数が多くなった場合は，このように視覚化して全体像が把握できる利点は大きいだろう。

2．多次元尺度構成法の展開

　多次元尺度構成法は，距離行列をもとにデータを分類する方法であり，結果を空間的に表現することができるという意味で，視覚的な優位性があるし，またさまざまな理論的展開がある。

　たとえば今回は1つの距離行列からなる空間だけを記述したが，個人差も考慮するように複数の距離行列を扱うよう拡張されたものがある。個人差多次元尺度構成法（individual differences multidimensional scaling）と呼ばれるこの手法では，全体の共通次元と，個人の特性の両方を記述することができる。また，選好度の写像分析（preference mapping）という方法では，類似度評定に加えて，各対象をそれぞれの人がどれぐらい好きであるかという好みの程度を地図の上に上書きする。この手法では，好みの評価から表現者の理想的な点を求めることもできるという特徴がある。これらについてはくわしくは岡太ら（1994）などを参考にしてもらいたい。

　さらに，人間関係における片思いのような，AはBのことを好きだが，BはAのことを好きではないというような非対称な関係を分析する手法も提案されている。

　いずれにせよ，距離から地図へという原則以外，複雑な構造をもたない表現技法

第11章 そのほかの多変量解析

であるから，地図の上に何かを上書きするとか，距離の捉え方を考えるなど，多くの応用可能性がある手法である。

III クラスター分析

前節の MDS は，類似度から地図を描く技術であったが，描かれた地図からは類似した対象のグルーピング，類似しない対象はどういう分かれ方をしたのかという洞察が得られた。こうした「分類」を目的に行われる分析として，クラスター分析がある。

クラスター分析は，MDS と同じく距離行列，あるいは，その逆の意味をもつ類似度行列を用いる。対象同士が何らかの観点で数値化されており，そのスコアの類似度から対象を分類することが目的である。心理学的な構成概念は，基本的に目に見えるものではなく，表面に行動として現れてくるものから考察して構成されるものであるが，まさにこのような表面的な類似性から対象の特徴をつかむため，分類を行うのがクラスター分析である。

クラスター分析が利用できる事例には次のようなものがある。

- クライアントの社会ネットワークの認知に関心がある。対象者に日頃つき合いのある友人を数名挙げてもらい，それぞれの友人についての印象評定と，どのようなつき合い方をしているかを回答してもらった。印象評定の結果から，調査対象者の友人イメージをいくつかのグループに分類し，つき合い方の違いと照らし合わせて検証したい。
- 抑うつ的な気分になったときに，どのような気晴らし行動をとっているかについて，調査研究を行った。いくつかの気晴らし行動をリストアップし，「よくする」から「あまりしない」まで7件法で回答してもらった。回答のパターンから，回答者をいくつかのグループに分類したい。
- クライアントに対する精神的健康度調査の結果から，各クライアントを健常群，臨床群のどちらかに分類したいと考えている。

ここで示された例の中には，通常の因子分析などを適用することができるものも含まれる。しかし，因子分析のように潜在的な変数を仮定せず，表面的な類似度だけから分類し，あとから群の特徴を見出していく方法として，クラスター分析が使われる。

203

表12 外食店の評価

	味	値段	接客	提供される速さ	居心地	メニューの豊富さ
ステーキハウス	10	5	4	4	2	2
定食屋	8	3	2	5	7	8
ファミリーレストラン	5	7	4	9	8	5
洋食屋さん	4	4	6	5	5	5
ラーメン店	7	9	7	8	3	4
ファストフード店	7	4	6	7	10	3
中華料理屋さん	6	4	8	8	6	6

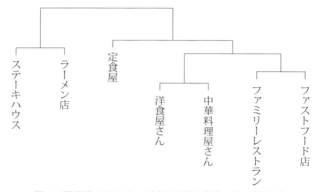

図3　階層的クラスター分析の結果（デンドログラム）

1．階層的クラスター分析

　クラスター分析にはいくつかの手法がある。代表的なものは階層的クラスター分析と呼ばれるものである。いくつかの対象を，似ているものを1つのクラスターにまとめるとする。次に，まとめられたいくつかのクラスターをさらに上位のクラスターに分類する。さらにさらに……と小さなクラスターを次々まとめ上げて行くので，階層的クラスター分析と呼ばれる。

　次の例は外食店のイメージについて得られた評価データ（表12）から，階層的クラスター分析をした結果である（図3）。

　階層的クラスター分析の結果を表示するこの図は，デンドログラムと呼ばれる。この図は上に行くほど階層が上がるので，下から見て行くことにすると，まず〈洋

食屋さんと中華料理屋さん〉が1つのクラスターを形成したことがわかる。次に〈ファミリーレストランとファストフード店〉が1つのクラスターを形成し、次にこの2つのクラスターがまとめられた。残る〈ステーキハウスとラーメン店〉のクラスターができ、最初のクラスターに〈定食屋〉がまとめられて、最終的に統合される、というように読み取ることができる。

外食店をいくつのグループに分類するかは、自由である。大きく3つのグループに分けたいのであれば、〈洋食屋さんと中華料理屋さん〉〈ファミリーレストランとファストフード店〉と〈その他〉という分け方をすればよい。いくつのクラスターを得た時点で分析を終えるかは、このように分析者の自由に任されている。

また階層的クラスター分析をする際は、どのような基準でまとめられたデータの代表値を決めたか、という手法によって分類される。今回の例は「Ward法」という手法用いたが、この他にも最短距離法、重心法などさまざまな方法がある。くわしくは新納（2007）などを参考にしてほしい。

2．非階層的クラスター分析

階層的でないクラスター分析、すなわち非階層的クラスター分析というのもある。階層的クラスター分析の結果は、各対象をまとめていく過程をデンドログラムで表示するのが一般的だが、対象が何十、何百とある場合は図が非常に大きくなって実際的ではない。そうした場合に非階層的クラスター分析が用いられることがある。

非階層的クラスター分析の代表的な手法として、k-means法（k平均法）と呼ばれるものがある。kは分類するクラスターの数だと考えればよい。階層的クラスター分析とは異なり、最初から3つの種類に分ける、というようにクラスター数を決めてから分析を行う。この手法は、指定された数のクラスターが、対象をよく区分するような「重心」を求めていく手法である。反復計算によって、クラスターの重心を求め、対象は各クラスターの重心との距離を計算し、最も近いクラスターに分類される。

3．クラスター分析の展開

ここまで紹介した階層的クラスター分析も非階層的クラスター分析も、クラスター数の決め方に統計的な基準は用いておらず、研究者の判断で決めた。しかし現実にはいくつのクラスターに分類するのがよいのかをデータから定めたいとい

うことがあるかもしれない。こうした場合に，統計的な基準を用いて適切なクラスター数を決めることもできる。

また，ここでのクラスター分析では，1つの対象が必ずどこかのクラスターに分類されていた。このように対象とクラスターが完全に分類されるクラスター分析をハードなクラスタリングと呼ぶことがある。これに対して，対象が各クラスターに入る確率を結果として返すクラスタリング手法があり，こうした手法はソフトなクラスタリング，あるいはファジィなクラスタリングと呼ばれる。

ソフトなクラスタリングの代表的なものは，潜在クラス分析とか混合分布モデルと呼ばれるものである。対象が異なる特徴をもつグループからサンプリングされて得られたものと仮定し，その背後に潜む「異なる特徴をもつグループ」に所属する確率を結果として出力する。ある対象がクラスター A に入る確率，B に入る確率，C に入る確率，という形で結果が得られる。またこの手法では潜在的なクラス数をいくつにするとよいか，という統計的基準が示されることが一般的である。これらの手法についても，くわしくは新納（2007）を参照してもらいたい。

◆学習チェック
☐ 数量化理論を適用するデータがどのようなものか理解した。
☐ 多次元尺度構成法を適用するデータがどのようなものか理解した。
☐ 数量化理論Ⅰ，Ⅱ類と重回帰分析，判別分析の関係について説明できる。
☐ 数量化理論Ⅲ類を適用するべき事例をいくつか考えられる。
☐ 多次元尺度構成法を適用するべき事例をいくつか考えられる。
☐ クラスター分析と多次元尺度構成法の違いを説明できる。

文　献
岡太彬訓・今泉忠（1994）パソコン多次元尺度構成法．共立出版．
新納浩幸（2007）R で学ぶクラスタ解析．オーム社．

第12章

ノンパラメトリック検定

宮﨑康夫

> **Keywords** ノンパラメトリック法,ウィルコクソンの順位和検定(マン・ホイットニーの検定),ウイルコクソンの符号付き順位検定,クラスカル・ワリスの検定,符号(サイン)検定,並び替え検定(ランダマイゼーション検定),リサンプリング(再標本)法,シミュレーション,ブートストラップ法

　これまでの第6章のt検定,第7章の分散分析,第8章での回帰分析等の章では,注目している従属変数の母集団の分布に何らかの仮定をおき(たとえば各観測データの母集団分布が正規分布であること等),その分布の母数(パラメータ)(たとえば母平均)についてその値の推定や仮説検定を行うという手続きを学習してきた。このような推定・検定方式はパラメトリックな方法[注1]と呼ばれている。第5章,第6章,第7章の各章で見たように,正規分布などの代表的なモデルを使うパラメトリックな方法では推定や検定における標準的な手続きが存在し,それを実行するソフトも充実しているが,一方その方法は観測データが正規分布より発生したものである等の仮定が成立していることを条件としてはじめて検定のp値が正しくなるものである。つまり,その仮定が成り立っていない場合には,検定に誤りが生じる。たとえば,ある変数に関するデータが正規分布から発生したと仮定するのに無理があり,しかもサンプルサイズが小さい(たとえば$n < 30$)場合,第6章で見たt検定や第7章で見たF検定を適用して検定を行うと,結論を誤る可能性が高くなってしまう。このような場合に,データの正規性を仮定しないでも妥当な結論を引き出すことのできるノンパラメトリック検定法[注2]が有用となってくる。

　本章では,正規性の仮定が担保されない場合に有用な検定法の1つと考えられる順位に基づくノンパラメトリック検定法と,現代的なノンパラメトリック検定法と見なすことのできるブートストラップ法について以下の順序で解説する。ま

注1)　モデル中に母集団のある特徴を特定するパラメータを含んでおり,このパラメータについて推定・検定を行うのでこう呼ばれている。さらには,上記に加えて,確率変数の分布に正規性などの仮定を含めてパラメトリックなモデル・方法と呼ぶ場合が多い。

ず最初に，ノンパラメトリック検定は第6章で学んだ t 検定や第7章での複数の
群の平均値に対する F 検定等のさまざまなパラメトリック検定の目的に対応した
検定法を有しているので，代表的で使用頻度の高いノンパラメトリック検定を取
り上げ，それらとパラメトリックな検定法との対応関係についてまとめる。

　次に，それぞれのノンパラメトリック検定法の原理とその実行手続きについて
具体的なデータを使った分析例を示す。

　第3に，順位を用いたノンパラメトリック検定においては第4章で学習した仮
説検定の原理がより根本的な形で適用されることを指摘し，その原理がノンパラ
メトリック検定でどのように使われているかを具体例を用いて説明する。統計的
仮説検定は第4章で学んだように6つの手順によって行われるが，そのうち手順
4で「データを取得し，データから検定統計量の実現値を求め」，手順5で「検定
統計量の値から p 値を求める」ことが重要なポイントであった。p 値は一般的に
は，帰無仮説の下での検定統計量の標本分布（これを帰無分布と呼ぶ）を参照分
布として，検定統計量の実現値がその分布のどの位置にあるかを見ることで得ら
れる。パラメトリック検定では，データがある特定の確率分布（たとえば正規分
布）に従う母集団から発生したと仮定して検定を行うので，t 検定や F 検定では，
帰無分布は t 分布や F 分布等のその特徴がよく知られた分布となる。また検定の
ためのくわしい付表も用意されているため，それらの表を参照して p 値を決定す
るという簡略な検定手続きとなったのであった。これに対して，ノンパラメトリ
ック検定では，帰無分布を順位（ランク）の並び替えによる場合の数の数え上げ
によって得るので，統計的仮説検定の中核である手順4と5の本質が，パラメト
リック検定に比べてより顕著に現れることになる。この順位によるノンパラメト
リック検定法における帰無分布の導出は，統計的仮説検定の本質を深く理解する
のに役立つので，具体例を使ってくわしい説明を試みる。

　そして第4に，これに関連して，帰無仮説の下での標本分布を作成する手続き
を，場合の数を数え上げるのではなく，コンピュータで繰り返しのサンプリング
を行うシミュレーションで代替させる別法を紹介する。この方法は，コンピュー
タを駆使し，数多くの繰り返し計算を伴うコンピュータ・インテンシブ（計算機
集約型）な方法であるが，高速大量計算が安価に可能になった現在，現実的な選

　注2）　この意味で，ノンパラメトリック検定はディストリビューションフリー（分布によらな
　　　い，あるいは分布に仮定をおかない）検定と呼ばれることもある。本章では，ノンパラメト
　　　リック検定という用語を用い，その中でもとくに使用頻度の高いと思われる順位（ランク）
　　　に基づくノンパラメトリック検定だけを取り上げる。

第12章　ノンパラメトリック検定

択肢である。このシミュレーション法[注3]は，数え上げ法では計算がやっかいな同順位（タイ）のある場合でも，そのアルゴリズムのプログラム化が容易であり，繰り返し数を増やすことで正確検定を可能にするという点で優れている。

最後に第5として，このシミュレーション法の延長線上にあるブートストラップ法について紹介する。ブートストラップ法は，通常のノンパラメトリック法で行う素点を順位に変換するという操作をせず，変数のオリジナルな間隔尺度の特性を生かしたまま検定を実行する。ブートストラップ法はシミュレーション法とはやや異なるが，シミュレーション法と同じくコンピュータ・インテンシブな方法であり，コンピュータ時代となった現在，ますます注目を集めている。今後，さらにデータ・サイエンスの分野でその重要性を増していくことが予想されるため，その原理と実行法の初歩について解説したい。

I　ノンパラメトリック検定法の分類

はじめに，いくつかの代表的な順位に基づくノンパラメトリック検定法をその用途によって分類しておく。本章で取り上げるそれぞれのノンパラメトリック検定法は，本書の第6章と第7章で学習した複数の群の母平均の違いを調べるパラメトリックな検定法の目的に対応しているため，その用途の観点より整理すると記憶しやすい。その目的でまとめたものが表1である。まずパラメトリック法の独立な2群に対するt検定に対応する順位（ランク）に基づくノンパラメトリック法として，ウィルコクソンの順位和検定，あるいはこれと本質的にはまったく同等であるマン・ホイットニーの検定がある。これが独立な3群以上になるとパラメトリック検定では分散分析となりF検定を用いるのであるが（本書第7章参照），これに対応する順位に基づくノンパラメトリック検定は，クラスカル・ワリス検定である。そして，対応のある2群間の得点差に基づくt検定に対応するノンパラメトリック検定がウィルコクソンの符号付き順位検定となり，また同様の目的の検定であるがよりシンプルな方法として符号（サイン）検定がある。

注3）　正式には，後で述べるシミュレーションによるランダマイゼーション検定のこと。

表1 ノンパラメトリックとパラメトリック検定との目的による比較表

目的	ノンパラメトリック (ランクに基づくもの)	パラメトリック
独立な2群間の平均値(または中央値)差の検定	ウィルコクソンの順位和検定(Wilcoxon's rank-sum test)(あるいはマン・ホイットニー〔Mann-Whitney〕の検定)	独立な2群に対するt検定
独立な3群(以上)間の平均差の検定	クラスカル・ワリス(Kruskal-Wallis)検定	分散分析におけるF検定
対応のある2群間の差の検定	ウィルコクソンの符号付き順位検定(Wilcoxon's signed-ranks test) 符号(サイン)検定	対応のある2群に対するt検定

II 独立な2群間の平均(または中央値〔メディアン〕)差のノンパラメトリック検定

1. ウィルコクソンの順位和検定

この検定の考え方とその原理を説明・理解するために以下の具体例で考えてみよう。

例題1 心臓疾患とストレスの関係

心臓疾患とストレスに何らかの関係があるかを知るため[注4]に地元の病院を訪れた新患である12名の患者(4名の心臓病患者と8名の整形外科患者〔仕事中や運動中に起こった手足の骨折等による〕)に最近1年間の生活上でのストレスとなる出来事(結婚,新しい仕事への就業,配偶者の死亡等)の発生回数を調べたところ,表2のようになったとする[注5]。ストレスを伴う人生での出来事と病気とは関係があることはよく知られており,平均的に,整形外科患者よりも心臓病患者の方が,最近ストレスのある出来事をより多く経験したと期待することは自然であろう。

さて,心臓病患者と整形外科患者とでは最近1年間にあったストレスを伴う出来事の回数には統計的に有意な差があるかどうかを検定するにはどうしたらよいだろうか。

とりあえずまず考えられるのは,興味のある従属変数が最近1年間にあったストレスを伴う出来事の回数であり,この変数は近似的に連続変数と見なすことが

注4) Howell(2013), p.668, Chapter 18 参照,データの数値は変えてある。
注5) このデータは仮想データである。

第12章 ノンパラメトリック検定

表2 「最近あったストレスを伴う出来事の回数と疾患種別」のデータ

患者グループ	心臓病患者グループ ($n_1 = 4$)	整形外科患者グループ ($n_2 = 8$)
最近1年間にあったストレスを伴う出来事の回数	42, 25, 16, 29	1, 24, 5, 10, 12, 30, 15, 14

できるので，第6章で学習した独立な2群の t 検定であろう。これを SPSS などの統計ソフトウェアで分析してみると，t 値 = 2.334，自由度 $df = 10$，p 値 = 0.042（両側）となるので，最近1年間にあったストレスを伴う出来事の平均回数について，心臓病患者と整形外科患者では，5％水準で有意な差が見られた，と結論することになる。あるいはさらに踏み込んで，もし最初の仮説の作成段階で，心臓病患者の方が整形外科患者よりもストレスを伴う出来事の回数は平均的に多いはずだという方向性をもつ対立仮説を採用しているのであれば，その研究仮説が支持されたと結論することになる。

　ところで，この t 検定にはいくつかの仮定があったことを思い出してほしい（第6章参照）。それは，群間ではもちろんのこと，それぞれの群内で各々の観測データが独立であること，2つの群の母分散（あるいは母標準偏差）が同一であること，そしてそれぞれの観測データが正規分布から生じたものであること等であった。さて，観測データが独立であるという仮定は，議論の余地はあるが，ある患者のストレス事象の発生は普段の生活であまり関わりのない他の患者からは影響を受けないであろうと考え，成立をとりあえず認めることとしよう。分散の等質性の仮定に関しては，現データで成立するかどうかを検定することができ，もしこの仮定が満たされないときにはウェルチの検定を使えばよいので問題とはならない。しかし，分布の正規性については，サンプルサイズが $n = 12$ と少ないため，ストレスを伴う出来事の発生回数の分布が正規分布になっていると仮定するのは，現データで確認は難しい。実際にヒストグラムを作成してみると，両方のグループの分布とも＋の方向に分布の裾が長くなっているようであり正規性の仮定が満たされているとは判定しにくい。したがって現段階では，この仮定の成立をある程度の自信をもって支持するのはかなり困難なように思われる。サンプルサイズがある程度大きければ（たとえば各グループについて 30 ケース以上の観測数があれば），観測の母集団分布が正規分布からある程度はずれていたとしても，中心極限定理によって，t 検定の検定統計量を構成する標本平均の差の分布がほぼ正規分布になっているとして，t 検定の妥当性を主張することも可能であろう。しかし，現データのように総サンプル数が $n = 12$ と少なく，しかもグループ間にサンプル

サイズの違いがある（$n_1 = 4$, $n_2 = 8$）場合には，t 検定の結果の妥当性を正当化するのはかなりの困難がある。このような場合には，正規性の仮定を必要とせずに実行できる検定を行うことが望ましく，その1つの方法がランク（順位）を使ったウィルコクソンの順位和検定（あるいは，マン・ホイットニーの検定）である。両者は検定量が簡単な線形変換の関係にあり[注6]，まったく同値の検定であるので，本章では，ウィルコクソンの順位和検定のみを紹介する。ウィルコクソンの順位和検定における検定統計量（W）は，順位和

$$W = \sum_{i=1}^{N} R_i \tag{12.1}$$

である。さて，この検定の基本的なアイディアは，以下のようである。それは，もし2グループの母平均や母中央値が変わらないのであれば，両群の平均ランク（平均順位）は同じような値となるであろう。一方，もし両群の平均ランクがかなり異なるようであれば，それは2グループの分布の中心が異なるという事情からきているといえるだろうという推論である。そして統計的仮説検定の段階では，検定のための付表（巻末の付表5）が順位和に基づき作成されているので，平均ランクでなく，それと同等の順位和に切り替えて検定を行うのである。

　具体的にウィルコクソンの順位和検定を進めてみよう。まず，表3のようにストレスの回数の大きいものより順（降順）に1から12番までのランク付け（i 番目のケースの順位を R_i とする）をする[注7]。

　次に，各グループの順位和を計算するとそれぞれ $W_1 = 14$，$W_2 = 64$ となるが，そのグループサイズの小さい方の順位和を検定統計量 W とする[注8]。したがって

注6)　具体的な関係式は後に示される。

注7)　順位のつけ方は小さいもの順（昇順）でもよい。じつは，昇順で順位をつける方が普通である。ここでわざわざ逆の降順を使った理由は，手計算で検定を行うときに使う付表5が，降順で行うとサンプル数の小さい方の群（心臓病患者グループ）が小さい検定統計量を与え，付表5がそのまま使えるためというだけの理由である。

注8)　このサンプル数の小さい方という選択も任意で，単に付表5がその方式で作成されているためというだけの理由である。付表5に表れる $2\overline{W}$ は，$2\overline{W} = n_1(n_1 + n_2 + 1)$ で，昇順で計算して得られる順位和 W_1' とは $W_1' = 2\overline{W} - W_1$ の関係がある。この例題の場合には，$W_1' = 2\overline{W} - W_1 = 52 - 14 = 38$ となる（表3参照）。したがって，この例題で，グループサイズの小さい方の昇順で求めた順位和を検定統計量として使うと $W_1' = 38$ となり，平均 $\overline{W} = 26$ より大きくなってしまうので，付表5を使うには，$W_1 = 2\overline{W} - W_1' = 52 - 38 = 14$ として，$W = W_1 = 14$ を付表中に表れる臨界値と比べることになる。

第12章 ノンパラメトリック検定

表3 「最近あったストレスを伴う出来事の回数と患種別」のデータの順位づけと順位和

患者グループ	心臓病患者グループ ($n_1 = 4$)	整形外科患者グループ ($n_2 = 8$)
最近1年間にあったストレスを伴う出来事の回数	42, 25, 16, 29	1, 24, 5, 10, 12, 30, 15, 14
順位 (R_i)（降順）	1, 4, 6, 3	12, 5, 11, 10, 9, 2, 7, 8
順位和 ($W = \Sigma R_i$)（降順）	$W_1 = 14$	$W_2 = 64$
順位 (R'_i)（昇順）	12, 9, 7, 10	1, 8, 2, 3, 4, 11, 6, 5
順位和 ($W' = \Sigma R'_i$)（昇順）	$W'_1 = 38$	$W'_2 = 40$

このデータでは，$n_1 = 4$，$n_2 = 8$ で $n_1 < n_2$ なので心臓病患者グループの順位和の値 $W_1 = 14$ が検定統計量 W となる[注9]．すなわち，$W = 14$ である．この値に付随する p 値を確定するため，付表5を参照する．表より，$n_1 = 4$ で $n_2 = 8$ で，片側 α 値が 0.025 のときの臨界値（下側）が 14 であるので，有意水準5％（両側）で帰無仮説は棄却されることになる（p 値 ≈ 0.05）．なお，このデータでは同順位，すなわちタイの観測値はなかったが，タイがあった場合には，それぞれの平均の順位を振り分けて計算する．その場合，正確には付表は使えなくなるが，近似として通常はタイがある場合も付表の使用は許容されているようである．また，サンプルサイズがある程度大きい（たとえば各グループとも20件以上のケースがある）場合には，検定統計量 W に対して正規分布の近似（平均 $= \frac{1}{2} n_1(n + 1)$，分散 $= \frac{1}{12} n_1 n_2(n + 1)$，$n = n_1 + n_2$）を施し，検定が行われることが多い．

このウィルコクソンの順位和検定を統計ソフトウェア（SPSS）を用いて実行してみると図1のような結果が得られる．

SPSS でのウィルコクソンの順位和検定統計量は，$W = 40$ となっており，手計算の値 $W = 14$ と異なる．これは SPSS では大きい方からではなく，小さい方から順位を昇順につけていること，さらにはサンプルサイズの大きい整形外科患者グループの順位和 $W'_2 = 40$ を検定統計量として使っているためである（表3における W' の行参照）．順位のつけ方は降順であれ昇順であれ1対1の対応関係（$R'_i = 13 - R_i$）になっており，また順位和の間にも $W_1 + W_2 = W'_1 + W'_2 = 78$（表3参照）の関係があるため，昇順で順位をつけかつサンプルサイズの大きい方の群の順位和を使っても検定結果と結論は変わらなくなる．実際，正確な p 値は 0.048（図1の正確な有意確率（両側）の欄を参照）と出ており，これは付表5を使って

注9) グループサイズが等しいときは，すなわち $n_1 = n_2$ のときは，順位和の小さい方を検定統計量とする（これも付表5の使用上の便宜である）．

第 5 巻　心理学統計法

順位の記述統計

患者グループ	度数	平均ランク	順位和
1. 心臓病患者グループ	4	9.50	38.00
2. 整形外科患者グループ	8	5.00	40.00
合計	12		

有意差検定

Mann-Whiteney の U	4.00
Wilcoxon の W	40.00
正確な有意確率（両側）	0.048

図1　ウィルコクソンの順位和検定の SPSS での分析結果（抜粋）

手計算で行ったおおよその p 値 ≈ 0.05 と一致している。

　次に，ウィルコクソンの順位和検定と同様の目的で利用されるマン・ホイットニー検定について簡単に述べておく。マン・ホイットニー検定は，ウィルコクソンの順位和検定と同様，独立な 2 群の平均差の検定を行う目的で順位和を使って行うノンパラメトリック検定であり，検定の考え方や方式はウィルコクソンの順位和検定とまったく同一である。ただ 1 つ異なる点はその検定統計量 U の計算公式である。たとえば SPSS は，マン・ホイットニー検定の検定統計量 U を $U = 4$ と報告している（図 1 の Mann-Whitney の U の欄参照）。この U は，

$$U = W'_2 - \frac{1}{2} n_2 (n_2 + 1) \tag{12.2}$$

より[注10]，

$$U = 40 - \frac{1}{2} 8(8 + 1) = 40 - 36 = 4$$

と計算されたものである。この式よりわかるように，マン・ホイットニー検定の検定統計量 U は，ウィルコクソンの順位和検定の検定量 W'_2 から W'_2 を求めるのに使われたグループ 2 のサンプルサイズ n_2 で決まる定数 $\frac{1}{2} n_2(n_2 + 1)$ を引いたものである。したがって W' と U の標本分布の形状は一方を他方に平行移動しただ

注10)　この公式で，右辺の第 2 項の中に第 2 群のサンプルサイズ n_2 が現れるのは，ウィルコクソン順位和検定量として，第 2 群の W'_2 を使ったためである。

214

第 12 章　ノンパラメトリック検定

けの違いとなるので，p 値はまったく同一となるのである。

最後にこのウィルコクソンの順位和検定を統計ソフトウェア R[注11)]の Base 関数 wilcox.test () で実行してみると（ウェブサイト参照），p 値は 0.048 と前と同じに出るが，検定統計量は $W = 28$ と報告され SPSS と異なる。R では，ウィルコクソンの順位和検定量を，昇順に順位をつけ，データに現れた第 1 群（ストレスデータでは心臓病患者群）の順位和 W'_1 を使って，$W'_1 - \frac{1}{2} n_1 (n_1 + 1)$ として計算している。実際，この公式をストレスデータにあてはめてみると，

$$W'_1 - \frac{1}{2} n_1 (n_1 + 1) = 38 - \frac{1}{2}(4)(4 + 1) = 38 - 10 = 28$$

となる（表 3 参照）。この式の第 2 項 $\frac{1}{2} n_1 (n_1 + 1)$ は第 1 群でとれる順位和の最小値（$1 + 2 + 3 + 4 = 10$）であるが，上記の $U = W'_2 - \frac{1}{2} n_2 (n_2 + 1)$ 同様，文献によっては $W'_1 - \frac{1}{2} n_1 (n_1 + 1)$ は，マン・ホイットニー検定の検定量 U として定義しているものである（芝ら，1984）。

このように文献や統計ソフトウェアによって検定統計量の定義や計算方式が多少異なり，混乱の元ともなるので，ウィルコクソンの順位和検定やマン・ホイットニー検定を行うときには注意が必要である。文献では，ほとんどの場合，昇順に並べた順位より計算した W' を使い，また多くはデータに定義した第 1 群から計算した W'_1 を W' として，ウィルコクソンの順位和検定量 W を定義し，マン・ホイットニー検定の検定量 U は，

$$U = W'_1 - \frac{1}{2} n_1 (n_1 + 1) \tag{12.3}$$

として定義している。R では，検定量はつねに $W'_1 - \frac{1}{2} n_1 (n_1 + 1)$ として計算し，それをウィルコクソンの順位和検定統計量 W として報告しているので一貫性をもっているという意味では混乱はない。本質的なことではないのだが，文献や統計ソフトウェアによって定義がやや異なるのでその点に注意せよということである。

注 11)　R の基礎については山田ら（2008），あるいは Verzani（2004）参照。

III 独立な3群以上の間の平均差のノンパラメトリック検定 ——クラスカル・ワリスの検定

次に，独立な2群の延長として，群が3つ以上あった場合には，パラメトリック検定では一元配置の分散分析（ANOVA）における F 検定が用いられる。これに対応するノンパラメトリック検定がクラスカル・ワリスの検定である。

クラスカル・ワリスの検定の目的は，3つ以上の群の平均値の比較であり，検定される帰無仮説と対立仮説のペアは，パラメトリックな場合の一元配置の分散分析と同じである。すなわち帰無仮説 H_0 は，「3つ以上の母集団平均が等しい」であり，一方対立仮説 H_1 は，「少なくとも1つの母集団平均が他の平均と異なる」である。この検定には，前節で紹介したウィルコクソンの順位和検定と同様，同じ目的をもつ分散分析に比べ，正規分布の仮定を必要としないという利点がある。一方，値をすべて順位に置き換えてしまうため，仮定が満たされている場合，あるいはサンプル数がある程度大きくなり中心極限定理が適用できる場合には，分散分析に比べ検出力が劣る傾向がある。

次に検定の方法について述べる。まずすべての標本に含まれる観測値を小さい方から昇順に順位 R_{ij}（R_{ij} はグループ j の i 番目の観測値に割り当てられた順位）をつける。同じ順位のもの（タイ）がある場合には，本来それらの観測値に割り当てられるべき順位の平均がそれぞれの観測値に割り当てられる（表4中の（）内の数値例参照）。検定統計量 T は，タイのない場合には次式で与えられる。

$$T = \frac{12}{N(N+1)} \sum_{j=1}^{k} n_j (\bar{R}_j - \bar{R}.)^2 \qquad (12.4)$$

ここで，n_j はグループ j のサンプルサイズ，$\bar{R}_j$ はグループ j の順位平均，$\bar{R}.$ は順位 R_{ij} の全体平均，k はグループ数，そして N は k 組あるグループからなる全体のサンプルサイズを表す（$N = \sum_{j=1}^{k} n_j$）。この公式をよく見ると，この公式の中核となる Σ 記号の中がちょうど分散分析の群間平方和の公式で，群平均（$\bar{X}_j$）を群順位平均（$\bar{R}_j$）で置き換えた形になっている。このことからクラスカル・ワリスの検定では，統計検定量 T は群間差のみに注目したものであり，この統計量が大きいときに帰無仮説を棄却する方式になっていることが読み取れる。

第12章 ノンパラメトリック検定

表4 3種類の「心理統計」のテスト得点データ[注12]

	得点（全体順位）	順位平均（$\bar{R}_j$）
テスト A ($n_1 = 6$)	63, 64, 95, 64, 60, 85 (7), (8.5), (18), (8.5), (6), (15.5)	$\bar{R}_1 = 63.5/6 \approx 10.583$
テスト B ($n_2 = 5$)	58, 56, 51, 84, 77 (4), (3), (2), (14), (11)	$\bar{R}_2 = 34/5 = 6.8$
テスト C ($n_3 = 7$)	85, 79, 59, 89, 80, 71, 43 (15.5), (12), (5), (17), (13), (10), (1)	$\bar{R}_3 = 73.5/7 = 10.5$

（注） （ ）内はグループを無視してつけた順位；タイの場合は平均順位．

例題2　3種類のテストの難易度

　ある心理統計学の授業で，学生の不正行為を予防するため同程度の難易度となるようにして作成した学期末テストを3種類用意した．そして，本試験前に予備的に，中間テストで同程度の得点だった18人の受講学生のそれぞれにテストを無作為に割り当てて，テストを受けてもらった．公平性を期すため，テストの問題については同程度の難易度になるようにしてテストは作成したのだが，それが達成されているかを確認したい．テスト得点の3つの母平均が等しいといえるならば，テストの難易度は同じだったと判断するとする．テストデータは表4にある．

　この例では，データの特徴と研究課題の観点からは，一元配置の分散分析を実行する場面である．しかし，各群内のテスト得点の分布を調べてみると，最初の2つの群（テストA群，テストB群）では＋の方向に，第3のテストC群では，－の方向に分布の裾が伸びており，いずれも非対称な分布である．そこで，念のため安全を期して，順位に基づくクラスカル・ワリス検定を行うことにする．

　さて，クラスカル・ワリス検定には，データ数の少ない場合にはウィルコクソンの順位和検定のときのように，検定のために，同順位（タイ）のない場合に正確な数表が用意されている（本書では省略した）．しかし本例のように，各群の標本数が5以上あるようなある程度サンプルサイズのあるデータの場合には，この統計量が帰無仮説の下で近似的に自由度 $k - 1$（k はグループ数）の χ^2 分布に従うことを利用して検定を行うことができる（南風原，1989，p. 148）．また，上に示した検定統計量の公式はタイのない場合に正確であるが，タイのある本データのような場合にも，近似として実用上使われている．そこでまず，この公式に基づいて手計算で検定統計量を求め，検定を行ってみよう．

注12） この例題では，Verzani（2004），pp. 321-322 のデータを利用した．

217

それぞれのグループで順位和を求めると $R_1 = 63.5$, $R_2 = 34$, $R_3 = 73.5$ となり,全体平均 $\bar{R}$ は,

$$\bar{R} = \frac{n_1\bar{R}_1 + n_2\bar{R}_2 + n_3\bar{R}_3}{n_1 + n_2 + n_3} = \frac{63.5 + 34 + 73.5}{6 + 5 + 7} = \frac{171}{18} = 9.5$$

これより T は,

$$T = \frac{12}{(18)(19)}\{(6)(10.583 - 9.5)^2 + (5)(6.8 - 9.5)^2 + (7)(10.5 - 9.5)^2\}$$
$$= \frac{12}{342}(7.037 + 36.45 + 7)$$
$$= \frac{(12)(50.487)}{342}$$
$$\approx 1.771$$

となる。この値は, 帰無仮説の下で自由度 2 の χ^2 分布の上側確率 0.05 の値 5.99 (χ^2 分布に関する付表 3 参照) よりも小さいから, 帰無仮説 (3 つの母平均が等しいとする仮説) は 5％水準で棄却されない。したがって, 3 つのテストの平均得点の間には 5％水準で統計的に有意な差があるとはいえない, という結論に達する。難易度の同じテストを 3 つ作るという所期の目的が達成されているらしいという 1 つの証拠が実データより得られたわけである。

さて, それでは上記の手計算で行った検定を統計ソフトウェアを使って行ってみると, 結果は図 2 のようになる。

図 2 の上側の表は, それぞれの群, テスト A, テスト B, テスト C 群でのサンプル数と平均ランク (順位) を示している。これらは, 表 4 で手計算で出したものと同じである。その下の表では検定結果を出力している。χ^2 検定統計量 (カイ 2 乗の欄の数値) が 1.775 とあり, これは手計算で求めた値 1.771 とかなり近く, p 値は 0.412 (漸近[注13] 有意確率の欄) となっている。正確検定[注14] (正確有意確率の欄) による p 値はそれよりやや大きく 0.430 であるが, 結論は同じである。

注13) 漸近とは,「漸近線」から想像されるように,「サンプルサイズを大きくしていくに従って, 注目している量が, ある一定値にどんどん近づいていく」という意味をもち, 漸近有意確率というと, サンプルサイズを限りなく大きくしていったときに成り立つ検定統計量の正規分布での近似による p 値を意味する。

第 12 章　ノンパラメトリック検定

順位の記述統計

学期末テストの種類	度数	平均ランク
1 テスト A	6	10.58
2 テスト B	5	6.80
3 テスト C	7	10.50
合計	18	

有意差検定

カイ 2 乗	1.775
自由度	2
漸近有意確率	0.412
正確有意確率	0.430

図 2　クラスカル・ワリス検定の SPSS での分析結果（抜粋）

IV　対応のある 2 群間の差の検定

次にパラメトリック検定における対応のある 2 群に対する t 検定に対応するノンパラメトリック検定のうち，代表的な 2 つの方法，すなわち，ウィルコクソンの符号付き順位検定と符号検定（あるいはサイン検定とも呼ばれる）について述べる。

1．ウィルコクソンの符号付き順位検定

この検定は，対応のある 2 群のデータがあった場合，2 群間の母平均や母中央値に差があったかどうかを統計的に検定することを目的とする。同様の目的をもつ t 検定に比べ，正規性の仮定の成立を必要としないので，とくに小標本からなる臨床心理学等のデータに対して有用な方法である。

符号付き順位と検定統計量は以下のようにして計算する。使った第 i 番目の対応するデータ対を X_i，Y_i と表すとし，まず各対（ペア）について差得点

$$d_i = Y_i - X_i \tag{12.5}$$

注14）　正確検定とは，現在のサンプルサイズで成り立つ検定統計量の正確分布に基づく検定のこと。正確有意確率は，正確検定による p 値のこと。

第5巻　心理学統計法

を求め，その差の絶対値 $|d_i|$ を小さい方から順（昇順）に順位をつける。ただし，ウィルコクソンの符号付き順位検定では，$d_i = 0$（無変化）となるケースは分析から除外するので，例題のデータにおけるサンプル数（n）は，$n = 14$ となる。さらには，同じ順位（タイ）のケースについては，平均順位をそれぞれに割り当てる。次に，順位に差得点 d_i と同じ符号をつけ，差得点で $+$ の符号と $-$ の符号の個数の少ない方の順位の合計を求める。これが検定統計量 T となる。

例題 3　トレーニング・プログラムの効果のウィルコクソンの符号付き順位検定

　ある臨床心理学者が，学校に不適応を感じている大学生 15 人に対し，対人関係の改善と対人関係に伴う不安への対処法等を含めた 3 カ月のトレーニング・プログラムを開発した。それがどの程度の効果があったかを判断するのに，大学生 15 人に対しソーシャルスキルを測定するテストを，処置の直前と直後に実施した。その結果が表 5 に示されている。これをウィルコクソンの符号付き順位検定を用いて検定する手順を以下に示す。

　この例の場合は，$+$ の符号が 11 個，$-$ の符号が 3 個なので，負の符号のケースで $|d_i|$ の順位の合計を計算すると，

$$T = 7.5 + 4 + 2 = 13.5$$

となり，この値が検定統計量 T となる。ウィルコクソンの符号付き順位検定の表（付表 6）より T の臨界値（下側）を調べると，対の数 $n = 14$ の行で，13.5 は片側検定の有意水準の 0.005 と 0.01 の間にあるので，両側検定での p 値は $0.01 < p < 0.02$ の間にあることになる。結論として，5％の有意水準でトレーニング・プログラムはソーシャルスキルを向上させるのに効果があるという 1 つの証拠が得られたことになる。

　これを統計ソフトウェアで分析してみると，両側検定の正確検定では，p 値は 0.012，標準正規分布による漸近近似値では，$p = 0.014$ と出る。これらは両者とも手計算で求めた $0.01 < p < 0.02$ と一致している。

　最後に，ウィルコクソンの符号付き順位検定は検定の手順がやや複雑なので，付表を使った検定の手順をまとめておく。

　手順 1. 差得点を求める（差得点の計算の引き算の順序は符号が変わるだけなのでどちらでもよいのだが，ここでは表 5 にならって，「差得点＝事後テストの得点－事前テストの得点」とする）。

220

第12章 ノンパラメトリック検定

表5 ソーシャルスキルトレーニングの事前・事後データ

ID	1	2	3	4	5	6	7	8	9	10	11	12	13	14	15
事前テスト(X)	71	83	73	73	78	32	51	23	50	46	62	65	46	52	70
事後テスト(Y)	78	89	75	77	73	34	48	40	63	46	60	70	50	64	80
差得点 ($d_i = Y_i - X_i$)	7	6	2	4	-5	2	-3	17	13	0	-2	5	4	12	10
$\lvert d_i \rvert$ の順位	10	9	2	5.5	7.5	2	4	14	13	—	2	7.5	5.5	12	11

手順2. 差得点の絶対値に昇順で順位をつける（同順位〔タイ〕がある場合には，本来それらに割り当てるべき順位の平均をそれぞれに割り当てる）。

手順3. 差得点で正または負の符号の数を数え，その数の少ない方の順位和を検定統計量 T とする。

手順4. 差得点が 0 となるものを除いたペア（対）の数をサンプルサイズとして付表を参照し，検定を行う。

手順5. サンプルサイズ（差得点が 0 となるものを除いたペア〔対〕の数）が大きい場合（たとえば 20 以上）の場合には，正規分布で近似した漸近近似値の p 値で報告しても正確検定との誤差はわずかである。

2. 符号（サイン）検定

対となっている関連のある 2 群よりなるデータで，2 群の平均値や中央値が異なるかどうかを検定する簡便な方法として，符号検定がある。

ウィルコクソンの符号付き順位検定は，2つの変数の母集団平均が等しいという帰無仮説の下では，＋と－の符号の順位和が同程度の値として現れる確率が高いはずである，裏返していえば，＋や－の符号の順位和が極端に小さくなったり，あるいは極端に大きくなったりする確率は小さくなるはず，という論理で構成されていた。これに対して符号検定は，符号につけた順位の大きさは無視し，＋や－の符号になったペアの数のみの情報を使って検定する方式をとる。したがって，符号検定は検定統計量の算出は非常に簡単である反面，順位の大きさの情報を利用しないため，検定力はウィルコクソンの符号付き順位検定よりもやや劣る傾向にある。

符号検定では，前項のソーシャルスキルトレーニングのデータの例で，各対において事前テストの得点（X）と事後テストの得点（Y）の大小比較を行い，$X < Y$ となる対の数を検定統計量 T とする。検定の帰無仮説（H_0）は，2 つの変数の中央値や平均値に差がないということ，すなわち，$X < Y$ となる確率が $X > Y$ と

221

なる確率に等しいというものになる。したがって，帰無仮説の下での検定統計量 T の分布は，n（対の数，ただし $X = Y$ となる対は除く）回の独立試行からなるそれぞれの成功確率 p が，$p = \frac{1}{2}$ の二項分布となる。つまり H_0 の下で $T = x$ となる確率は，n 個から x 個とる組み合わせの総数を ${}_nC_x$ とすると，

$$P(T = x) = {}_nC_x p^x (1 - p)^{n-x} \tag{12.6}$$

と表すことができるので，これを利用して検定することになる。

例題 4　トレーニング・プログラムの効果の符号検定

　上記のソーシャルスキルトレーニングのデータ例では，両テストの得点が同じであったものが 1 人おり，残る 14 人のうち事後テストの得点が高かったものが 11 人いる。したがって，この場合 $n = 14$，$T = 11$ となる。そこで，T が 11 以上となるすべての場合の確率の和が，片側検定での p 値になることを考慮すると，この確率は手計算で以下のように計算することができる。$P(T = x)$ を簡単に $p(x)$ で表すことにすると，

$p(11) = {}_{14}C_{11}(0.5)^{11}(1 - 0.5)^{14-11} = 364(0.5)^{14} = 364 \times 0.000061 = 0.0222168$
$p(12) = {}_{14}C_{12}(0.5)^{12}(1 - 0.5)^{14-12} = 91(0.5)^{14} = 91 \times 0.000061 = 0.0055542$
$p(13) = {}_{14}C_{13}(0.5)^{13}(1 - 0.5)^{14-13} = 14(0.5)^{14} = 14 \times 0.000061 = 0.0008545$
$p(14) = {}_{14}C_{14}(0.5)^{14}(1 - 0.5)^{14-14} = (0.5)^{14} = 0.0000610$
合計　　　　　　　　　　　　　　　　　　　　　　　　　0.00286865

となるので，T が 11 以上となる確率 $P(T \geqq 11)$ は，0.0286865 となる。両側検定での p 値を求めるには，この二項分布が $p = 0.5$ を中心として対称であることを考慮して，この確率の値を 2 倍することにより，0.057 として得られる。したがって，結論としては，符号検定を危険率 0.05 の両側検定で実行すると，ウィルコクソンの符号付き順位検定とは異なり，処置トレーニング・プログラムはソーシャルスキルを向上させるのに効果があるとはいえないという結論になる。ここで，ウィルコクソンの符号付き順位検定では有意差があると判断でき，符号検定では有意差があるとはいえないという相異なる結論が導かれたのは，符号検定は，適用が簡単ではあるが，変化があったかどうかの情報のみを用いている一方，ウィルコクソンの符号付き順位検定は，変化は方向だけでなくその大きさも利用しているという事実に起因して，符号検定がウィルコクソンの符号付き順位検定に比べて検出力が低くなる傾向にあるという事実を反映しているものと思われる。

　これを統計ソフトウェアで分析してみると，二項分布に基づく正確検定（両側）の

第12章　ノンパラメトリック検定

p 値が 0.057 となり，上記の手計算の場合とまったく同一の結果が出る[注15]。

V　ノンパラメトリック検定法の基本原理

　さて，ここまでで一応主要な順位（ランク）に基づくノンパラメトリック検定の目的，原理，方法，実行手続き，結果の見方・解釈の方法等は理解できたものと思う。ここまでを確実に理解できれば，順位に基づくノンパラメトリック検定法を使ったデータ分析が正しく行えることと思う。しかし，じつはノンパラメトリック検定法は統計的仮説検定の基本原理を根本に戻って忠実に実行している方法なので，データをいかに分析し，何を根拠に判断を行い結論を下していくかというデータ科学の根本原理を理解し身につけていくのに非常に役に立つ素材である。根本原理が理解できれば応用が利くようになるのである。そこで以下のことを考えてみよう。

　それぞれの手法を説明したとき，まず最初に統計量を手計算で行い，付表を参照するという方法を用いた。これはコンピュータがいまのように普及していない時代（少なくとも 1990 年以前）に心理研究者のとりうるほぼ唯一の方法であった。付表には，いろいろな場合の臨界値が示されているが，この臨界値がどうやって得られたのかをまず考えてみよう。他の方法も原理的には同じなので，ここではウィルコクソンの順位和検定に絞って，そしてその際に使ったストレス事象の回数のデータ例で考えてみる。結論的には，臨界値は帰無仮説のもとでの検定統計量の標本分布より得られたものであるのだが，これを順を追って考えてみよう。まず，この順位和検定の検定統計量 W は 4 人の心臓病患者の順位の和である。棄却域が，W が非常に小さい場合か非常に大きいかの極端なケース，すなわち W の標本分布の両端で設定されることは，それらの値が帰無仮説が正しいという仮定の下では非常に起こりにくい事象であるからであるということを考えると直観的に理解できるであろう。

　2 群の母平均に差がないという帰無仮説のもとでは，起こりうる各々の可能な結果は 4 人の心臓病患者のストレス出来事の回数をランクづけた 1 から 12 までの 4 つの数字からなっているので，可能なすべての結果は $_{12}C_4 = 495$ 通りある。さて，もし帰無仮説が真，すなわち心臓病患者と通常の整形外科患者の最近 1 年で

注 15）　ウィルコクソンの符号付き順位検定，符号検定についても SPSS と R での分析のためのスクリプト，出力結果，解釈等についてウェブサイトに掲載してある。

第5巻　心理学統計法

表6　帰無仮説の下でのランク和の下方／上方の組み合わせとその総数

W	標本点	標本点の個数	W	標本点	標本点の個数
10	(1, 2, 3, 4)	1	42	(9, 10, 11, 12)	1
11	(1, 2, 3, 5)	1	41	(8, 10, 11, 12)	1
12	(1, 2, 3, 6), (1, 2, 4, 5)	2	40	(7, 10, 11, 12), (8, 9, 11, 12)	2
13	(1, 2, 3, 7), (1, 2, 4, 6), (1, 3, 4, 5)	3	39	(6, 10, 11, 12), (7, 9, 11, 12), (8, 9, 10, 12)	3
14	(1, 2, 3, 8), (1, 2, 4, 7), (1, 2, 5, 6), (1, 3, 4, 6), (2, 3, 4, 5)	5	38	(5, 10, 11, 12), (6, 9, 11, 12), (7, 8, 11, 12), (7, 9, 10, 12), (8, 9, 10, 11)	5

のストレス出来事の回数に差がないとすれば，4人の心臓病患者の順位数のセットは12個の順位数からの無作為標本と見なすことができる。すなわち，それぞれの495通りの結果は同様に確からしく，それぞれ1/495の確率をもって起こると見なすことができる。最小と最大の W の値は10と42であり，それぞれ（1，2，3，4）と（12，11，10，9）の標本点の場合に対応する（表6）。他の順位和（W）の小さいものと大きいものをそれぞれいくつか数え上げてみると，表6のようになる。

　上記の表6よりそれぞれ12ケースずつが $W \leqq 14$ と $W \geqq 38$ の範囲にあることがわかり，また順位和 W はその平均26を中心にして対称な分布をもっていることが予測されるであろう。したがってもし，「臨界領域に入る値が手元にあるデータより得られたならば帰無仮説を棄却する」ことにする検定統計量 W の値の範囲を $W \leqq 14$ と $W \geqq 38$ とに設定することにすれば，その α レベル（有意水準）は，

$$\alpha = \frac{棄却域にある標本点の数}{標本空間にある全標本点の数} = \frac{24}{495} = 0.0485 \quad (12.7)$$

となることがわかる。このようにして，片側検定 $\alpha = 0.025$（両側検定だと $\alpha = 0.05$）の付表の臨界値（下側）14が決められたのである。同様にして，片側検定 $\alpha = 0.01$ に対しては，$W = 12$（4/495 = 0.00808）が，そして片側検定 $\alpha = 0.005$ に対しては，$W = 11$（2/495 = 0.00404）が，ウィルコクソン順位和検定の付表に下側臨界値として載ったわけである。さて，さらに他のすべての W のとりうる値の場合にも標本点の個数を計算して，ヒストグラムを作成すると，図3のように

第12章 ノンパラメトリック検定

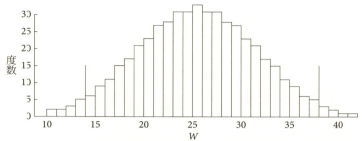

図3 H_0 のもとで標本点の個数より作成した検定統計量 W の正確標本分布

なる。これよりこの分布が確かに平均26を中心とする対称分布になっていることが見て取れよう。またグラフには $W=14$ と $W=38$ のところに線が入れてあり，これらが両側検定での5%の臨界値となっていることを示している。この並び替えによる数え上げによって求めた検定統計量 W の標本分布をもとにして，仮説検定を行う方式を正確検定と呼んでいるのである。この検定統計量 W の帰無分布を参照分布として，手持ちの現データより計算した検定統計量の値が，この分布の中でどのあたりにくるか，そしてその値より極端な値がどの程度の確率で現れるかを計算（すなわち p 値の計算）することで帰無仮説の棄却・採択の判断を行うわけである。

　以上述べた方法，つまり帰無仮説の下ですべての可能な結果の組み合わせを考察し，それに基づいて作成される標本分布を参照分布として，いま手元にあるデータより得られた検定統計量 W の値が帰無仮説（H_0）の下でどのくらいの確率で得られるかを検討し，その確率の大小で結論を下す方法は，一般にランダマイゼーション検定とか並び替え検定[注16]と称される。この意味で，ウイルコクソンの順位和検定は，じつは順位（ランク）に関するランダマイゼーション検定（または，並び替え検定）であるといえる。なお，ランダマイゼーション検定／並び替え検定[注17]については，マンリー（Manly, 2007）を参照されたい。わかりやすく，例が豊富である。

注16) 英語でパーミュテーション（permutation）は普通順列と訳されるが，並び替えといった方が理解しやすいので，通常並び替え検定と呼ばれている。

VI　シミュレーションによるランダマイゼーション検定

　さて，上記の説明で，ウィルコクソンの順位和検定のからくりが，じつは帰無仮説の下での順位のランダムな並び替えに基づき作成される検定統計量の標本分布にあると理解していただけたものと思う。そうすると，帰無仮説の下で，つまり心臓病患者のグループと整形外科患者のグループの間には最近1年間のストレス出来事の回数の母平均には差がないという仮定の下で，12個の順位から任意に4個を選ぶという実験を何回も繰り返し，その和の分布がどうなるか，そして現在得られた $W = 14$ という値あるいはそれ以下の値はどのくらいの確率で現れるのかを計算することは，単純作業を非常に多くの回数繰り返す作業であるので，コンピュータを使ったシミュレーション[注18]でも扱えそうだと思いつくのではないだろうか。これが，ランダマイゼーション検定をシミュレーションで行う方法である。これをたとえば，繰り返しの回数を10,000としてSPSSで実行してみると p 値は正確検定の場合と同一の0.048となった。このシミュレーションによる検定を何回か繰り返してみると，p 値が0.051，0.053，0.047，0.046，0.050などと変化する。これはシミュレーションでは異なるデータが偶然の結果として発生するためであるが，p 値は大体0.050であることがわかる。

　注17）　ランダマイゼーション検定と並び替え検定とは，本質的に同じ検定方法である（Howell, 2013）が，文献によって上記のどちらかのみの名称で言及されることがあるので注意が必要である。検定法の本質は，帰無仮説が成立すると仮定して，得られたデータをランダムに並び替えて場合の数を数え上げることにより参照帰無分布を作成するという点にあるが，前半の"ランダムに"という原理的な部分に力点をおきたい場合には，ランダマイゼーション検定という用語が，一方後半の"並び替えて数え上げる"という具体的な操作手続きを強調したい場合には，並び替え検定という用語が使われるようである。

　注18）　シミュレーションは，日本語で「模擬実験」と訳されるが，「模擬する」とは，模擬試験や模擬店等の言葉からわかるように，「本物に似せて何かを行うこと」である。統計分析で扱うシミュレーションは，取り扱う現象の中に確率的な偶然性であるランダム性を伴うので，そのランダム性を乱数を発生させて模倣し，コンピュータ上で，仮想的に実験を模擬（シミュレート；simulate）する。乱数を発生させることは，いわば賭博で，「サイコロを振る」ことと数学的に同値であるから，カジノで有名なモンテカルロという地名にちなんで，モンテカルロ・シミュレーションとも言われる。ちなみに，モンテカルロはイタリアとフランスの地中海の国境付近の小公国モナコにあるカジノ（公営賭博・娯楽施設）のある都市である。モンテカルロ・シミュレーションでは，確率的にランダムに起こる現象をモデル化して，コンピュータで乱数を発生させることによって模倣する。本節で扱っている例では，12個の数字から4個が無作為に選ばれるという現象に偶然性があるので，コンピュータで乱数を使った非復元抽出を行って，現実の現象を模倣的に実現させているのである。

第 12 章　ノンパラメトリック検定

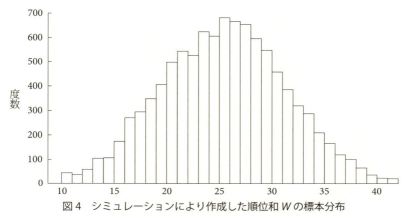

図 4　シミュレーションにより作成した順位和 W の標本分布

さらに，このシミュレーションに基づく検定を R[注19]を使ってやってみよう。図 4 は，1 から 12 までの数字から 4 個を無作為に抽出し[注20]，その 4 個の数字の和を計算するという作業を 10,000 回繰り返し，それをヒストグラムに表したものである。

このグラフよりシミュレーションによって作成した W の標本分布は，中心が 26 の対称分布となっており，場合の数の頻度より正確に数え上げて作成した W の標本分布（図 3）をほぼ正確に再現しているといえる。このことより，検定統計量である順位和 W の分布をシミュレーションによって求め，それに基づいて順位和検定を行うことも妥当な方法といえる。このため，SPSS にもその実行のオプションがあったのである[注21]。

VII　ブートストラップ法

さて，以上述べた 3 種 4 つのノンパラメトリック検定法は，原理的にはいずれも帰無仮説のもとで起こりうるすべての結果の場合を数え上げることにより，検定統計量の標本分布を作り出し，それを検定の参照分布として，手持ちのデータ

注 19）　R でのシミュレーションプログラムの作成法等については山田ら（2008）の第 19 章，第 20 章を参照。
注 20）　同順位（タイ）のない 12 個の数字から抽出された 4 個の中には同じ数字は含まれないので，この抽出法は，非復元抽出である。
注 21）　この R のプログラムもウェブサイトに掲載してあるので，自分でスクリプトを入力してぜひとも実行してほしい。

227

より得られた検定統計量の実現値がその値かそれより小さくなる（あるいは大きくなる）確率（これを p 値といった；第4章参照）を求めていた。起こりうるすべての結果の場合を数え上げるという作業を舞台裏でやっているという事実がこれらの方法が並び替え検定と呼ばれる理由であり，またこの作業を別の角度から見ると，帰無仮説の下にランダムに起こる場合の数を数え上げるという意味で，ランダマイゼーション検定とも呼ばれる所以となっている。ウィルコクソンは1940年代に前の2つの節で検定を行うときに使った2つの付表を作成したのだが，安価で高速なパソコンが手に入らないその時代にどのようにしてあのような表を作成したのだろうか。その答えは，データを順位（ランク）に変えてしまうとそれは整数の並びからなる数列となり，整数からなる数列の和については，高校で習った数学の公式（たとえば，$\sum_{k=1}^{n} k = n(n + 1)/2$ 等）が多く存在するので，それらの公式を利用して計算が手計算で行え，表が作成できたわけである。それらの表が同点，すなわちタイが存在するとき正確でなくなるのは，タイがある場合には数列の和の公式が成り立たなくなるためである。

　さて，それぞれの例で見たように，ウィルコクソンの2つの検定法は原理的には順位（ランク）に基づく並び替え検定であるため，すべての並べ替えのパターンを解析的に数え上げる代わりに，シミュレーションによって数多く実験を繰り返すことにより，並び替え検定と同等の操作をすることによって検定統計量の標本分布を作成した。そこで見たように，このシミュレーション法の方が解析的な数え上げよりも実行上より単純で，繰り返し計算はプログラムさえしっかり書けばあとはコンピュータに任せられるので楽である。楽でしかも図6で見たように解析的な方法に劣らない結果を得られるのだからこれを使わない手はないだろう。これはひとえに，1990代後半より急速にコンピュータが進歩し，いまでは安価で高速なパソコンが誰でも手に入る時代になったこと，そしてかつての Basicや Fortran に比べると比較的簡易で短いプログラムの作成でシミュレーションを可能にする R というソフトが誰でも無料で手に入る時代になったことによる。このシミュレーションの方法は実践的で，コンピュータがやってくれる繰り返し計算の回数を増やせばいくらでも近似の精度が上げられるので，現実的な選択肢である。この計算機を駆使したコンピュータ・インテンシブな方法である，シミュレーションによるランダマイゼーション検定や次に述べるブートストラップ法は，母集団の正規性等の強い仮定を入れることなく，数多くの繰り返し計算によって標本分布を実際に作成し，視覚的にその分布を見ることができるため，直観的に理解・判断ができる問題解決方法の1つとして近年ますます重要性を増している

第 12 章　ノンパラメトリック検定

といえよう。

　さて，話をデータを順位に変えることは本質的なことかどうかの検討に移そう。この章で使われたいくつかのデータで分析された変数は，いずれも間隔尺度（第 1 章を参照）の連続変数であった。サンプルサイズが少ないので分布の正規性の確認が得られないため，生データを順位データに変換し，ノンパラメトリック法を使ったのだった。しかし，よく考えてみると，分布の正規性等の仮定をせずに，しかももともとの間隔尺度である連続変数のままで妥当な分析ができれば，それに越したことはない。なぜならば，間隔尺度の方が順序尺度に比べて測定量としてより多くの情報を有しているからである。これを実現する有力な方法として，コンピュータ・インテンシブな，計算機を駆使して繰り返し計算を数多く行い，その結果から結論を引き出していく方式をとる，ブートストラップ法がある。

　ブートストラップ法は 1970 ～ 1980 年代にアメリカの統計学者エフロン Efron, B. によってその理論的な基礎が確立された。原理は非常に簡明である。すなわち，現在手元にある標本であるデータを母集団と見なして，そこから重複を許して元と同じサンプルサイズだけデータを抽出し（すなわち復元抽出[注22]を行う），標本平均等の統計量を計算，それを何度も繰り返すという方法である。ブートストラップ法の名称の由来について少し述べておく。英単語であるブートストラップ（bootstrap）は辞書を調べると，名詞としては"（編み上げ靴の）つまみ皮"の意味であり，また一方形容詞としての意味もあって，"自力で"とか"自給の"というような意味をもっている。直接的には，英語のフレーズとしての，"pulling oneself up by one's bootstrap"（自力で自分を引き上げる），つまり自助努力をするということに由来しているといわれている。ブートストラップ法では，現在手持ちのデータのみで標本分布を推定して検定を行うのでこの命名にも一理ありそうである。上記で述べたようにブートストラップ法は，現在手元にあるデータを有限母集団と見なして，そこから重複を許して（つまり，復元抽出で）もとのサンプルサイズと同数の標本を何度も取り出す操作を繰り返すという意味でリサンプリング法（あるいは再標本法）の一種であり，また母集団の正規性等を仮定しないで検定を行えるという視点からは，ノンパラメトリック検定の 1 つとも考えられる[注23]。

　ブートストラップによる検定をウィルコクソンの順位和検定で用いたストレス

注 22）　ブートストラップ法の特徴は，この復元抽出にある。これを，前節で扱ったシミュレーションによるランダマイゼーション検定（あるいは並び替え検定）が，非復元抽出であったこととよく比較して，両者の違いを記憶に留めてほしい。

注 23）　ブートストラップ法の由来や歴史的な説明，方法論の統計学的な解説とその R での実行については，Chernick et al.（2011）参照。

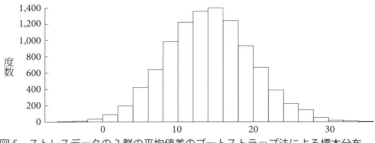

図5　ストレスデータの2群の平均値差のブートストラップ法による標本分布

のデータで行ってみる。SPSSでのブートストラップは，独立な2群間の平均差の検定のモジュールの中にそのオプションが用意されており簡単に実行できる。繰り返しの回数を1,000回としブートストラップを実行すると，結果は両側検定のp値が0.034と計算され，通常のt検定のp値0.042よりやや小さいことがわかる。

さて，このブートストラップ法をRで自分プログラムを書いて実行するのはそれほど困難な作業ではなく，実際にやってそのヒストグラムを描いてみるとその検定量の分布を目で見ることができる（図5）。

この分布より，平均値差の中心は14.18でこのデータの標本平均の差（14.125）とほぼ一致していることがわかる。また，図5については平均値差の標準偏差を計算すると5.60が得られる。これが標準誤差（第4章参照）といわれるものであり，t検定で理論的に公式より得た値は6.053（本書に付随するウェブサイト参照）なのでブートストラップ法で得られた経験的な標準誤差の方がやや小さいということになる。この事実とブートストラップによる経験的な標本分布がほぼ対称な分布となっていることより，このブートストラップより得られた標本分布に基づいて検定を行った場合には，SPSSでのブートストラップ法の結果で見たように通常のt検定よりややp値が小さくなるであろうことが推測できる。また，このブートストラップで作成した経験的な標本分布より下側2.5％点と上側97.5％点を読み取って95％の信頼区間を作成すると，（3.625, 25.625）となり，0を含まないので5％の危険率で母平均が等しいという帰無仮説を棄却することになり，通常のパラメトリックなt検定の場合と結果は一致する[注24]。

注24）このブートストラップを実行するためのプログラムもウェブサイトに掲載されているので，ぜひ実行してもらいたい。

第12章 ノンパラメトリック検定

VIII 本章のまとめ

　本章では，おもに順位に基づくノンパラメトリック検定法について学んだ。小標本のデータを扱う機会が多いと思われる公認心理師にとって，この方法を理解し有効に使えるようにしておくことは重要である。本章で頻繁に使われると思われるいくつかの方法について解説したが，それぞれのノンパラメトリック検定法が通常の検定法とどう対応しているか，どのような原理に基づいて構成されているか，どのような場合に使えるか，どう使って結果をどう解釈するか等に重きをおいて学習を進めていってほしい。また，ランダマイゼーション検定がシミュレーションによってよく再現されることを理解し，簡単な原理をコンピュータのプログラムにして実行できるようにしておくと，統計的な推論，データサイエンスの中核の発想を身に着けることができ，臨機応変の応用力が増していくことであろう。実際のデータ分析では，定型的な分析のみで良しとされるケースは少なく，それぞれのデータで定型分析に加えて臨機応変の態度で分析を工夫する必要が多く，またそのことで新しい発見もあるであろう。

　最後に伝統的な順位に基づくノンパラメトリック検定法に対して，それに対抗する有力なコンピュータ・インテンシブな検定法，ブートストラップ法について紹介した。この方法は，リサンプリング法の一種であり，その特徴は単純な繰り返し計算を数多く実行してそれをまとめたものから結論を導いていくことにある。近年のコンピュータの高速化・低価格化と，Rという無料で手に入りしかもプログラム作成に適したソフトウェア環境の登場により，ブートストラップ法の重要性は今後ますます増していくであろう。その意味で，プログラミングの技能を磨くことを常に心がけつつ，統計分析法の根本的な原理に対する理解を深めていくことが，データ分析を行う者にとって今後心すべきことと思われる。

◆学習チェック
□ それぞれのノンパラメトリック検定法がその目的においてどのパラメトリック検定法に対応しているかについて理解した。
□ ウィルコクソンの順位和検定（あるいはマン・ホイットニーの検定）の原理とその適用について理解した。
□ クラスカル・ワリス検定の原理とその運用について理解した。
□ ウィルコクソンの符号付き順位検定，および符号検定の原理とそれらの運用について理解した。
□ それぞれの検定が順位や符号の帰無仮設のもとでの並び替えの原理に基づいている

ことを理解し，したがってそれらの検定が比較的単純なコンピュータシミュレーションによって実現できることを理解した。

□ ブートストラップ法の原理について理解した。

文　献

Chernick, M. R. & LaBudde, R. A.（2011）*An Introduction to Bootstrap Methods with Applications to R.* Wiley.

南風原朝和（1989）応用統計．In：池田央編：統計ガイドブック．新曜社，pp. 144-159.

Howell, D. C.（2013）*Statistical Methods for Psychology*, 8th Edition. Wadsworth.

Manly, B. F. J.（2007）*Randomization, Bootstrap and Monte Carlo Methods in Biology*, 3rd Edition. Chapman & Hall/CRC.

芝祐順・渡部洋・石塚智一編（1984）統計用語辞典．新曜社.

Verzani, J.（2004）*Using R for Introductory Statistics*. Chapman and Hall/CRC.

山田剛史・杉澤武俊・村井潤一郎（2008）R によるやさしい統計学．オーム社.

第 13 章　テスト得点の分析

第 13 章

テスト得点の分析
古典的テスト理論と項目反応理論

登藤直弥

> **Keywords**　正答率，項目－テスト得点間相関，項目特性図，妥当性，信頼性，古典的テスト理論，相関の希薄化，項目反応理論，項目反応モデル，項目特性曲線，局所独立性，テスト情報量曲線，テスト特性曲線，等化

　本章では，テスト得点の分析方法について解説する。具体的には，テストに含まれる個々の問題（項目）の分析方法についてまず解説し，続いて，テスト全体の得点を分析するための方法について解説する。その後，心理学の分野でテスト得点を分析する際によく用いられる理論的枠組みとして古典的テスト理論と項目反応理論について紹介し，これらの理論に関連する事項について解説することとする。

I　項目得点の分析

　テストは，たとえば読解力等の，構成概念の値を測定するために作成され，実施される。したがって，テストに含まれる各項目の得点がこの構成概念の値の高低をきちんと反映したものになっていなければ，それらによって構成されるテスト全体の得点も測定しようとしている構成概念を反映しているとはいえない得点になってしまう。本節では，テストに含まれる個々の項目の得点の良し悪しについて検討する方法について解説する。

1．テスト項目の正答率（困難度）

　たとえばいま，高校生の読解力を測るために 5 つの項目からなるテスト（読解力テスト）を開発したとする。そして，このテストを 50 人の高校生に対して実施した結果，表 1 のようなデータが得られたとしよう。ただし，たとえば，表 1 の 2 行 1 列にある要素（1）は 1 人目の受験者の項目 1 への解答結果（反応）を表しており，正答した場合には 1，誤答した場合には 0 と記載されているものとする。

第 5 巻　心理学統計法

表 1　高校生 50 人の読解力テストに含まれる各項目への反応と正答数

受験者	項目 1	項目 2	項目 3	項目 4	項目 5	正答数
1 人目	1	0	0	1	0	2
2 人目	0	1	0	1	1	3
⋮	⋮	⋮	⋮	⋮	⋮	⋮
50 人目	0	0	0	1	1	2
困難度	0.56	0.22	0.06	0.68	0.40	
識別力	0.53	0.66	0.43	0.55	0.68	

　このようなデータが得られた場合に，項目 1 への 50 人分の反応（1 か 0）を足し合わせて 50 で割ると，その値は「受験者 50 人のうち，何人の受験者が項目 1 に正答したか」を表す値となるが，このような「正答者の割合を表す値」のことを正答率という。そして，「正答率が高い項目ほど多くの受験者が正答できるやさしい問題であり，正答率が低い項目ほど多くの受験者が正答できない難しい問題である」ということになるため，正答率は困難度とも呼ばれる。

　たとえば，表 1 のデータから各項目の困難度を算出すると，それぞれ，0.56，0.22，0.06，0.68，0.40 となる。これらの値からは，多くの受験者は項目 4 に正答しており，この 50 人の受験者にとってはやさしい問題であったこと，項目 3 に対してはほとんどの受験者が誤答しており，この 50 人の受験者にとっては難しい問題であったこと，などがわかる。

　ところで，この読解力テストは高校生の読解力を測るために作成されたものであり，また，この 50 人の高校生の間には多かれ少なかれ読解力に違いがあると考えられる。だとすると，個々の項目に対する受験者の反応が一様に誤答となり，その正答率が極端に低くなることは望ましくないと考えられる。今回得られた表 1 のデータからは項目 3 の困難度が極端に高くなっており，このことからは，高校生の読解力を測定するための項目として，項目 3 が「適切ではない」可能性が示唆されたといえる。

2．項目－テスト得点間相関（識別力）

　I 節 1 では，個々の項目への正答・誤答という反応のみに着目し，項目としての適切さについて考えてみた。ところで，表 1 のデータにおいて，たとえば，1 人目の受験者の各項目への反応を足し合わせると，各受験者の読解力テストにおける正答数（テスト全体の得点，テスト得点）を算出することができる。

第 13 章 テスト得点の分析

　本節冒頭で述べたように，テストは全体として何らかの能力を測定するために作成され，実施される。したがって，ここで算出されたテスト得点は，いまの場合，読解力の高低を反映するものになっていると考えることができる。だとするとこのとき，個々の項目の適切さを検証するために個々の項目得点とテスト得点との間の相関係数[注1]（項目 – テスト得点間相関）も利用できることになろう。つまり，もし個々の項目得点が読解力の高低をきちんと反映している場合には，テスト得点の高い受験者ほど各項目に正答する傾向にあり，項目 – テスト得点間相関が正の値になるはずである。

　そこで，表 1 のデータから各項目の項目 – テスト得点間相関を算出してみると，それぞれ，0.53，0.66，0.43，0.55，0.68 となる。これらの値からは，読解力テストにおいてその値が 0 に近い，あるいは負の値になっている項目は見受けられず，これらの項目が高校生の読解力を測定するための項目として「適切である」可能性が示唆されたといえる。

　ところで，表 1 のデータからは，項目 2 と 5 の項目 – テスト得点間相関が 0.66，0.68 となり，他の項目に比べて高い正の値となっている。これらの項目の項目 – テスト得点間相関が高いということは，「正答数が多く読解力が高いと思われる受験者ほど項目 2 や 5 に正答しやすい傾向がある」ということであり，つまりは，「項目 2 や 5 に正答した受験者は読解力が高いと考えられる」ということになる。このように，項目 – テスト得点間相関の高低は「その項目への反応から受験者の能力を予測（識別）できる程度」を表しており，このことから，項目 – テスト得点間相関のことを識別力とも呼ぶ。

3．項目特性図

　ここまで，読解力テストに含まれる各項目の得点の適切さについて，困難度と識別力を用いて検討を行ってきたが，項目得点の適切さを検証するための指標としては，これらの指標を組み合わせたものを考えることもできる。

　たとえばいまの場合，読解力テストに含まれる項目は 5 つであるため，表 1 においてテスト得点がとりうる値は，0，1，2，3，4，5 の 6 通りとなるわけだが，I 節 2 でも述べたように，このテスト得点の値は受験者の読解力の高低を反映していると考えられる。したがって，もし個々の項目得点がきちんと読解力を測定できているのであれば，受験者を，このテスト得点に基づき，0～1 点を読解力低群（−1 と表記），2～3 点を中群（0 と表記），4～5 点を高群（1 と表記）と分

　注 1）　相関係数については，第 3 章を参照のこと。

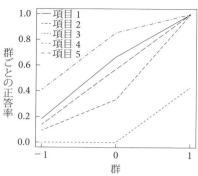

図1 読解力テストに含まれる5つの項目の項目特性図

類した場合に，個々の項目において「テスト得点の高い群ほど当該項目における正答率が高くなる」という関係が見られるはずである。そこで，各項目について上記の3つの群ごとに正答率を算出しグラフに示したものが図1である。

このように，構成概念を反映する変数に基づいて受験者を群分けし，個々の項目における群ごとの正答率を算出してグラフの形で表したものを項目特性図というが，図1の項目特性図からは，どの項目においても，テスト得点の高い群ほど当該項目における正答率が高くなる傾向が見受けられ，このことからは，やはり，これらの項目が高校生の読解力を測定するための項目として「適切である」可能性が示唆されたといえる。

II テスト得点の分析

I節では，テストに含まれる個々の項目の得点が構成概念の高低をきちんと反映しているかどうかを検討するための方法について紹介した。その際，テスト得点が構成概念をきちんと反映できているものと仮定して識別力を算出し項目特性図を描いたが，テスト得点が構成概念をきちんと反映しているかどうかについては，当然，別途検討する必要がある。そこで，本節では，テスト得点の良し悪しについて検討する際の方法について解説する。

1．テスト得点の妥当性

本節で取り上げる「テスト得点がそのテストにより測りたい構成概念を正しく反映している程度」のことをテスト得点の妥当性という。その定義からも明らかなように，「テスト得点が高い妥当性を有するか」という点はテスト得点を利用す

第 13 章　テスト得点の分析

るうえで必ず検証しなければならないものであり，もし妥当性の低いテスト得点を利用して研究や教育を行ってしまった場合には，その知見を利用する者および教育の対象者に対して不利益を生じさせる恐れがある。それでは，このテスト得点の妥当性については，具体的にどうやって検証すればよいのだろうか。本項では，引き続き先の読解力テストの例を取り上げて，この妥当性の検証方法について紹介していくこととする。

　ところで，もし仮に先の読解力テストの得点がきちんと「高校生の読解力」を反映する得点になっているとしたらどのようなことが起こるだろうか。たとえば，高校生の読解力と語彙力という構成概念との間に「読解力の高い高校生ほど語彙力が高い」という関係が先行研究の結果等から想定されるのであれば，先の読解力テストを受験した 50 人の高校生に対し語彙力を測定するためのテスト（語彙力テスト）を実施した場合，読解力テストと語彙力テストの得点間には正の相関関係が見られるはずである。このように，すべてのテスト得点には，それが妥当であった場合に生じうる現象をいくつも想定することができる。テスト得点の妥当性を検証するということは「テスト得点が妥当であるという証拠を示す」ということであるから，テスト得点の妥当性を検証するためには，「あらかじめテスト得点が妥当である場合に起こるべき現象（条件）をリストアップしておき，それらの条件が満たされているかどうかを実証的に検討していけばよい」ということになる（南風原，2002，p. 77）。

　たとえばいま，読解力テストにおけるそのような条件として，先に述べたように，読解力テストと語彙力テストの得点間に正の相関関係が見られる，というものが挙げられていたとしよう。この場合，読解力テストの妥当性を検証するためには，「読解力テストと語彙力テストを同じ受験者集団に実施し，これらのテスト得点間の相関係数を算出すればよい」ということになる。そこで，実際に先の高校生 50 人に対し語彙力テストを実施した結果，表 2 の結果が得られたとしよう（計算力テストと既存のテストの得点については後述）。

　表 2 のデータから読解力テストと語彙力テストの得点間の相関係数を算出すると，先行研究の結果等から想定される通りに，0.36 となっている。したがって，このことからは，読解力テストの得点がきちんと読解力を測定できていると想定できることになるのだが，このように，当該テストで測定しようとしている構成概念とは別の構成概念を測定するテスト得点との間に見られる相関関係によって示唆される妥当性のことを併存的妥当性という。

　また，読解力と計算力という構成概念の間に「読解力の高い高校生ほど計算力

237

第5巻　心理学統計法

表2　高校生50人の読解力テスト，語彙力テスト，計算力テスト，既存のテストの得点と読解力テストの得点との相関係数

受験者	読解力テスト	語彙力テスト	計算力テスト	既存のテスト
1人目	2	2	3	2
2人目	3	3	4	3
⋮	⋮	⋮	⋮	⋮
50人目	2	2	4	2
相関係数	1.00	0.36	0.05	0.49

が高いわけではない」という関係が先行研究の結果等から想定されていたとしよう。このとき，もし読解力テストの得点が妥当なものであったならば，計算力を測定することのできるテスト（計算力テスト）を実施した場合に，これらのテスト得点間には相関関係が見られないはずである。そこで，実際に先の50人の高校生に対して計算力テストを実施した結果が表2の「計算力テスト」という列である。表2のデータから読解力テストと計算力テストの得点間の相関係数を算出すると，先行研究の結果等から想定される通りに，0.05と非常に低い相関となっている。したがって，このことからは，やはり，読解力テストの得点がきちんと読解力を測定できていると想定できることになるのだが，このように，当該テストで測定しようとしている構成概念とは別の構成概念を測定するテストとの間に相関関係が見られないことによって示唆される妥当性のことを弁別的妥当性という。

　さらに，この読解力テストと同じく高校生の読解力を測定するためのテスト（既存のテスト）がすでに存在していたとしよう。その場合，もし読解力テストの得点が妥当なものであったならば，この既存のテストを実施した場合に，その得点間には語彙力テストの得点とのものよりも強い正の相関関係が見られるはずである。そこで，実際に先の50人の高校生に対して既存のテストを実施した結果が表2の「既存のテスト」という列である。いまの場合，表2のデータから読解力テストと既存のテストの得点間の相関係数を算出すると0.49となる。したがって，このことからは，やはり，読解力テストの得点がきちんと読解力を測定できている「可能性がある」ということになるのだが，このように，当該テストで測定しようとしている構成概念と同じ構成概念を測定するテストとの間に見られる相関関係によって示唆される妥当性のことを収束的妥当性という。

　ちなみに，上記の併存的妥当性や弁別的妥当性，そして収束的妥当性に関しては，第9章に出てきた探索的因子分析や確認的因子分析を実施することによって

238

第 13 章 テスト得点の分析

も検討することができる。たとえば，もし読解力テストの得点が妥当なものであれば，読解力テストと語彙力テスト，そして計算力テストに含まれる項目の得点に対して探索的因子分析を行った場合に，読解力を表す因子と語彙力を表す因子，計算力を表す因子の 3 つが抽出され，読解力因子と語彙力因子の間の相関係数は正の値になり（併存的妥当性），計算力因子との間のものは 0 に近い値になるであろう（弁別的妥当性）。また，もし読解力テストの得点が妥当なものであれば，読解力テストと既存のテストに含まれる項目の得点に対して確認的因子分析を行った場合に，これらのテストにそれぞれ 1 因子性を仮定したモデルの適合は良くなるであろうし，2 つの読解力因子の間の相関係数は正の値になるであろう（収束的妥当性）。このように，テスト得点の妥当性は因子分析を用いて検討することも可能なのだが，因子分析により示唆される妥当性のことを因子的妥当性という。

　最後に，読解力と年収の間には「高校時代に読解力の高かった人ほど，30 歳時点での年収が高い」という関係も先行研究の結果等から想定されていたとしよう。このとき，もし読解力テストの得点が妥当なものであったならば，この読解力テストを受けた先の 50 人の高校生が 30 歳になった時点で年収を調査した場合，読解力テストの得点と年収との間には正の相関関係が見られるはずである。そこで，読解力テストの妥当性を検証するためには，将来的にこの 50 人の高校生が 30 歳になった時点での年収を調べる必要が出てくるわけだが，この例からも示唆されるように，テスト得点の妥当性というのは，ある時点で収集されたいくつかのテスト得点間の相関関係のみによって，完全に検証しつくせる性質のものではない。したがって，テスト得点の妥当性について考える際には，「妥当性がある」，「妥当性がない」という 0 か 1 かの考え方をするのではなく，「もし妥当性があるとしたら満たされるべき条件をこのテストの得点はいくつ満たしているのか」という考え方をもつのが大事であろう。ちなみに，かりに 30 歳になった時点での年収を調査した結果，読解力テストの得点との間の相関係数が 0.31 という値を示したとすると，これは先行研究の結果等から想定される通りということになる。したがって，この場合もやはり，読解力テストの得点がきちんと読解力を測定できている「可能性がある」ということになるのだが，このように，当該テストで測定しようとしている構成概念と将来的に得られる他の変数との間での相関関係によって示唆される妥当性のことを予測的妥当性という。そして，この予測的妥当性や先の併存的妥当性のように，何らかの外的基準との関連を調べることにより検討される妥当性のことをまとめて基準連関妥当性という。

2．テスト得点の信頼性

Ⅱ節1に挙げた方法等を用いて妥当性について検証した結果，読解力テストの得点が妥当なものであることを示す証拠が多く集まったとすると，この読解力テストを同じ高校生50人に対して適当な間隔をあけて（読解力が変化しない程度の間隔で）2回実施した場合には，2回のテスト得点はおおよそ似たような値となり，これらの得点間の相関係数は正の高い値になると考えられる。このような「テスト得点の一貫性の程度」を表す概念のことをテスト得点の信頼性といい，先の記述からも明らかなように，テスト得点の信頼性は妥当性の必要条件となっている。したがって，「テスト得点が妥当なものか否かについて検討するにあたってはテスト得点の信頼性についても検討する必要がある」のだが，このテスト得点の信頼性についてはどのようにして検討すればよいのだろうか。

たとえば読解力テストの場合，その得点が高い信頼性を有しているのであれば，先に述べたように，この読解力テストを同じ高校生50人に対して適当な間隔をあけて2回実施した場合に2回のテスト得点はおおよそ似たような値となり，2回のテスト得点間の相関係数は正の高い値になると考えられる。だとすれば，実際に適当な間隔をあけて読解力テストを高校生50人に対して実施して2回のテスト得点間の相関係数を算出することで，読解力テストの得点の信頼性が検討できることになる。そこで，実際に高校生50人に対して読解力テストを2回実施した結果が表3となる（別バージョンのテストの得点については後述）。

表3のデータから1回目と2回目の得点間の相関係数を算出すると0.80となる。したがって，このことからは，読解力テストの得点が高い信頼性を有しており，きちんと読解力を測定できているであろうということになるのだが，このように，同じテスト（検査）を再度実施して調べられるテスト得点の信頼性のことを再検査信頼性という。

また，もし読解力テストの得点が高い信頼性を有しているのであれば，同じく高校生の読解力を測るためのテストを同じ難易度，同じ形式で作成した場合に（別バージョンのテスト），これらのテストを同じ受験者集団に対して実施したとすると，それらのテスト得点はおおよそ似たような値になり，テスト得点間の相関係数は正の高い値になると考えられる。だとすれば，実際に別バージョンの読解力テストを作成し高校生50人に対して実施して，2つのテスト得点間の相関係数を算出することによって，読解力テストの得点の信頼性が検討できることになる。そこで，実際に高校生50人に対して別バージョンの読解力テストを実施した結

第 13 章　テスト得点の分析

表3　高校生 50 人の 2 回の読解力テストと別バージョンのテストの得点と読解力テスト（1 回目）との相関係数

受験者	1 回目	2 回目	別バージョン
1 人目	2	3	2
2 人目	3	2	3
⋮	⋮	⋮	⋮
50 人目	2	2	0
相関係数	1.00	0.80	0.82

果が表 3 の「別バージョン」とある列である。表 3 のデータから読解力テストと別バージョンのテストの得点間の相関係数を算出すると 0.82 となる。したがって，このことからは，読解力テストの得点が高い信頼性を有しており，きちんと読解力を測定できているであろうということになるのだが，このように，同じ構成概念を測定するための難易度や形式の等しい別のテスト（平行検査，代替検査）を同じ受験者集団に実施して調べられるテスト得点の信頼性のことを平行検査信頼性や代替検査信頼性という。

　ところで，再検査信頼性においても平行検査信頼性においても，テスト得点の信頼性を検討する際には同じ受験者集団に対してテストを 2 回実施する必要があった。しかしながら，実際にテストを作成しその信頼性を検討しようとする場合には，日を改めて同じテストを実施したり平行検査を作成して実施したりすることが困難である場合も多い。そのようなときに利用される信頼性の推定方法が，折半法と呼ばれる方法である。折半法では，その名の通り，テストに含まれる項目を 2 つに折半する。このとき，折半された 2 つのテスト（部分テストという）の難易度や形式が同じになるようにテストの項目を折半したとすると，これら部分テストの得点は，再検査信頼性における 1 回目と 2 回目のテストの得点や平行検査信頼性における読解力テストと別バージョンのテストの得点を代替するものになっていると考えることができ，したがって，これらの部分テストの得点からもとの（項目数が 2 倍の）テスト得点の信頼性を推測することが可能となる。ただし，たとえば 10 項目からなるテストの場合，その折半方法として，① 1 から 5 番目と 6 〜 10 番目の項目に折半する，②奇数番目と偶数番目の項目に折半する等，複数の方法が考えられるように，そのまま折半法を適用すると，分析者ごとに同じデータから異なる結論が導き出されることになりかねない。そこで，考えられ得るすべての折半の仕方を考慮したうえでテスト得点の信頼性を推測するための

方法(指標)として提案されたのがα係数(Cronbach, 1951)と呼ばれるものである。α係数は,

$$\alpha 係数 = \frac{テストに含まれる項目数}{テストに含まれる項目数 - 1} \left(1 - \frac{項目得点の分散の和}{テスト得点の分散} \right) \quad (13.1)$$

で算出される統計量であり,通常 0 から 1 の間の値をとる[注2]。そして,その値が 1 に近いほど当該テスト得点の信頼性が高いと判断される統計量となっている。たとえば,読解力テストの得点の信頼性について検討するために表 1 のデータからα係数を算出してみると 0.48 となり,このことからは,「読解力テストの得点が高い信頼性を有していないのではないか」と考えられるのだが,これは,α係数が項目数が少ないほどその値が低くなる指標であり,また,実際のテスト得点の信頼性を表す値よりも低い値を示す傾向にあることによるものである。

なお,先の記述からも明らかなように,α係数により求められる信頼性の推定値は折半法に基づくものであり,つまりは,部分テスト得点間の相関係数に基づくものとなる。したがって,α係数は部分テスト得点間の相関係数が高いほどその値が高くなる指標であるのだが,この部分テスト得点間の相関係数は,テストに含まれる項目が同じ構成概念を反映する程度が高いほど高くなると考えられる。このような「テストに含まれる項目が同じ構成概念を反映している程度」を表す概念のことを内的整合性と呼ぶのだが,上記のことからは,α係数がテストに含まれる項目得点の内的整合性の高低を反映する指標だということがわかる。

III 古典的テスト理論

II 節では,テスト得点の妥当性について検証する方法を紹介し,続いて,テスト得点の信頼性について検討する方法について紹介した。ところで,テスト得点の信頼性を分析する際の理論的枠組みの 1 つに古典的テスト理論と呼ばれるものがある。本節では,この古典的テスト理論においてテスト得点に仮定される数理モデルについて解説し,古典的テスト理論のモデルから導き出されるテスト得点の信頼性と相関の希薄化という現象について説明する。

注2) 分散に関しては,第 2 章を参照のこと。

第13章　テスト得点の分析

1．古典的テスト理論におけるテスト得点のモデル

　たとえば，先の表3のデータのうち，「1回目のテスト」と「2回目のテスト」の得点に着目してみると，同じ読解力テストを同じ50人の高校生に対して実施した場合であっても，各受験者の読解力テストの得点は完全に同一の値にはならず，その測定機会（1回目か2回目か）ごとに得られるテスト得点が異なっていることがわかる。つまり，各受験者の読解力からは「読解力テストの得点は○○点になる」と予想される（真の得点）のだが，実際には，「その日の体調が良かったことにより実力以上のものを出せた」とか「受験会場がうるさかったので解答に集中できなかった」などといったことが生じ（e.g., 南風原，2012；Wilson, 2004），観測される読解力テストの得点が真の得点と一致しなくなる（測定誤差）と考えるのが自然であろうと，このことからは考えられる。だとすると，このとき，テスト得点のモデルとして，

　　テスト得点＝真の得点＋測定誤差　　　　　　　　　　　　　　　（13.2）

といったものを考えることができるようになるのだが，この（13.2）式のように，テスト得点をその真の得点と測定誤差の和として表す考え方のことを一般に古典的テスト理論と呼ぶ。

2．古典的テスト理論のモデルに基づくテスト得点の信頼性

　II節においては，テスト得点の信頼性とは「テスト得点の一貫性の程度」を表す概念であると述べた。ここで，「テスト得点が一貫している」ということは「テスト得点がその日の体調や周囲の環境に左右されず，真の得点に近い値をとる」ことであり，（13.2）式において「テスト得点の中で真の得点の占める割合が多い」ことを意味する。つまり，テスト得点の信頼性は「テスト得点の値を真の得点がどの程度決定しているのか」を指標化することによって定量的に表現することが可能であり，（13.2）式におけるテスト得点を目的変数と，真の得点を説明変数と考えれば，第3章で出てきた決定係数を用いることにより表現できることがわかる。そこで，実際にテスト得点の信頼性を決定係数を用いて表現してみると，

243

$$\text{テスト得点の信頼性} = \frac{\text{真の得点の分散}}{\text{テスト得点の分散}} \qquad (13.3)$$

となり，古典的テスト理論の枠組みにおいては，テスト得点の信頼性が「テスト得点の分散に占める真の得点の分散の割合」として表現されることとなる。なお，テスト得点が測定誤差を含まない完全に信頼できる得点である場合には，「テスト得点の分散＝真の得点の分散」となるため，テスト得点の信頼性は1となり，逆に，テスト得点が測定誤差しか含まないまったく信頼できない得点である場合には，「真の得点の分散＝0」となるため，テスト得点の信頼性は0となる。

3．相関の希薄化

ところで，先の表2のデータに基づき読解力テストの併存的妥当性について検証する場面においては，この併存的妥当性が読解力テストと語彙力テストの得点間の相関係数により検証されていた。しかしながら，これら2つのテスト得点は，古典的テスト理論のモデルに基づくと，読解力や語彙力から想定される真の得点そのものではないため，

$$\text{2つのテスト得点間の相関係数} \neq \text{2つの真の得点間の相関係数} \qquad (13.4)$$

ということになる。じつは，Ⅲ節2の（13.3）式のようにテスト得点の信頼性を表現すると，これら2つの相関係数の間に

$$\begin{aligned}\text{テスト得点間の相関係数} = &\text{真の得点間の相関係数} \\ &\times \sqrt{\text{読解力テストの信頼性} \times \text{語彙力テストの信頼性}}\end{aligned} \qquad (13.5)$$

という関係が成立することが知られている。（13.5）式において，読解力テストや語彙力テストの信頼性は，Ⅲ節2で述べたように，必ず1以下となる。したがって，テスト得点間の相関は真の得点間の相関に1以下の値を乗じたものになり，テスト得点間の相関係数が真の得点間の相関係数よりも必ず小さくなることがわかる。つまり，読解力テストと語彙力テストの得点間の相関係数のような観測されたテスト得点間の相関係数は，それらのテスト得点の信頼性が低くなるにつれて，それらのテストの真の得点間の相関係数よりも低くなっていくことが知られているわけだが，このことからは，構成概念間の関係についてテスト得点間の相関係数

第13章 テスト得点の分析

をもって検証する場合，信頼性の高いテスト得点を利用しなければならないことがわかる。このようにテスト得点間の相関係数がその信頼性の低さに応じて真の得点間の相関係数よりも低下する現象のことを相関の希薄化という。

IV 項目反応理論

心理学の分野でテスト得点を分析する際の理論的枠組みとしては，古典的テスト理論の他に項目反応理論と呼ばれるものが存在する。本節では，項目反応理論においてテスト項目得点に対し仮定される数理モデル等について解説し，項目反応理論を用いたテストの得点の分析において参照されることの多い，テスト情報量曲線やテスト特性曲線について紹介する。そして，最後に項目反応理論を用いたテスト運用において重要となってくる等化と呼ばれる手続きについても，その概要を説明する。

1．項目反応理論における項目得点のモデル

①項目反応理論

I節において表1のデータに基づき作成した読解力テストに含まれる5つの項目の項目特性図（図1）にいま一度着目してみると，テスト得点が高く読解力が高いと思われる受験者集団においてほど，各項目への正答率が高くなっている様子がうかがえる。このように，一般的には，テストに含まれる個々の項目への正答率というのは，テスト得点が高く，そのテストで測定している構成概念の値が高い集団においてほど，高くなると考えられる。だとすると，このことからは，古典的テスト理論におけるテスト得点のモデルのように，個々の項目への正答率とテストで測定しようとしている構成概念の値との関係をモデル化できるのではないか，と考えられる。たとえば，読解力テストの場合を例にとると，このテストに含まれる5つの項目における正答率と読解力との間には，「読解力が高くなるほど個々の項目への正答率が高くなり，1に近づく」という図2のような関係を想定できるわけだが，このように，個々の項目への正答率とその項目が含まれるテストで測定しようとしている構成概念の値との関係をモデル化し，これに基づいてテストやテストに含まれる個々の項目の得点，受験者に対する評価等を行うための理論的枠組みのことを項目反応理論（item response theory；IRT）という。

ただし，通常は，構成概念の値（図2でいうところの読解力の値）は未知であるため（既知であればテストを用いて測定する必要がない），実証的にこの関係を

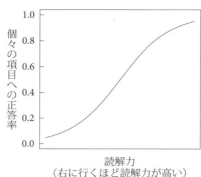

図2 読解力テストに含まれる5つの項目への正答率と読解力との関係の例

表すモデルを定めることはできない。そこで，IRT に基づきテストの得点の分析を行う際には，項目反応モデルと呼ばれる未知のパラメータをもった構成概念の値の関数を個々の項目への正答率を表すモデルとして設定し，表1のようなデータ（これを項目反応データという）にこれを当てはめ，未知のパラメータや各受験者の構成概念の値を推定するという手続きをとる[注3]。そこで，次の②においては，実際に利用されることの多いいくつかの項目反応モデルについて解説することにしたい。

なお，IRT の枠組みにおいては，上記「構成概念の値」のことを「受験者特性値」または「潜在特性値」と呼ぶことが多い。そこで，本章では，この「構成概念の値」が受験者に関するものであることを強調するため，以下では，「構成概念の値」のことを「受験者特性値」と呼ぶことにする。また，以下では，前節までとのつながりを考え，高校生 50 人のテストの得点に対し IRT に基づく分析を実施する場面を考えていくが，実際に IRT に基づくテストの得点の分析を行うためには，少なくとも数百，利用する項目反応モデルによっては数千のサンプルが必要であるといわれている。

②よく用いられる項目反応モデル

IRT に基づきテストの得点の分析を行う際に最もよく利用される項目反応モデルの1つが，1パラメータ・ロジスティックモデル（以下，1PLM と略記）と呼ばれるものである。たとえば，表1のデータに対して「個々の項目への正答率と受験者特性値との間の関係が 1PLM で表現できる」と仮定し未知のパラメータの推

注3） パラメータについては，第4章を参照のこと。

第13章 テスト得点の分析

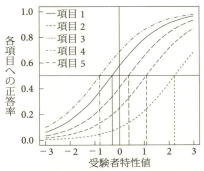

図3 1PLMに基づく読解力テストの項目の項目特性曲線

定を行うと，5つの項目における受験者特性値と正答率との関係を図3のように図示することができる。なお，項目反応モデルに含まれる未知のパラメータの値を推定する際には，受験者特性値の分布として一般に標準正規分布を仮定する[注4]。つまり，IRTにおいては，読解力テストを受験した50人の高校生における受験者特性値と各項目への正答率との関係を考えるのではなく，一般に，50人の高校生がその構成員となっている母集団における受験者特性値と各項目への正答率との関係を考えることになる[注5]。したがって，図3を含めた以降の図においては，母集団を構成するほぼすべての構成員に関する結果が示せるように，受験者特性値が－3から＋3となる範囲について結果を表示することとする。

　IRTにおいては，受験者特性値と個々の項目への正答率との関係を表す図3中の曲線のことを項目特性曲線と呼ぶが，図3に示された1PLMに基づく5つの項目特性曲線からは以下のようなことがわかる。

　まず，図3においては，正答率が0.5となる点を示す水平線と各項目の項目特性曲線とが交わる点より，対応する受験者特性値に向かって垂線が5本引かれている。1PLMにおいては，この「各項目への正答率が0.5となる受験者特性値」のことを困難度と呼ぶのだが（いまの場合，項目1：－0.30，項目2：1.09，項目3：2.22，項目4：－0.80，項目5：0.36），図3からは，この困難度の値が高い項目ほど項目特性曲線が右の方にずれていき，たとえば受験者特性値が0であることを示す垂線と各項目の項目特性曲線との交点に着目すると，困難度の高い項目ほどその正答率が低くなっていることがわかる。つまり，困難度は，文字通り，各項目の難しさを表す値となっており，1PLMにおいては，この困難度が項目ごとに

注4）　標準正規分布については，第4章を参照のこと。
注5）　母集団については，第4章を参照のこと。

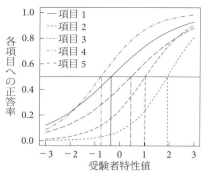

図4　2PLMに基づく読解力テストの項目の項目特性曲線

異なることが想定されていることがうかがえる。

　続いて，各項目の困難度付近における項目特性曲線の傾きに着目してみると，図3からは項目間でこの傾きが等しくなっていることがうかがえる。1PLMにおいては，困難度における項目特性曲線の傾きに比例する値のことを識別力と呼ぶのだが，このことからは，1PLMにおいて各項目の識別力が等しくなることが想定されていることがわかる（いまの場合，すべての項目に関して1.00）。つまり，1PLMにおいては，受験者特性値の増加に伴う困難度付近での正答率の上昇率がすべての項目において等しいことが想定されている，といえる。

　なお，上記の「困難度」と「識別力」という用語を用いると，1PLMを受験者特性値の関数として（13.6）式のように表現することができる。ただし，（13.6）式中の$\exp(z)$はネイピア数e（約2.718）のz乗を表している。

$$\text{受験者}_i\text{の項目}_j\text{への正答率} = \frac{1}{1+\exp\{-\text{項目の識別力}(\text{受験者}_i\text{の受験者特性値}-\text{項目}_j\text{の困難度})\}} \quad (13.6)$$

　一方で，1PLMと同じくよく適用される項目反応モデルではあるが，項目間で困難度と識別力が異なることを想定するモデルが，2パラメータ・ロジスティックモデル（以下，2PLMと略記）と呼ばれるモデルである。たとえば，表1のデータに対して，個々の項目における正答率と受験者特性値との間の関係が2PLMで表現できると仮定し未知のパラメータの推定を行うと，5つの項目における項目特性曲線は図4のように図示することができる。

　図4においては，図3と同様に，正答率が0.5となる点を示す水平線と各項目

第 13 章　テスト得点の分析

の項目特性曲線とが交わる点より対応する受験者特性値（困難度）に向かって垂線が 5 本引かれており（いまの場合，項目 1：−0.36，項目 2：1.02，項目 3：1.90，項目 4：−0.77，項目 5：0.44），図 4 からは，2PLM においても，各項目の困難度が異なることが想定されていることがわかる。また，各項目の困難度付近における項目特性曲線の傾き（識別力に比例）に着目してみると，図 4 からは，項目間でこの傾きが異なっていることがうかがえる（たとえば，いまの場合，各項目の識別力は項目 1：0.76，項目 2：1.12，項目 3：1.31，項目 4：1.06，項目 5：0.78）。つまり，2PLM においては，受験者特性値の増加に伴う困難度付近での正答率の上昇率が項目によって異なることが想定されている，といえる。

　なお，1PLM と同様に 2PLM に関しても，「困難度」と「識別力」という用語を用いることで，受験者特性値の関数として（13.7）式のように表現することが可能となる。2PLM においては，1PLM とは異なり，項目間で識別力が異なることを許容しているため，これを反映して，（13.7）式においては，（13.6）式とは異なり，識別力が「項目 j の識別力」となっていることに注意してほしい。

受験者 i の項目 j への正答率 ＝
$$\frac{1}{1+\exp\{-項目_j の識別力(受験者_i の受験者特性値 - 項目_j の困難度)\}} \quad (13.7)$$

　また，1PLM や 2PLM と同じくよく適用される項目反応モデルであり，項目間で困難度と識別力が異なることに加えて受験者特性値の低い（たとえば −3）受験者が偶然正答する（当て推量により正答する）状況をも想定したモデルが，3 パラメータ・ロジスティックモデル（以下，3PLM と略記）と呼ばれるモデルである。たとえば，表 1 のデータに対して，個々の項目における正答率と受験者特性値との間の関係が 3PLM で表現できると仮定し未知のパラメータの推定を行うと，5 つの項目における項目特性曲線は図 5 のように図示することができる。

　この図 5 を図 4 と見比べてみると，たとえば，項目 3 に関しては，受験者特性値が −3 という非常に低い値のときの正答率が，2PLM の場合には 0.00 であったのに対し，3PLM の場合には 0.1 ほど（正確には 0.09）となっており，3PLM を適用することによって受験者特性値の低いところでの正答率が 0 より大きくなっている様子がうかがえる。その他の項目に関しても，同様に，3PLM を適用することによって受験者特性値の低いところでの正答率が 0 より大きくなっている様子が見受けられ，このことからは，先述の通り，3PLM において，受験者特性値が

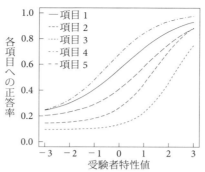

図5　3PLMに基づく読解力テストの項目の項目特性曲線

低い場合の当て推量による正答が考慮されていることがうかがえる。

　なお，3PLMも，1PLMや2PLMと同様に「困難度」と「識別力」という用語を用いて，受験者特性値の関数として（13.8）式のように表現することができる。ただし，（13.8）式中の「当て推量による正答率」というのは，3PLMに含まれる未知のパラメータであり，具体的には，受験者特性値の値が極端に低い受験者群における当て推量による項目への正答率を表す値になっている。

　受験者$_i$の項目$_j$への正答率＝当て推量による正答率＋

$$\frac{1 - 当て推量による正答率}{1 + \exp\{-項目_j の識別力(受験者_i の受験者特性値 - 項目_j の困難度)\}} \quad (13.8)$$

　ところで，図5からも明らかなように，1PLMや2PLM，3PLMにおいては，各項目への正答率に影響を及ぼす受験者特性値が1つである（テストの得点が1次元である）ことを想定しているのだが，一般的に，IRTに基づきテストの得点を分析する際には，このように当該テストの得点が1つの構成概念の値を反映していることが仮定される。このような「テストの得点が1つの構成概念の値を反映している」という仮定のことを1次元性の仮定というのだが，このことからは，「IRTに基づく分析においては，一般的にテストの1次元性が仮定される」ということができる。

③局所独立性の仮定

　①でも述べたように，IRTに基づくデータ解析においては，②で紹介した項目反応モデル等を表1のような項目反応データに適用し，未知のパラメータや受験者

特性値を最尤推定法[注6]やベイズ推定法[注7]を用いて推定することになる。その際，項目反応データに対して設定される重要な仮定の1つに局所独立性の仮定（e.g., Lord et al., 1968）と呼ばれるものがある。ここで，局所独立性の仮定とは，「受験者特性値を固定したときに各項目への解答結果（項目得点）が互いに独立になる」という仮定のことであり，「ある項目への解答結果が他の項目への解答結果に影響を与えない」という仮定のことである。つまりは，読解力テストの例でいうと，局所独立性の仮定とは，「読解力が同じ値である集団においては項目1への解答結果（正誤）と他の項目（項目2～5）への解答結果との間に関連がない」という仮定のことであり，「読解力が同じ値である集団においては項目1に正答したからといって他の項目に正答（誤答）しやすくなるといった関係が見られない」という仮定のことである。

　一方で，テスト問題の中には，たとえば「ある項目への解答を用いて他の問題に解答する」タイプの問題や，「同じ課題文に対して複数の問題が設定されている」いわゆる大問形式の問題が存在するわけだが，これらの問題においては，「1問目に誤答したら次の問題に正答できなくなる」「課題文が正しく読めた場合には設定されているすべての問題に正答できる」など，同じ受験者特性値の集団内においても解答結果の間に依存関係が見られることになる。したがって，これらのことからは，一般にIRTに基づいてテストの得点を分析する際，その対象として先の解答結果を利用して解答するタイプの問題や大問形式の問題は想定されていないことがわかる。

2．テスト情報量曲線

　古典的テスト理論においては，テスト得点が真の得点と測定誤差の和で表されると考えることにより，その信頼性を「テスト得点の分散に占める真の得点の分散の割合」として表現することが可能となった。一方で，IRTにおいては，受験者特性値と個々の項目への正答率との関係を未知のパラメータを含む受験者特性値の関数として表現することによって，じつは，受験者特性値の推定精度も未知のパラメータを含む受験者特性値の関数として表現できるようになることが知られている。ここで，「受験者特性値の推定精度」というのは，たとえば，受験者特性値が1である高校生が先の読解力テストを受験した場合に，その項目反応データから受験者特性を最尤推定する場合の推定量の標準誤差の大きさに反比例する

注6）　最尤推定法に関しては，第4章を参照のこと。
注7）　ベイズ推定法に関しては，第15章を参照のこと。

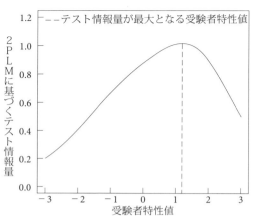

図6　2PLMに基づく読解力テストのテスト情報量曲線

ものであり[注8]，このことからは，先の一文が「IRTに基づく分析を行うことにより，項目反応データから受験者特性が最尤推定される際の推定量の標準誤差の大きさを受験者特性値の関数として表現できるようになる」ということを述べていることがわかる。IRTにおいては，受験者特性値の推定精度を受験者特性値の関数として表現したものをテスト情報関数といい，たとえば，表1のデータに対して，個々の項目における正答率と受験者特性値との間の関係が2PLMで表現できると仮定し未知のパラメータの推定を行うと，この読解力テストのテスト情報関数の実現値（テスト情報量という）と受験者特性値との関係は図6のように図示される。

図6中のグラフのように，受験者特性値とテスト情報量の値との関係を表す曲線のことをとくにテスト情報量曲線というが，図6のテスト情報量曲線からは，とくに受験者特性値が1より少し高いところ（いまの場合1.2）において読解力テストのテスト情報量が最大となり，その近辺のテスト情報量もまた高くなっていることがうかがえる。これと，図6中の受験者特性値が標準正規分布に従う母集団のものを表していることを考え合わせると，この場合，読解力テストの得点に2PLMを適用して受験者特性値の推定を行うと，受験者特性値が平均値よりも1標準偏差ほど高い受験者の読解力の推定精度が最も良くなる（推定量の標準誤差が最も小さくなる）であろうことがわかる。

注8)　推定量や標準誤差については，第4章を参照のこと。

第13章 テスト得点の分析

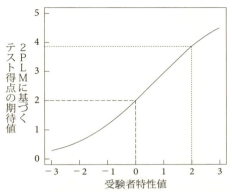

図7　2PLMに基づく読解力テストのテスト特性曲線

3．テスト特性曲線

ところで，この読解力テストの例においては，各項目への反応が 1（正答）か 0（誤答）で表されているため，たとえば，特定の受験者特性値における項目 1 の項目得点の期待値は，その受験者特性値における項目 1 への正答率に等しくなる。そして，各項目得点の和で表される読解力テストのテスト得点の期待値に関しては，その値が各項目得点の期待値の和に等しくなることが知られているため，したがって，任意の受験者特性値においては，

$$\text{テスト得点の期待値} = \text{項目 1 への正答率} + \text{項目 2 への正答率} + \cdots \\ + \text{項目 5 への正答率} \qquad (13.9)$$

という関係が成立することとなる。つまり，このことからは，IRT において，受験者特性値と個々の項目への正答率との関係を未知のパラメータを含む受験者特性値の関数として表現することにより，受験者特性値とテスト得点の期待値との関係についても，受験者特性値の関数として表現できるようになることがわかる。そこで，実際に，表 1 のデータに対して，個々の項目における正答率と受験者特性値との間の関係が 2PLM で表現できると仮定し未知のパラメータの推定を行うと，この読解力テストのテスト得点の期待値と受験者特性値との関係が図 7 のように図示される。

図 7 中のグラフのように，受験者特性値とテスト得点の期待値との関係を表す

曲線のことをとくにテスト特性曲線というが，図7のテスト特性曲線からは，たとえば，受験者特性値が平均値（0）くらいの受験者の読解力テストのテスト得点がおおよそ2になると予想されること，また，受験者特性値が平均値よりも2標準偏差ほど高い受験者の読解力テストのテスト得点がおおよそ4くらいになると予想されること，などといったことがわかる。

4．等　化

　IRTに関する解説を終える前に，IRTを用いたテスト運用において重要な手続きの1つである等化について，その概要を解説する。

　たとえば，読解力テストと同じく「高校生の読解力」を測るための5項目からなるテストがあったとして（読解力テスト2），このテストが読解力テストよりもやさしいテストであったとしよう。かりにいま，この読解力テスト2を読解力テストを受験した50人の高校生に対して実施したとすると，各受験者の読解力テスト2におけるテスト得点は読解力テストにおけるテスト得点よりも高くなると考えられる。つまり，まったく同じ高校生の読解力を表すテスト得点であっても，どのようなテストを用いるかによって，その値が変化してしまうということであり，このことからは，たとえ同じ構成概念の値を測るためのテストの得点であったとしても，そのままでは異なるテストの間でその得点の比較を行うことはできないことがわかる。じつは，このような場合に，異なるテストを実施して得られた結果（たとえば受験者特性値）などを比較可能にする手続きが存在し，この手続きのことを等化という。以下では，IRTにおけるこの等化の原理について，もう少し具体的に考えてみることにする。

　たとえば，先の高校生の例のように，ある受験者集団が同じ構成概念を測定するための問題の異なるテスト（テストAとテストB）を受験したとしよう。このとき，これらのテストに対する項目反応データから各受験者の受験者特性値を推定すると，一般にその値は異なるものになると考えられるが，どちらのテストの得点を用いた場合であっても，受験者特性値の推定対象となっている集団は一緒であるため，推定された受験者特性値の位置関係，具体的には，各受験者の受験者特性推定値がその集団の平均値から標準偏差いくつ分離れているかについては，どちらのテストの得点を用いた場合であってもおおよそ一致することになると考えられる。つまり，このとき，以下の式が近似的には成り立つことになると考えられる。

$$\frac{\text{テスト A での推定値} - \text{テスト A での推定値の平均値}}{\text{テスト A での推定値の標準偏差}}$$

$$= \frac{\text{テスト B での推定値} - \text{テスト B での推定値の平均値}}{\text{テスト B での推定値の標準偏差}} \qquad (13.10)$$

そこで，この（13.10）式を以下の（13.11）式のように変形してみる。

$$\text{テスト A での推定値} = \frac{\text{テスト A での推定値の標準偏差}}{\text{テスト B での推定値の標準偏差}} \times \text{テスト B での推定値}$$

$$+ \text{テスト A での推定値の平均値} - \frac{\text{テスト A での推定値の標準偏差}}{\text{テスト B での推定値の標準偏差}}$$

$$\times \text{テスト B での推定値の平均値} \qquad (13.11)$$

そして，この（13.11）式において，

$$C = \frac{\text{テスト A での推定値の標準偏差}}{\text{テスト B での推定値の標準偏差}} \qquad (13.12)$$

$$D = \text{テスト A での推定値の平均値} - C \times \text{テスト B での推定値の平均値}$$

$$\qquad (13.13)$$

とおくことにすると，この（13.11）～（13.13）式からは，テスト B での受験者特性の推定値を C 倍しこれに D を加えることによって，そのままでは比較することのできなかったテスト B での推定値がテスト A の得点を用いた場合の受験者特性推定値の値と考えられるようになり，したがって，他の受験者のテスト A の推定値と比較可能になることがわかる。

　次に，先の例において，受験者集団とテストの関係を入れ替えてみる。つまり，ある構成概念を測定するためのテストを高校 A や高校 B のような異なる受験者集団（集団 A と集団 B）が受験したとする。このとき，これら 2 つの受験者集団の項目反応データから各項目の困難度を推定したとすると，一般にその値は異なるものになると考えられるが，どちらのテストの得点を用いた場合であっても，困難度の推定対象となっている項目群（テスト）は同一のものであるため，推定された困難度の位置関係，具体的には，各項目の困難度の推定値がその項目群の平均値から標準偏差いくつ分離れているかについては，どちらのテストの得点を用

いた場合であってもおおよそ一致することになると考えられる。つまり，このとき，以下の（13.14）式が近似的には成り立つことになると考えられる。

$$\frac{\text{集団 A での推定値} - \text{集団 A での推定値の平均値}}{\text{集団 A での推定値の標準偏差}}$$

$$= \frac{\text{集団 B での推定値} - \text{集団 B での推定値の平均値}}{\text{集団 B での推定値の標準偏差}} \tag{13.14}$$

そこで，この（13.14）式を以下の（13.15）式のように変形してみる。

$$\text{集団 A での推定値} = \frac{\text{集団 A での推定値の標準偏差}}{\text{集団 B での推定値の標準偏差}} \times \text{集団 B での推定値}$$

$$+ \text{集団 A での推定値の平均値} - \frac{\text{集団 A での推定値の標準偏差}}{\text{集団 B での推定値の標準偏差}}$$

$$\times \text{集団 B での推定値の平均値} \tag{13.15}$$

そして，この（13.15）式において，

$$C^* = \frac{\text{テスト A での推定値の標準偏差}}{\text{テスト B での推定値の標準偏差}} \tag{13.16}$$

$$D^* = \text{集団 A での推定値の平均値} - C^* \times \text{集団 B での推定値の平均値} \tag{13.17}$$

とおくことにすると，この（13.15）〜（13.17）式からは，集団 B での困難度の推定値を C^* 倍し，これに D^* を加えることによって，そのままでは比較することのできなかった集団 B での推定値が集団 A の項目反応データを用いた場合の困難度推定値の値と考えられるようになり，したがって，他の項目の集団 A での推定値と比較可能になることがわかる。

これらを踏まえたうえで，今度は，2 つの異なるテスト（テスト A とテスト B）をそれぞれ 2 つの異なる集団（集団 A と集団 B）が受験した場面を考えてみよう。ただし，テスト A とテスト B には共通の項目が含まれており，また，集団 A と集団 B には共通の受験者が含まれているものとする。このとき，各項目への正答率が 2PLM で表現できたとし，集団 A のテスト A に対する項目反応データから推定された未知のパラメータと受験者特性値を識別力，困難度，そして受験者特性値と，集団 B のテスト B に対する項目反応データから推定された未知のパラメータと受験者特性値を識別力*，困難度*，そして受験者特性値*と表記することにす

第 13 章 テスト得点の分析

る。するとこのとき，集団 A のある受験者特性値でのテスト A のある項目への正答率は，

$$\text{正答率} = \frac{1}{1 + \exp\{-識別力(受験者特性値 - 困難度)\}} \tag{13.18}$$

と表現されることになり，集団 B のある受験者特性値でのテスト B のある項目への正答率*は，

$$\text{正答率}^{*} = \frac{1}{1 + \exp\{-識別力^{*}(受験者特性値^{*} - 困難度^{*})\}} \tag{13.19}$$

と表現されることになる。ところでいま，（13.18）式と（13.19）式で表される正答率がテスト A と B に共通で含まれる同じ受験者の受験者特性値での同じ項目への正答率となっていたとすると，この場合，その値は等しくならなければならない。また，共通受験者の受験者特性値*に関しては，（13.11）〜（13.13）式より，

$$受験者特性値^{*} = C \times 受験者特性値 + D \tag{13.20}$$

という形で表すことができた。ここで，（13.20）式より，

$$受験者特性値 = \frac{受験者特性値^{*} - D}{C} \tag{13.21}$$

という関係が成り立つため，いまの場合，（13.18）式より，

$$\begin{aligned}
\text{正答率} &= \frac{1}{1 + \exp\left(-識別力\left(\dfrac{受験者特性値^{*} - D}{C} - 困難度\right)\right)} \\
&= \frac{1}{1 + \exp\left(-\dfrac{識別力}{C}\left(受験者特性値^{*} - (C \times 困難度 + D)\right)\right)} \\
&= \frac{1}{1 + \exp\{-識別力^{*}(受験者特性値^{*} - 困難度^{*})\}} \\
&= \text{正答率}^{*}
\end{aligned} \tag{13.22}$$

という関係が成り立つことになる。つまり，共通項目の困難度*に関しては，(13.15)～(13.17) 式より，

$$困難度^* = C^* \times 困難度 + D^* \tag{13.23}$$

と表すことができるのだが，この (13.23) 式における C^* と D^* はそれぞれ (13.12) 式と (13.13) 式で表される C や D の値と同じになり，これらの値を使って，集団 B のテスト B への項目反応データから求められる共通項目の識別力の推定値は，

$$識別力^* = \frac{識別力}{C} \tag{13.24}$$

と表すことができる，ということである。

これらのことからは，共通受験者や共通項目が存在する場合に，これらの受験者特性値や未知のパラメータの推定値を用いて，(13.12) 式と (13.13) 式，あるいは (13.16) 式と (13.17) 式の関係を利用し C や D の値を求めることができれば，異なる集団が異なるテストを受験したときに得られる結果を比較することができるようになると考えられる。このようにして，2 つの項目反応データから求められた未知のパラメータや受験者特性値を比較可能な状態にすることを一般に等化という。なお，実際に等化を実施する場合には，共通受験者の受験者特性推定値や共通項目の困難度推定値等を用いて C や D の値を求めることになるのだが，この C や D のことを等化係数といい，その推定方法としては，(13.12) 式と (13.13) 式を使う方法や (13.16) 式と (13.17) 式を使う方法以外にも，たとえば，南風原 (Haebara, 1980) の方法などが提案されている。

V　本章のまとめ

本章では，テストの得点を分析する方法として，テストに含まれる個々の項目を分析するための方法とテスト得点を分析するための方法について紹介し，関連して，心理学の研究でよく利用されるテストの得点を分析するための理論的な枠組みである古典的テスト理論と項目反応理論について紹介した。

本章を読んでいただければわかるように，テストはただ単に作って実施すればよいという性質のものではない。作成されたテストが実施するに値するものであ

第13章 テスト得点の分析

るのか,その信頼性や妥当性をさまざまな観点から検証しなければならないし,古典的テスト理論や項目反応理論といった理論的枠組みの力を借りて,より良い性質をもつテスト(の得点)になるよう,改善に向けた不断の努力を続けていかなければならない。本章の内容が,読者がテストの作成,評価,運用に携わる際の一助となることを心から願っている。

◆学習チェック
□ 項目得点の分析方法について理解した。
□ テスト得点の信頼性について理解した。
□ テスト得点の妥当性について理解した。
□ 古典的テスト理論について理解した。
□ 項目反応理論について理解した。

文　献

Cronbach, L. J. (1951) Coefficient alpha and the internal structure of tests. *Psychometrika*, 16; 297-334.
Haebara, T. (1980) Equating logistic ability scales by a weighted least squares method. *Japanese Psychological Research*, 22(3); 144-149.
南風原朝和(2002)心理統計学の基礎―統合的理解のために.有斐閣.
南風原朝和(2012)尺度の作成・使用と妥当性の検討.研究委員会チュートリアルセミナー.教育心理学年報,51; 213-217.
Lord, F. M., Novick, M. R. & Birnbaum, A. (1968) *Statistical Theories of Mental Test Scores*. Addison-Wesley.
Wilson, M. (2004) *Constructing Measures: An Item Response Modeling Approach*. Routledge.

第 14 章

効果量と信頼区間，メタ分析

岡田謙介

Keywords 効果量，コーエンの d，ヘッジの g，区間推定，信頼区間，メタ分析

　本章では，まず，分析者にとって関心のある効果の大きさを表す効果量と，統計的推測における不確実性を表すために利用できる信頼区間について解説する。近年の心理学研究では，データ分析結果を報告する際にこうした量を積極的に活用することが求められるようになっているが，その理由について紹介する。その後，複数の研究の結果を統合し，より一般性のある結論を導くための分析法である，メタ分析について解説する。

I　仮説検定から言えることと言えないこと

1．仮説検定のロジック

　これまで，第 4 章で統計的仮説検定（以下，仮説検定と記す）の考え方を導入し，その後の章でいろいろな場面で利用できる仮説検定の方法を学んできた。仮説検定によって，具体的な応用場面に依存することなく，帰無仮説を棄却するか，または保持（採択）するかをデータに基づいて判断することが可能になる。これは心理学データを分析するうえで都合がよいことが多く，実際，長年にわたり多くの心理学研究で仮説検定が利用されている。

　一方で，仮説検定をデータに適用し解釈するにあたって，検定結果から直接論理的に導けないことを結論づけてしまわないように留意しなければならない。たとえば，第 6 章で解説した 2 群の平均値差の検定を行った結果，帰無仮説が棄却されたならば，第 1 種の誤りの確率を留保したうえで「2 群の母平均の間には差がある」と結論づけることは，仮説検定のロジック上問題がない。しかし，この結果は，「母平均の間に実質的に意味のある差がある」ことや，「母平均の間に大きな差がある」ことを意味するわけではない。対立仮説が採択されたことが意味

第14章 効果量と信頼区間，メタ分析

するのは，「検定で考える統計モデル（母平均の間にまったく差がない）を前提とするならば，今回分析されたのは有意水準以下の確率でしか得られないようなデータである」こと（だけ）なのである。したがって，本当の母平均の差は意味があるほど大きいかもしれないが，依然として現実的にはほとんど 0 に近い（が 0 ではない）かもしれない。「差がある」ことと，「実質的に意味のある差がある」ことの違いには，十分注意するようにしよう。なお，仮説の真偽を確率的に評価するための方法として，近年ではベイズ統計学に基づくアプローチも注目されている（第 15 章を参照）。

一方，実際の心理学研究では，2 群の間にどれぐらいの差があるのかや，その差にどのぐらいの不確実性があるのかを知りたいことも多い。本章で学習する効果量や信頼区間を使うと，こうした問いに対して答えを与えることが可能になる。

2．本章で扱うデータ

本章では，次の仮想データを扱う。

例題 1　集団心理療法の効果

60 名の女性被験者を 30 名ずつ介入群と統制群にランダムに割り当て，最初に 1 時点目の不安の大きさ（不安得点）を測定した。この不安得点はビジュアル・アナログ・スケール（VAS：まったく不安のない状態と，想像しうる最も高い不安の状態を両端点とした数直線上に，現在の不安の大きさを示してもらうようなアセスメント方法；図 1）によって測定され，0.0 〜 100.0 点のスコアとして記録された。次に，介入群はある集団心理療法を 1 時間受け，統制群は何もせずに 1 時間を過ごした。その後，2 時点目の不安得点を測定した。その結果，不安得点の改善量（2 時点目の得点から 1 時点目の得点を引いた値）は表 1 に示すようになった。また，その要約統計量は表 2 に示すようになった。

このとき 1 時点目と 2 時点目の不安得点が観測されているが，本章では 2 時点目から 1 時点目を引き算した，得点の「改善量」を基本的なデータであるとして取り扱うことにする。

この心理療法によって不安が改善したといえるかを調べるためには，表 1 に示された不安得点の改善量について，2 群の平均値差についての対応のない t 検定を行うことができる。この対応のない t 検定は，①「介入群と統制群で改善量に差がない」という帰無仮説 H_0 と，「H_0 が正しいわけではない」（すなわち，改善量に差がある）という対立仮説 H_1 を立て，②帰無仮説 H_0 が正しいとしたときに

261

第 5 巻　心理学統計法

不安はまったく
ない

想像しうる最も
大きな不安

図 1　不安を測定するためのビジュアル・アナログ・スケールの例

表 1　介入群と統制群 30 名ずつの女性被験者から得られた不安得点の改善量（一部）

| 介入群（女性） | 4.5 | 8.9 | 0.1 | − 0.5 | 3.4 | 6.8 | 1.4 | 4.9 | 4.7 | 0.4 | … | − 0.4 |
| 統制群（女性） | − 7.1 | 0.9 | 0.9 | 4.1 | 3.6 | 5.1 | 3.9 | 0.2 | 2.9 | − 0.9 | … | − 3.2 |

表 2　表 1 のデータについての要約統計量

	介入群（女性）	統制群（女性）
平均	2.89	0.86
標準偏差	2.55	3.97
n	30	30

現在のデータ（表 1）以上に H_0 と整合的でないデータが得られる確率である p 値を計算し，③ p 値が事前に定めた有意水準よりも小さい場合には，H_0 を棄却し対立仮説 H_1 を採択する（そうでなければ H_0 を保持する）という方法であった[注1]。実際に表 1 のデータで独立な 2 群の t 検定を行うと，その結果は $t(58) = 2.36$，$p = 0.02$ となる。したがって有意水準を 5％とした検定では帰無仮説 H_0 が棄却され，介入群と統制群の間には改善量に有意な差があると判断されることになる。

　しかし，先にも述べたように，検定のロジック上，この結果から「心理療法にどれだけ不安を改善する効果があったのか」という問いには直接答えることができない。検定結果は，「差がまったくない」という帰無仮説がデータと整合的ではないという判断を導いてはくれるが，介入群と統制群の差は，じつはとても小さいのかもしれないし，非常に大きいのかもしれない。

■ II　効果量

1．平均値差の効果量

①非標準化効果量

　「集団心理療法によってどれぐらい不安を改善する効果があったのか」という問いに，より直接的に答えることを考えてみよう。そのためには，改善量について

注 1）　なお，第 4 章では①と②の間にもういくつかの手順を踏んでくわしく仮説検定の手続きを解説した。よりくわしい手順については第 4 章を参照。

の「介入群の平均値」と「統制群の平均値」の差，すなわち

$$\text{非標準化効果量} = \text{介入群の平均値} - \text{統制群の平均値} \tag{14.1}$$

を求めることが役に立つ。このように，もとの観測データの単位（ここでは，今回の測定で用いたビジュアル・アナログ・スケールでの不安得点）で求めた2群の平均値の差のことを，非標準化効果量という。

今回のデータにおける標本の非標準化効果量は，表2の情報より

$$\begin{aligned}\text{非標準化効果量} &= \text{介入群の平均値} - \text{統制群の平均値} \\ &= 2.89 - 0.86 \\ &= 2.03\end{aligned}$$

と求めることができる。

非標準化効果量は，つまるところ「平均値の差」である。これは単純でありながら，多くの心理学研究において重要な量でもある。この例でいえば，非標準化効果量は「統制群に比べて介入群はどれだけ不安を改善できるのか」という問いに答えるための，観測データの単位での平均的な推定値を与えてくれる。

② 標準化効果量

とある先行研究でも，この心理療法が不安を改善する効果の大きさについて調べられていたとしよう。この先行研究では4件法の40項目からなる質問紙の得点によって不安を測定していた。先行研究と今回の研究は，同じ不安という構成概念を測定しているが，先行研究で得られた得点は40点から160点の間の値をとるのに対して，今回の研究で VAS により得られた得点は0.0点から100.0点の間の値をとる。したがって，先行研究における5点分の改善と，今回の研究における5点分の改善とでは意味が異なり，そのままでは相互の量的な結果の比較はできない。

そこで，集団全体における分布の広がり，すなわちばらつきの大きさを基準として，平均値差を解釈することを考えてみよう。つまり，「集団のばらつきの大きさに比べて，平均値差はどれだけ大きいのか」を，平均値差とばらつきの指標との比をとることで評価するのである。第2章で学習したように，「集団のばらつきの大きさ」は群内の標準偏差によって把握できる。そこでこの評価には，非標準

化効果量を群内の標準偏差で割り算した

$$標準化効果量 = \frac{非標準化効果量}{群内の標準偏差}$$

$$= \frac{介入群の平均値 - 統制群の平均値}{群内の標準偏差} \quad (14.2)$$

を用いることができる。

　ここで「群内の標準偏差」とは，第 6 章で扱った「2 群をプールした分散」の平方根をとったものである。ただし，第 6 章では 2 群の不偏分散をプールしたが，効果量を求める際にはプールする両群の分散として，標本分散（分母がサンプルサイズ n）を使う場合と，不偏分散（分母が $n-1$）を使う場合の，2 通りの流儀がある。前者によって計算する標準化効果量をコーエンの d，後者によって計算する標準化効果量をヘッジの g と呼ぶ。コーエンの d とヘッジの g は，かなりサンプルサイズが小さいときを除いては，その値は実用上あまり違わない。

　標準化効果量を用いると，データがどんな単位で測定されたのかによらずに，効果の大きさを解釈することができる。よく知られた解釈の基準に，0.2 を小さな効果，0.5 を中程度の効果，0.8 を大きな効果とするコーエンの基準がある。この基準は心理学や関連分野のいろいろな例を考慮して導かれたものであり，一定の妥当性はあるが，あくまで目安として理解するのがよい。また，同じまたは似たような変数を測定した先行研究があれば，その結果と比較することによって，より実践的に標準化効果量を解釈することができる。

2．平均値差以外の効果量

　効果量という用語は，より広義に，研究者の関心がある効果の大きさのことを指して使われることも多い。すなわち，「複数の群間の差をもたらす要因の影響の大きさ」や「変数間の関連の大きさ」などを表す量も効果量と呼ばれる。これらは普通，もとの観測データの単位に依存しない標準化効果量として表現される。

①分散分析の効果量

　複数の群間の差をもたらす影響の大きさを表現する効果量は，典型的には分散分析を行う場面において用いられる。このとき通常利用される効果量は，関心のある要因によって，全体の分散のうちどれだけを説明できたのかを表す

第14章 効果量と信頼区間，メタ分析

表3 介入群と統制群30名ずつの男性被験者から得られた不安得点の改善量（一部）

| 介入群（男性） | − 1.8 | 4.4 | 6.9 | − 2.3 | 6.6 | 6.1 | 4.8 | 3.6 | 2.0 | − 1.8 | … | 2.3 |
| 統制群（男性） | 1.0 | − 1.3 | 3.8 | 4.2 | 5.5 | − 0.9 | − 0.4 | − 1.5 | 0.6 | 1.0 | … | 1.9 |

表4 表3のデータについての要約統計量

	介入群（男性）	統制群（男性）
平均	3.06	1.00
標準偏差	2.82	3.01
n	30	30

$$\eta^2 = \frac{当該要因の平方和}{全体の平方和} \tag{14.3}$$

である[注2]。これは回帰分析における決定係数 R^2（第8章を参照）と同じように解釈できる量である。$\eta^2 = 0.01$，0.09，0.25 が，それぞれ小さな・中程度の・大きな効果の目安とされる。一方，とくに複数の要因がある場合には，1つの要因だけに関心を絞った効果量として

$$偏\eta^2 = \frac{当該要因の平方和}{当該要因の平方和 + 誤差の平方和} \tag{14.4}$$

もよく利用される。η^2 や偏 η^2 は，要因の主効果だけでなく，複数の要因の交互作用についても同様に求めることができる。

たとえば表2のデータが，女性だけでなく60名の男性からも同様に測定されていたとする（男性のデータは表3，表4）。この合計120名のデータに基づいて「群の違い」と「性別」の2つを要因とする2要因被験者間の分散分析を行うと，その結果は表5の分散分析表にまとめるようになる。そしてこの情報から，同表の右に示すように効果量 η^2 と偏 η^2 を求めることができる。ここから，性別や交互作用の効果はほとんど見られないが，群の違いには中程度の効果と解釈できる効果が見られることがわかる。この結果では「性別」や交互作用の平方和が小さく誤差の平方和が大きいため，η^2 と偏 η^2 の値は見かけ上同じ値になっているが，両者が大きく異なる場合も実際にはしばしばある。

注2) ギリシア文字 η はイータと読む。

第 5 巻　心理学統計法

表5　分散分析表

要因	平方和	自由度	平均平方	F 値	p 値	η^2	偏 η^2
群の違い	125.26	1	125.26	12.74	0.00	0.10	0.10
性別	0.77	1	0.77	0.08	0.78	0.00	0.00
群の違い×性別	0.01	1	0.01	0.00	0.98	0.00	0.00
誤差	1140.13	116	9.83				
全体	1266.17	119					

表6　介入群の女性被験者 30 名から測定した，不安得点と抑うつ得点の改善量

不安得点	4.5	8.9	0.1	− 0.5	3.4	6.8	1.4	4.9	4.7	0.4	…	− 0.4
抑うつ得点	4.6	10.0	5.5	2.8	2.2	8.2	− 1.7	7.9	7.9	7.1	…	− 0.1

②効果量としての相関係数

　相関係数は，第3章で紹介したように2つの量的な変数間の直線的な関係の大きさを表す量である。そして相関係数はもとの観測データの単位によらない，標準化された量でもある。これは，計算式の分子に共分散が，分母に標準偏差の積がくることによって，相関係数の分子と分母で単位が打ち消し合うからである。したがって，相関係数は標準化効果量の1つと考えることができ，また第3章で述べたようにその値を解釈することもできる。

　また，相関係数を二乗した量である決定係数 R^2 は，第8章で見たように，回帰分析によって一方の変数から他方の変数を説明するときに説明される分散の割合を表す。決定係数は相関係数の二乗であることから，相関係数と同様に，観測データの単位によらない量である。したがって決定係数 R^2 も，相関係数 r と並んで，2変数間の関係の大きさを表す標準化効果量の1つと考えることができる。

　例として，心理療法をした群における不安得点の改善量に加えて，抑うつ得点の改善量も同様に測定されていたとしよう。表6に示すのが，介入群の女性 30 人における「不安得点の改善量」と「抑うつ得点の改善量」である。この不安得点の改善量は表1で介入群の値として示したものである。相関係数と決定係数によって，介入群における「不安得点の改善量」と「抑うつ得点の改善量」の間の関係の大きさの程度を調べたところ，標本の相関係数は $r = 0.64$，決定係数は $R^2 = 0.41$ であった。この2変数間には，一方が大きい人ほどもう一方も大きいという，心理学的変数間としては比較的大きめの共変関係が見られるようである。

III 信頼区間

1. 平均値の信頼区間

表 2 に示されたように，統制群の女性 30 人の不安得点の改善量は平均 0.86 点であった。この値は 0 に近いように見える。しかし，これはあくまで今回のデータから得られた値であり，また別の被験者からデータを集めたときには異なる値になるだろう。今回の標本データでの平均値を使って母平均を推定するにあたっては，結果にどの程度の不確実性があるかがわかると都合がよい。

第 4 章でも述べたように，母平均のような未知母数に対して，たとえば標本平均のような 1 つの値によってその推定を行うことを点推定という。これに対して，確率的な考え方を導入して，母平均が含まれている可能性が高いと考えられる区間を構成することで推定を行うことを区間推定という。そして，最も代表的な区間推定の方法は，信頼区間を用いるものである。

信頼区間を考えるためには，検定と同様に，確率モデルの導入が必要である。標準的な設定として，不安得点改善量の母集団分布は正規分布であり，その母平均と母分散は未知だとしよう。このとき，データから不安得点改善量の母平均 μ を推定する際の 95％信頼区間は，

母平均 μ の 95％信頼区間
　＝標本平均±（自由度 $(n-1)$ の t 分布の上側 2.5％点）×標本平均の標準誤差
(14.5)

と構成することができる。同様にして，99％，90％など，任意の信頼係数の信頼区間を構成することもできる。応用上最もよく利用されるのは 95％信頼区間である。後に述べるように，これは応用上最もよく利用される有意水準の設定が 5％であることと対応している。

今回のデータでは，自由度 $30-1=29$ の t 分布（巻末の付表 2 参照）を用いることになり，その上側 2.5％点の値は 2.045 である。また，標本平均の標準誤差は，第 4 章で述べたように $\sqrt{母分散/n}$ となるが，この母分散は未知なので不偏分散で置き換えて標準誤差の推定値を求めると 0.73 となる。したがって，今回のデータに基づく母平均 μ の 95％信頼区間は

$$[0.86 - 2.045 \times 0.73, 0.86 + 2.045 \times 0.73] = [-0.62, 2.34]$$

と構成することができる。

　この信頼区間の解釈には若干の注意が必要である。[−0.62, 2.34] という具体的な95％信頼区間は，「母平均を95％の確率で含む区間」とは解釈できない。それは，母平均は確率変数ではないからである。一方，95％信頼区間の両端の値は，確率的に変動するデータから計算される確率変数である。今回と同じ母集団から同じサンプルサイズのデータをランダムにとり，同じ手順に従って信頼区間を構成することを繰り返すとしよう。95％信頼区間は，この仮想的な繰り返しに対して，今回のデータと同じ手順で信頼区間を構成することを繰り返すとき，95％の確率で（つまり100回中95回ぐらいは）未知の定数である母数を含む区間である[注3]。実用上は，今回得られた [−0.62, 2.34] という区間が，95％の信頼係数で母数と整合的な区間である，と解釈されるのが普通である。

　仮に改善量の母平均が0であるときには，95％信頼区間は，上記のようなデータをランダムにとることの繰り返しに対して95％の確率で0を含む。ここで，ある母数（たとえば改善量の母平均）について，それが0であるという帰無仮説の検定結果が有意になるかどうかと，その母数についての信頼区間が0を含むかどうかには，以下の関係がある：

　ある母数について
　「0である」という帰無仮説が有意水準 α の検定で有意になる
　　⇔ $(1-\alpha) \times 100$％信頼区間が0を含まない
　「0である」という帰無仮説が有意水準 α の検定で有意にならない
　　⇔ $(1-\alpha) \times 100$％信頼区間が0を含む

　こうした仮説検定と信頼区間の間の関係は，今回扱った1つの母平均についてだけに限らず，一般に成り立つ性質である。すなわち，仮説検定と信頼区間はちょうど表と裏のような関係にある。

2．平均値差の信頼区間

　信頼区間の考え方は一般的に利用できるものであり，前項で導入した場合のほ

注3）　なお，第15章で説明するベイズ統計学の考え方に基づけば，直感的な解釈と符合する区間（信用区間）を構成することができる。

第14章 効果量と信頼区間，メタ分析

かにも，さまざまな母数を区間推定するときの信頼区間を構成することができる。

たとえば，女性における介入群と統制群の間での，母集団における平均値差を推定する場面を考えてみよう。このときの平均値差の信頼区間は，

母平均の差についての95％信頼区間
　＝標本平均の差±（自由度$(n_1 + n_2 - 2)$のt分布の上側2.5％点）
　　×「標本平均の差」の標準誤差の推定値 　　　　　　　　　　（14.6）

によって求められる。1つの平均値についての区間推定では1標本のt検定のときと同様に自由度$(n-1)$のt分布を使ったのに対し，2群の平均値差についての区間推定では独立な2群のt検定のときと同様に自由度$(n_1 + n_2 - 2)$のt分布を使う，という対応関係があることがわかる。

例として，女性における，母集団での介入群と統制群の間での改善量の平均値差を推定する場合の信頼区間を求めよう。「標本平均の差」の標準誤差は，表2の情報から

$$\text{「標本平均の差」の標準誤差の推定値} = \sqrt{\frac{2.55^2}{30} + \frac{3.97^2}{30}} = 0.86$$

となる。また，自由度 $30 + 30 - 2 = 58$ のt分布の上側2.5％点は2.002である[注4]。したがって，

$$\text{母平均の差の95％信頼区間} = [2.03 - 2.002 \times 0.86, 2.03 + 2.002 \times 0.86]$$
$$= [0.31, 3.76]$$

と求めることができる。したがって実用上，今回のデータに基づいて母平均の差という母数を推定するにあたって，[0.31, 3.76] という区間が信頼係数95％で母数と整合的な区間となる。

注4）付表2には自由度50と100のt分布における上側2.5％点が，それぞれ2.009と1.984であることが示されている。自由度58のt分布の上側2.5％点はこの両者の間の値となり，同様に小数点以下3桁目まで求めると2.002である。

3. 相関係数の信頼区間

平均だけでなく，ほかのさまざまな母数を推定する際にも信頼区間を構成することができる。次に，母集団の相関係数を区間推定する際の信頼区間について考えてみよう。

相関係数を推定する際の信頼区間も，平均値についての場合と同様に，概念的には標本分布の標準偏差，すなわち標準誤差に基づいて構成することができる。しかし，標本相関係数の標本分布についての確率値を正確に求めるための計算は必ずしも容易ではないため，応用上はフィッシャーの z 変換[注5]と呼ばれる操作によって，近似的に正規分布に従う量へと相関係数を変換した後で必要な区間を求め，それをもとの観測データの単位に再変換して近似的な信頼区間を構成することが多い。こうした計算にはコンピュータを用いるのが便利である。

表6のデータにおいて，標本相関係数は 0.64 であり，サンプルサイズは 30 であった。このデータについて，母相関係数が 0 であるという帰無仮説の検定を行うと，その結果は $t(28) = 4.417$, $p = 0.000$ となる[注6]。したがって 5％水準で帰無仮説が棄却され，母相関係数は 0 でないという対立仮説が採択される。このことと対応して，同じデータから母相関係数を区間推定する際の母相関係数の 95％信頼区間は ［0.37, 0.81］ となる。この信頼区間は 0 を含んでおらず，たしかにこの場合も，帰無仮説検定の結果と区間推定結果とが整合していることがわかる。

IV メタ分析

1. メタ分析とは

女性における心理療法の効果の大きさを，介入群と統制群とを比べることで調べることが研究テーマであるとしよう。本章のここまでで，効果量や信頼区間を用いてデータの分析を行うことを学習した。これによって，自分の集めたデータに基づく効果の大きさについて理解したり，不確実性を考慮しつつ推定を行うことが可能になった。しかし，限られたサンプルサイズの 1 つのデータセットから得られた結果だけから，確かな結論を導くことは難しいかもしれない。

注5） $z = \frac{1}{2} \log \frac{1+r}{1-r}$ という変換である。
注6） ここでの p 値の表記は小数点以下第4位で四捨五入すると 0.000 となるという意味であり，厳密に 0 だというわけではないことに注意する。実際，今回の場合には，より細かな桁まで表示すると p 値は $p = 0.0001362$ である。

第14章 効果量と信頼区間，メタ分析

表7 先行研究から得られた介入群（添え字が1）と統制群（添え字が2）の要約統計量と，そこから求めた効果量

研究	n_1	平均$_1$	標準偏差$_1$	n_2	平均$_2$	標準偏差$_2$	効果量
1	30	2.89	2.56	30	0.86	3.97	0.60
2	29	1.74	4.66	16	1.90	5.23	− 0.03
3	67	4.35	4.10	64	0.39	5.53	0.81
4	55	4.01	2.87	50	3.35	3.17	0.22
5	46	1.09	5.12	44	− 0.29	4.79	0.28
6	14	1.95	3.98	33	0.54	3.30	0.39

ここで，表1の結果に加えて，実施された年月や場所，集団などは異なるものの，同じ心理療法の効果を統制群と比較して比べた先行研究が，表7のように複数（ここでは6つ）あったとする（表1の結果は研究1である）。このようなときには，複数の結果を統合するメタ分析を行うことができる。

メタ分析は，多くの先行研究の結果を量的に統合し，総合的な結論を導くための統計的分析法である。メタ分析では個々の研究から効果量を算出し，それらの統合を行うことが一般的である。1つひとつの研究でデータを分析して得られた効果量は，研究間でばらつきが大きいこともありうる。そこで，メタ分析では複数の研究から得られた効果量を統合する。既存の研究で得られた効果量を，そのばらつきの大きさも考慮しつつ統合することで，総合的な結論に到達したり，結果が必ずしも一貫しない原因について考察することが可能になる。

2．2群の平均値差のメタ分析

表7に示された先行研究結果に基づくメタ分析を考えていこう。メタ分析では，まずこの表のように個々の先行研究で得られた効果量と，サンプルサイズとをまとめる。とくに古い論文などでは効果量の値が論文中に書かれていないこともあるが，通常，2群を比較する研究ではその2群の平均値と標準偏差の情報は書かれているだろう。表7の一番右以外の列は先行研究の論文中に書かれていた情報をまとめたものである。ここから，定義に従って一番右の列に示した効果量（ヘッジのg）を計算することができる。

各研究から得られた効果量と，各研究のサンプルサイズがあれば，それらの結果を統合するメタ分析を行うことができる。このとき，メタ分析の統計モデルとして，真の効果がある1つの値だと考える固定効果モデルと，真の効果が分布して

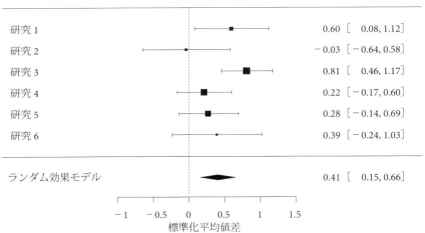

図2　ランダム効果モデルによる平均値差に関するメタ分析の結果（フォレストプロット）

いると考えるランダム効果モデルのどちらを選ぶかを決めなければならない。通常の応用では固定効果は強い仮定である場合が多く，ランダム効果モデルを選ぶ方が安全といえるかもしれない。

　メタ分析では，サンプルサイズの大きな研究に対してより大きな重みをつけながら，個々の研究から得られた効果量を統合する。表7の6つの先行研究に基づいてメタ分析を行った結果は，図2に示すフォレストプロットにまとめることができる。四角形（■）が当該の研究から得られた効果量の推定値を表し，その大きさは効果量を統合する際の各研究につけられる重みと比例している。左右に伸びた線は効果量の95％信頼区間を表す。また，一番下の「ランダム効果モデル」で示される菱形の，最も膨らんだ中央部が統合された効果の推定値を表し，菱形の両端は95％信頼区間を表す。

　図2の結果から，統合された効果の推定値は0.41であり，またその95％信頼区間は[0.15, 0.66]であった。個々の研究で見ると，6つのうち4つの研究では95％信頼区間は0を含んでいたが，統合された効果の95％信頼区間は0を含んでいない。したがって，先行研究を統合した総合的な結論としては，この介入の効果は0よりも大きい可能性が高く，平均的に0.41標準偏差程度の不安の改善をするものと解釈できる。

3．相関係数のメタ分析

　メタ分析はさまざまな効果量を統合するために行うことができる。心理学分野

第14章 効果量と信頼区間，メタ分析

での応用上，平均値差の効果量について重要なものに，相関係数のメタ分析がある。

女性における不安と抑うつの間の相関係数について6つの先行研究を調べたところ表8のようになったとする。このうち研究1は表6に示したものである。

これらの先行研究に基づいて相関係数のメタ分析を行う。相関係数については，標本分布の非対称性を考慮するために，信頼区間のときにも登場したフィッシャーの z 変換を適用したのちに効果量の統合が行われることが多い。この方法を用いて，z 変換後の効果量を統合し，それを元の相関係数の単位に逆変換して得られたフォレストプロットを図3に示す。

表8 女性を対象とした6つの先行研究における，抑うつと不安の間の相関係数 r とサンプルサイズ n

研究	n	r
1	30	0.64
2	29	0.24
3	67	0.55
4	55	0.50
5	46	0.68
6	14	0.50

フォレストプロットの記号の見方は前項と同様である。統合された効果量（相関係数）の推定値は 0.55，95％信頼区間は [0.43, 0.64] であった。この結果から，女性における抑うつと不安の特定の改善量の間には，複数の先行研究結果を総合的に見ると，中程度の相関がある可能性が十分あることがわかる。

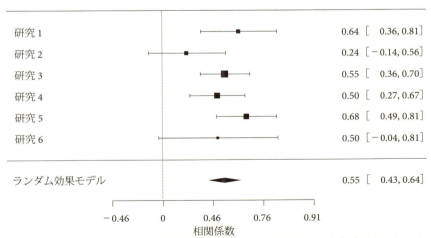

図3 ランダム効果モデルによる平均値差に関する相関係数に関するメタ分析の結果（フォレストプロット）

V　本章のまとめ

本章では，まず研究で知りたい効果の大きさを直接的に表現する，効果量を紹介した。次に，推定の不確実性を理解するために活用できる信頼区間の考え方を学んだ。最後に，複数の研究から得られた効果量を統合するメタ分析について学んだ。

本章で学んだ効果量，信頼区間，メタ分析は，けっして最近新しく開発された方法というわけではないが，心理学のデータ分析では比較的最近になってその重要性が認識されてきたものである。一昔前の心理学データ分析は仮説検定に過度に依存していたところがあり，検定を行って有意になれば，よい結果として認められる（そうでなければ認められない）といった使われ方がしばしばされていた。しかし，研究の価値が検定結果に大きく依存して決められてしまうことの弊害が近年の心理学研究では広く認識されるようになってきた。たとえば，近年ではサンプルサイズが1万を超えるようなデータを用いた分析を行う場面もあるが，仮説検定の仕組み上，こうした場合の検定結果はほんの小さな効果でも有意になってしまう。しかし，「有意な差」と「実質的に意味のある差」とは別のことである。本章で学んだ内容は，とくに後者について論じていくうえで役立つであろう。

◆学習チェック
- □　代表的な効果量の定義と意味を理解した。
- □　信頼区間の定義と意味を理解した。
- □　メタ分析とは何か，なぜメタ分析が重要なのかを理解した。

第15章

ベイズ統計学

繁桝算男

Keywords 主観確率，ベイズの定理，EAP推定値，ベイズ的階層モデル，WAIC，LOO-CV，ベイズファクター

　本章では，ベイズ統計学について解説する。ベイズ統計学は，入門的な心理統計学の授業で取り上げられることは少ないかもしれないが，心理学の有力な方法論である。ベイズ統計学が社会に役立つためにさかんに使われている現状を見ると，ベイズ統計学のことを知らないではすまされない時代になったと思われる。公認心理師になるための準備段階においては，この章の学習目標は，ベイズ統計学についてある程度のイメージをもつことといえるかもしれない。しかし，公認心理師になって実際的な問題に取り組むとき，たとえば，いくつかのデータからの結論をまとめて考えたいときや統計的帰無仮説が正しいかどうかというよりも問題にしている量の差が実践的に意味があるかどうかが重要であるときなど，ベイズ統計の知識が役に立つ場面に出会うであろう。

I　ベイズ統計学の導入

　ベイズ統計学とは，一言でいえば，ベイズの定理を使ってデータの情報を汲み取る手法であるといってよい。このベイズの定理で使われる確率は主観確率である。主観確率とベイズの定理をまず説明して，本章の導入とする。なお，本章の説明全体において，用いる数式記号は，若干の例外を除いて，確率を表す記号 P と p のみである。P(事象)は，（　）内の事象が生起する確率を示す。事象とは，生起するかしないかがわかる，何らかの事柄を指す。たとえば，「明日雨が降る」という事象が生起する確率が P(明日雨が降る)である。これは，「明日雨が降る」という言明が真であると言い換えることもできる。確率 P は，ある事柄が生起する確率やある言明が正しい確率などを指すと考えてもらえばよい。大文字 P が確率を示すのに対し，小文字 p は確率と関連づける関数を一般的に表す。観測されるデ

ータを x や y，未知のパラメータを θ[注1] で表すことが多いが，これらの確率と関連する関数はそれぞれ $p(x)$，$p(y)$，$p(\theta)$ として示す。これらは確率そのものを示す関数である場合もあるが，データやパラメータの値が連続的な場合には，この関数は確率そのものを表すことはできない。連続値の場合は，関心のある値がある特定の区間にある確率は，その区間を積分することによって得られるような関数（確率密度関数）を示す。ただし，本章の内容を理解するためには，大文字 P も小文字 p も確率を表現しているものとして理解することで十分である。

1. 主観確率

　ベイズ統計学で使う確率は主観確率という。主観確率という名称からもわかるように，客観確率という確率を主張する人もいる。客観確率の定義の典型的な例はコインを投げて表が出る確率であり，$\frac{1}{2}$ であるとされる。$\frac{1}{2}$ という値は，多数回コインを投げた場合に表が出る比率の極限，すなわち，同じ条件で無限回コインを投げて表が出る確率である。しかし，無限回投げる実験は現実には実行できない。実際に多数回実験した人もいるらしいが，その結果は $\frac{1}{2}$ とは違った（統計的に $\frac{1}{2}$ とは有意な差であった。現実のコインはどれも重心がまったくの中心にあるとはいえないので当然の結果であるともいえる）。表と裏の出る可能性は等しいので，$\frac{1}{2}$ であるとする定義（古典的定義といわれる）も，可能性が等しい事象は現実にはまれであり，あまり役立たない。これに対し，主観確率は，受験して合格するという事象の確率や明日の試合でひいきのチームが勝つ確率などを指す。主観確率は不確定な事象に対する，意思決定をする当事者の個人的信念である。このように書けば主観確率は根拠のない曖昧な概念のようであるし，実際，これを測定することは難しい。しかし，このような主観確率の原形が心の中に存在することは確かであろう。この主観確率をどのように科学の道具として使えるように「客観化」するかが問題である。主観確率が数学的確率として扱えること，および，データのもつ情報を適切に推論に取り入れることについて説明するのが本章の目的であるともいえる。

　本章を除いて，本書全体としては，伝統的な統計学の理論に基づいて説明されている。伝統的な統計理論が立脚しているのは，客観確率であり，客観確率の基礎は，上記のコイン投げの例における頻度である。この意味で，伝統的な統計学を頻度論的統計学ということがあり，本書でもベイズ統計学と比較して伝統的な

注1）　第13章で説明した項目反応理論は，学力などを示す潜在変数を θ で表す伝統があり，潜在変数を θ で示すことにする。

第 15 章　ベイズ統計学

手法の説明をする際には，頻度論的という用語を用いる。本章の目的は，頻度論的な統計手法をベイズ的観点から見ればどうなるかを概説することであるともいえる。

2.　主観確率の前提条件

ベイズ統計学では，主観確率を用いる。先ほど導入した P（事象）が示す確率は，主観確率の意味である。この主観確率が存在することの基盤を確かめよう。明日雨が降るという事象と自分が試験を受けたときに合格する事象などの可能性の程度を蓋然性（尤もらしさ，確からしさ，可能性の意味を含む）と呼ぶことにして，不確かな事象の蓋然性を評価する認知的判断が次のような 3 つの条件を満たすとする。この 3 条件を前提とするならば，主観確率が存在することが導かれる。

1.　すべての不確かな事象の蓋然性は相互に比較できる。すなわち，事象 A と B の比較において，A が B より起こりやすいか，B の方が起こりやすいか，あるいは，同じであるかを判断できる。
2.　この蓋然性に関する判断は相互に矛盾しない。たとえば，事象 A，B，C において，A は B よりも起こりやすい，B は C よりも起こりやすいならば，A は C よりも起こりやすいと判断しなければならない。
3.　まったく可能性がない状態を 0，確実に起こることを 1 として，0 から 1 まですべての数値をとりうる不確定な状態を作る実験が存在する。

これだけの説明では理解困難かもしれない。まず，上記 3 は，実例を示すとわかりやすいであろう。図 1 の左上図のように面積が 1 である正方形を考える。その上からランダムに針を落とすとする。この実験において，その中の領域 A に針が落ちる蓋然性の程度を領域 A の面積 a とする。領域 B に針が落ちる蓋然性をその面積 b とする。上記 1 においてすべての不確定の事柄は比較できるので，ある事柄の蓋然性とこの実験の針が落ちることも当然比較できる。評価したい事象の蓋然性と同じ蓋然性をもつ事象を針が落ちる実験においても見出すことができる。その領域の面積を評価の対象の事象の確率とする。たとえば，試験に合格する蓋然性と同じ蓋然性をもつ領域が A だとすると，試験に合格する確率はその A の面積（0.25）となる。

しかも，この確率の値は 1 つの値に定まる。合格する蓋然性が領域 A に針が落ちる蓋然性と同じであると判断し，かつ，面積の異なる（小さい）領域 B に針が落ちる蓋然性とも同じであると判断することは上記条件 2 の整合性に反するから

277

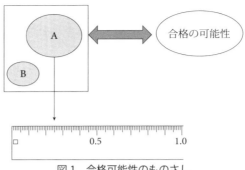

図1 合格可能性のものさし

である[注2]。すなわち，合格する事象とAに針が落ちること，および，Bに針が落ちることが同等ならば，$a = b$ でなければならないが，実際は $a > b$ であり，矛盾するからである。合格する確率と同じ蓋然性をもつと判断できる正方形の中の図形は，すべて同じ面積 a でなければ，整合的な判断であるとはいえない。

3. ベイズの定理

ベイズの定理は頻度論的統計学の教科書では条件付き確率の定義とその変形として説明されることが多い。しかし，ベイズの定理は，単に定義づけによる概念ではなく，人間の認知の整合性を信ずるならば，正当な根拠をもって頼るべき数学的法則であることが証明される。

ある事象 E と F とがあり，これから証拠として用いようとするデータを D とするとき，次の前提条件が満たされれば，ベイズの定理の存在が証明される。

前提条件：E と D が同時に起こる蓋然性は，F と D が同時に起こる蓋然性よりも高い（あるいは同じ，あるいは，低い）とき，データ D を得た後，E の蓋然性は，F の蓋然性よりも高い（あるいは同じ，あるいは，低い）。

ベイズの定理は，この前提条件から導かれる定理である（くわしい説明は，たとえば，繁桝〔1985〕参照）。ベイズの定理では，データ D が得られたとき，事象 E が起こる確率は

注2) なお，ここで，人間が実際にこのような整合的な判断ができると主張しているのではないことに留意されたい。データ分析を行う人格を想定するとして，整合的な判断を行う"理想的"人格を想定するのは当然である。

$$P(E|D) = \frac{P(D|E)P(E)}{P(D)} = \frac{P(D|E)P(E)}{P(D|E)P(E) + P(D|\bar{E})P(\bar{E})} \tag{15.1}$$

となる。ここで，$\bar{E}$はEが起こらないことを示す。

これを，E_1，E_2，E_3の3つの事象に拡張する。この3つの事象のうち，いずれかが必ず起こり，また，同時に起こることがないとき，データDを得た後で，E_1が起こる確率は，

$$P(E_1|D) = \frac{P(D|E_1)P(E_1)}{P(D)} = \frac{P(D|E_1)P(E_1)}{P(D|E_1)P(E_1) + P(D|E_2)P(E_2) + P(D|E_3)P(E_3)} \tag{15.2}$$

さらに，3つの事象ではなく，n個の事象に分かれている場合には，

$$P(E_1|D) = \frac{P(D|E_1)P(E_1)}{\sum_i^n P(D|E_i)P(E_i)} \tag{15.3}$$

となる。ここで，$P(E_i)$は，データDを得る前に評価した主観確率であり，$P(E_1|D)$は，データDを得た後の主観確率である。その意味で，前者を事前確率，後者を事後確率という。上式は，事後確率は，当該のデータの発生する確率×事前の確率に比例することを示している。ベイズの定理の適用の仕方については次の例題を通して説明する。

例題1　がんのスクリーニングテスト

　簡易なスクリーニングテストが開発された。これは，肺がん患者の99％に陽性反応が得られるとする。ある人は，このスクリーニングテストで陽性反応が出て，悲観している。しかし，このテストは，風邪を引いた場合にも，風邪の患者の3分の1が陽性反応を示すという。この人ががんを患っている確率はどの程度であろうか。簡単のために，可能性として，風邪か肺がんかどちらかであるとしよう。スクリーニングテストの結果，陽性反応が出たというデータをDとする。全国のがん患者の数と風邪の患者の数を勘案すると（同様の症状をもつ者の90％が風邪，10％が肺がんだとする），1つの答えは次のようになる。

279

$$P(\text{肺がん}|D) = \frac{P(D|\text{肺がん})P(\text{肺がん})}{P(D|\text{肺がん})P(\text{肺がん}) + P(D|\text{風邪})P(\text{風邪})}$$

$$= \frac{0.99 \times 0.1}{0.99 \times 0.1 + 0.33 \times 0.9}$$

$$= 0.25$$

99％肺がんだと思っていたが，ベイズの定理を用いるとその確率は 0.25 まで下がる。0.25 という確率は依然として低い確率ではないが，0.99 に比べるとずいぶん低い。

4. ベイズの定理と統計的問題

先ほどの例は，ベイズの定理が実生活で応用できることを示すものであるが，肺がんであるという事象ではなく，統計モデルのパラメータがある範囲にあること（たとえば，母集団の平均が 0 以上であること），ある統計的仮説が正しいこと（たとえば，ある母集団の平均が，ほかの特定の母集団の平均よりも大きいという仮説）などという不確定事象にベイズの定理を適用するのがベイズ統計学である。統計的に解明したい現象について観測されるデータを x とする。このデータは，連続的な場合もあり，離散的な場合もあるが，ここでの説明は，x が連続的な値であるとして，統計的問題にベイズの定理を適用することを考える（x が離散的な場合には，積分記号が総和記号 Σ に変わると考えればよい）。この x というデータが発生する様を，分布 $p(x|\theta)$ によって表すとする。ここで，θ はこの分布の形状を決めるパラメータである。この分布は，データ発生のありさまを示すという意味で，データ発生モデル分布，あるいは，簡略して，データ分布やモデル分布と呼ばれる。事前の知識によってパラメータ θ を予想する分布が事前分布であり，$p(\theta)$ で表す。データ x を得た後の，パラメータ θ の事後分布は，次のように示すことができる。これは，確率 P を確率密度関数 p に変えたものである。すなわち，

$$p(\theta|x) = \frac{p(x|\theta)p(\theta)}{\int p(x|\theta)p(\theta)d\theta} \propto p(x|\theta)p(\theta) \tag{15.4}$$

となる。ここで，$\propto$ は，比例関係にあることを示す。なお，分布 $p(x|\theta)$ は，データ x が観測され既知であり，パラメータ θ を未知の値と考えた場合，データ x に

第15章 ベイズ統計学

基づく，パラメータ θ の尤もらしさを示すので，尤度とも呼ばれる。尤度として解釈する場合，パラメータの確率密度関数ではなくなるので，$L(\theta|x)$ と表記することが多い。結局，事後分布は，尤度×事前分布に比例することを上式は示している。すなわち，事後分布は，事前の知識とデータからの情報を統合している。

パラメータに関する統計的推論は，この事後分布を用いる。たとえば，$c \leqq \theta \leqq d$ であるとする統計仮説 H を検討するとき，この仮説を真とする確率は，

$$P(H|x) = \int_c^d p(\theta|x)\,d\theta \tag{15.5}$$

となる。パラメータ θ について，点推定値を得ることが目的であれば，事後分布の平均やメディアンを推定値とする。推定値としての事後分布の平均を，EAP（expected a posteori）推定値という。

ベイズ統計学の基本的なステップについて，ここで，まとめておく。①問題とする対象について情報をもつ観測値のデータ発生分布をモデルとして想定する。②その分布の未知の部分がパラメータである。そのパラメータについて事前分布を設定する。③データを複数収集し，ベイズの定理を使って，パラメータについて推論する。④事後分布に基づき，仮説の真偽の判定や現実の意思決定に役立つように，必要な事後確率を計算する。

II 複数の集団の比較

1. 2つの正規分布の比較

2つの母集団がそれぞれ平均 μ_1，μ_2，分散 σ_1^2，σ_2^2 の正規分布に従っているとする。このとき，2つの母集団の平均が同じであるかどうかに関心があるとしよう。この問題を解くために2つの集団から，それぞれ独立に，n_1 個と n_2 個のサンプルが得られるとする。この問題の対処の仕方が，第6章の t 検定（対応のない場合）に説明されている。第6章では，母集団分布からの t 統計量が，帰無仮説と対立仮説で異なる分布をすることを利用して，検定の手続きを設定した。ここで，t 統計量の式を再掲する（ただし，標本平均と母集団の平均の順序が逆になっていることに留意されたい）。

$$t = \frac{(\mu_1 - \mu_2) - (\bar{x}_1 - \bar{x}_2)}{\sqrt{\frac{(n_1-1)s_1'^2 + (n_2-1)s_2'^2}{n_1 + n_2 - 2} \times \left(\frac{1}{n_1} + \frac{1}{n_2}\right)}} \tag{15.6}$$

この t 値は，ベイズ的枠組みにおいても，t 分布に従う。この t 分布の自由度はそれぞれの集団のデータ数の和から 2 をひいた数，すなわち，$n_1 + n_2 - 2$ である。

しかし，式の形では似ていても，第 6 章では，μ_1，μ_2 は未知ではあるが帰無仮説のもとで，$\mu_1 - \mu_2 = 0$ と固定されていて変動するのは標本平均の差である。一方，ベイズ統計学では，標本平均や分散はデータから計算され，すでに既知であるのに対し，未知ゆえに確率的に分布で示されるのがパラメータ μ_1，μ_2 である。

伝統的な頻度論的統計学では，パラメータは未知ではあるが，ある特定の値をもっていると考えられている。確率的に変動するのはあくまでデータであり，観測してその値が固定された後であっても，それはたまたま得られた値であるという立場から，推定や検定の問題を処理しようとしている。これに対して，ベイズ統計学では，未知のものは 1 つの値に特定することはできないので，確率分布で表現する。データは観測された値に特定されているので，単なる定数となる。頻度論的統計学とベイズ統計学の違いを，例題を通して具体的に見てみよう。

例題 2　ダイエット法の効果

世の中には，体重を減らすためにいろいろなダイエット法が提案されている。そのうち 3 つの方法を選び，調べた結果が表 1 である[注3]。ダイエット法 1 に 24 人，ダイエット法 2 に 27 人，ダイエット法 3 に 27 人を無作為に割り当てた結果，どれだけ体重が減少したかを示す（負の値で示される数値は，逆に体重が増えた場合である）。

ここで，第 1 のダイエット法と第 2 のダイエット法の効果の違いがあるかどうかを比較する。頻度論的アプローチにおける t 検定では，計算される t 値が正確に t 分布に従うのは，2 つの母集団の分散が等しい場合のみである（第 6 章を参照）。しかし，2 つの分散が等しいという仮定は現実には想定しにくい。計算する t 値が，t 分布によって十分に近似されるということで満足せざるをえない。通常は，より正確に分布を近似するために自由度を調整することが多い。その代表的方法がウェルチの方法であるが，このデータの t 検定による分析結果は，t 値は -2.85，自由度は，$24 + 27 - 2 = 49$ よりほんの少し小さくなり，48.86，p 値は 0.0065 である。統計的検定によればこれ

注3)　https://www.sheffield.ac.uk/polopoly_fs/1.570199!/file/stcp-Rdataset-Diet.csv　なお，以下の説明ではリンク先のデータの順番を変えており，もとのデータにおけるダイエット法の 2 と 3 を入れ替えている。

第 15 章　ベイズ統計学

は有意な差があることを示している。

2つの母集団の分散が等しくない場合[注4]には、ベイズ的アプローチによる事後分布もよく知られている分布の形にはならないが[注5]、ベイズ的方法では、コンピュータシミュレーションによって正確な事後分布が得られる。これがベイズ的アプローチの利点であるが、それ以上に重要な利点は、ベイズ的な比較は、複数の観点から2つの処理条件（この例の場合はダイエット法）の違いを比較できるということである。この例の場合2つのダイエット法の効果の差が実質的な意味をもつのは、平均の差が、1kg以上の差がある場合であるとしよう。この状況で2つのダイエット法の間に実質的な差があるかどうかの問いにベイズ的アプローチで答えるには、$\mu_2 - \mu_1 > 1$ となる確率を求めればよい。この値を MCMC（マルコフ連鎖モンテカルロ；Markov Chain Monte Carlo）法と呼ばれる方法によって求めると、0.89 となる。さらに、2kg 以上になる確率は、0.40 である。実質的な差があると考えてよいであろう。

また、ダイエットの結果を BMI[注6] という指標によって評価したいときには、ダイエットによって BMI がどのように変化するかを見ることができる。P（ダイエット法2による BMI の減少値−ダイエット法1による BMI の減少値 > 1）は、0.43 となる。

表 1　ダイエットによる体重減少

ダイエット法1	ダイエット法2	ダイエット法3
3.8	7.0	0.0
6.0	5.6	0.0
0.7	3.4	− 2.1
2.9	6.8	2.0
2.8	7.8	1.7
2.0	5.4	4.3
2.0	6.8	7.0
8.5	7.2	0.6
1.9	7.0	2.7
3.1	7.3	3.6
1.5	0.9	3.0
3.0	7.6	2.0
3.6	4.1	4.2
0.9	6.3	4.7
− 0.6	5.0	3.3
1.1	2.5	− 0.5
4.5	0.9	4.2
4.1	3.5	2.4
9.0	0.5	5.8
2.4	2.8	3.5
3.9	8.6	5.3
3.5	4.5	1.7
5.1	2.8	5.4
3.5	4.1	6.1
	5.3	7.9
	9.2	− 1.4
	6.1	4.3

以上のように、ベイズ統計学は、データに基づいて、2つの集団の差が意味のある差であるかどうかを判断することができる。まず、最初に、科学的あるいは

注4）　ベーレンス・フィッシャー問題と呼ばれる。
注5）　事後分布の数式は積として容易に得られるが、そのままではそれがどのような分布かわからず、そこからパラメータについて推論することは難しい。
注6）　BMI =（体重（kg））/（身長（m）×身長（m））。ベイズ統計学では、データやパラメータを適切に変換した値の事後分布を得ることができる。

実践上意味のある真の平均値の差を決める。たとえば、その差が2以上であれば、意味のある差であり、逆に、その差が0.5以下であれば、実質的な差はないと決める。実質的な差があるとする上記の基準をクリアする確率が一定の高い確率（たとえば、0.95）以上であるか、逆に、差がないとする基準より小さい確率が高くなるときに、データをとることをやめる。いずれの基準も満たさない場合、データをとる努力を続ける。これがベイズ的に2つの母集団の差が意味のある差かどうかをチェックする目的のためにふさわしい方法である。2つの母集団の差を検討する場合だけではなく、全般的にベイズ的アプローチはデータの積み重ねを大事にする方法である。

2．3つ以上の集団の比較

2つのダイエット法の比較についてすでに説明したが、3つ以上の母集団を比較したい場合もある。3つ以上の平均の差の検定に関しては、すでに、第7章で分散分析として説明しているが、頻度論的には、複数の母集団において、それらの分散は等しいと仮定したときの検定統計量FがF分布に従うことを利用して、すべての母集団の平均が等しい（帰無仮説）か、あるいは、少なくともその一部が違う（対立仮説）かどうかという二者択一的な決定をするのが典型的な方法である[注7]。この二者択一的な答えは、研究上、あるいは、実践上知りたいことと直接には結びつかないことがある。

ベイズ的には、分散が等しいという仮定を緩め、母集団の平均の差があるかどうかを推論することができる。数値例として、2母集団の比較と同じデータを扱う（表1）。先に、ダイエット法1と2の比較のみ取り上げたが、ここで3つのダイエット法の効果の違いを検討することを考えよう。1つの方法は、それぞれの母平均が全体の平均よりも大きくなる確率を評価することである。次に考えられる方法は、1番目のダイエット法と2番目のダイエット法との違いを評価した後、2番目と3番目、1番目と3番目というそれぞれの組み合わせについて、平均の差を評価することである。

とくに2番目のダイエット法に関心があり、そのほかのダイエット法の平均よりもダイエットの効果が高いかどうかに関心があるときには

注7）　t検定の場合と同様に、ウェルチの方法として、自由度を調整して、F分布に近似する検定方法もある。

第15章 ベイズ統計学

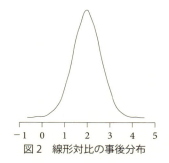

図2 線形対比の事後分布

2番目のダイエット法の結果の平均 − (1番目のダイエット法の結果の平均 + 3番目のダイエット法の結果の平均)/2 = $\mu_2 - \dfrac{\mu_1 + \mu_3}{2}$

についてその分布を得ればよい[注8]。

　上式は，線形対比と呼ばれる母平均の関数の1つであるが，これの事後分布を図2に示す。これらの結果は，前述のMCMC法によるが，そのための統計ソフトウェアであるStanを用いたものである。なお，この線形対比，すなわち，2番目のダイエット法の結果の平均と，他の2つのダイエット法の結果の平均の平均との差が1kg以上である確率は0.95となる。また，この線形対比のメディアンは，2.00，95％ベイズ信頼区間（信用区間ともいう）は，0.74から3.17である。

　従来の方法の分散分析では，F値は6.20，自由度（2，75）のF分布からp値は0.0032となり，統計的に有意である。頻度論的な方法では，多重比較の方法によって，さらに，どのダイエット法が違いを生じているかを追及することができるが，多重比較の統計的仮説検定も，統計的に有意な差があるかどうかについて結論を得るだけであり，その差がどの程度であるかを語るものではない。

注8）　3種類の処理の方法を例示したが，これらの方法は，頻度論的には分散分析の後の処理として，多重比較という名称で説明される。ベイズでは，検定法の全体でのp値の管理に関心がないので，それぞれの平均をどのように変形すれば実践・研究課題を解くカギになる仮説を作れるかを考慮し，自由に評価したい母集団の平均を変形してその仮説の事後確率を評価すればよい。

III ベイズ階層モデルの展開

1. 回帰分析

ここまでの記述では，得られた数値データを x によって示したが，これ以降，本書の他の章と同様に，説明や予測のために収集されるデータと，説明や予測のための基準となるデータを区別して，前者を説明変数 x，後者を目的変数 y として区別する。説明変数には，実験の割り当てを示すダミー変数や調査によって得られる予測変数などを含む。

説明変数 x と目的変数 y との間の因果について統計モデルを通じて明らかにしようとするのが，統計分析の目的の1つである。線形モデルは，そのための統計モデルの最も簡単なケースである。しばしば，回帰分析と同列に扱われるが，回帰分析に使われるモデルが線形であるとは限らない。説明変数と目的変数との間に線形の関係があるとは，説明変数にそれぞれに適切な重みをかけた積の和に，さらに，ある定数（切片と呼ばれる）と確率的に分布する誤差成分を足したものである[注9]。線形回帰モデルについて理解を深めるために，予測するという目的としてわかりやすい次の例題を見てみよう。

例題3　中古車の価格

中古車の価格を使用年数と走行距離から予測することを考える。数年前のある小型車の中古車338台の販売価格とその走行距離を調べた結果（実データ）の散布図（第3章参照）を示す（図3）。

走行距離と価格との相関は－0.687である。また，使用年数と価格との相関は，－0.913，使用年数と走行距離による価格の予測式を，

価格＝切片＋偏回帰係数$_1$×使用年数＋偏回帰係数$_2$×走行距離＋誤差

とするのが線形モデルである。推定値は，事前の知識を事前分布として取り込まない限り，頻度論的統計学による推定値とあまり変わらない[注10]が，ベイズ的方法の利

注9）　式で示すと，
$$y = \beta_0 + \beta_1 x_1 + \beta_2 x_2 + \cdots + \beta_p x_p + \varepsilon$$
ここで，各説明変数への重み β は，偏回帰係数である。

注10）　ちなみに，切片のEAP推定値157.77，偏回帰係数$_1$のEAP推定値－9.13，偏回帰係数$_2$のEAP推定値－3.11である。すなわち，1年使うと約9万円価格が安くなり，1万km走ると約3万円安くなる。

286

第 15 章　ベイズ統計学

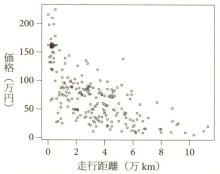

図 3　中古車価格（万円）と走行距離（万 km）との散布図

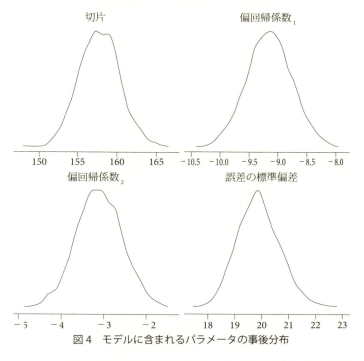

図 4　モデルに含まれるパラメータの事後分布

点は，それぞれの切片や偏回帰係数とモデルの誤差成分の標準偏差の事後分布を計算し，確率的に推論すること，および，価格の予測値を分布で示すことができる点である。パラメータの事後分布は，データ分布のカギとなるパラメータについて推論するための道具である。一方，価格の予測分布は，実際に観測されるが将来の未知の値について推論するために使われる。図 4 に，切片，偏回帰係数$_1$，偏回帰係数$_2$，誤差の標準偏差の事後分布を示す。ベイズ的アプローチでは，実際に観測される値を予測す

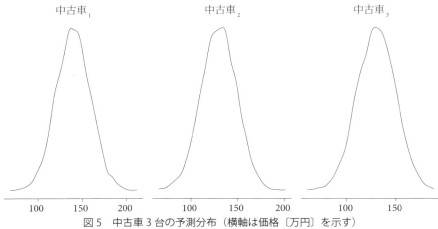

図5 中古車3台の予測分布（横軸は価格〔万円〕を示す）

る分布を計算することができる。また，図5に価格予測値の分布を3つの中古車について示す。先に述べたように，予測分布は，将来の未知の観測値を予測する分布である。そのデータがすでに観測されている場合には，これは，使用年数と走行距離から見てこれくらいの価格になるであろうとする分布を示し，予測分布が実際の価格とかなりずれているならば，その理由が気になるであろう。この3台は，338台のうち最初の3台を選んだものであるが，気になる中古車があれば，すべての中古車について予測分布を得ることができる。ある特定の使用年数と走行距離を想定して予測分布を計算することもできる。予測分布が比較的容易に計算できることがベイズ統計学の1つの利点である。

2．ロジスティック回帰分析

心理学研究において予測したい結果は連続値ではない場合もある。合格か不合格か，正答か誤答か，正しいか間違っているか，有罪か無罪かなどは2つの値しかもたない。この2つの状態を，$y = 0$ あるいは $y = 1$ で表す。このような2値の変数を線形モデルで予測する場合，予測値は0以下に，あるいは，1以上になることがあり，不都合である。2値のうちたとえば $y = 1$（例：合格）となる確率を予測することを考える。

例題4　合否の予測

ある地方自治体職員の公募への応募者が23名いた。これらの23名について，合格した（$y = 1$）か不合格か（$y = 0$）をダミー変数で示す。また，これらの志望者の適

第15章 ベイズ統計学

性検査の評価値（10点満点）と試験勉強の1日当たりの平均時間は表2の通りであった（仮想データである）。適性検査と試験勉強の時間から，合否を予測する。

適性検査と勉強時間からの最適な予測の値を0から1までの確率に変換する1つのモデルは，図6の三角に示すような大文字のSを斜めに引き延ばしたような曲線であり，これがロジスティック関数である。図6において，合格する確率は，適性検査と勉強時間の最適な重み付きの和，すなわち，最適な線形式の値をロジスティック曲線に乗せた値が確率であり，△で示しており，また，実際の観測値は○で示している。最適な重みは，重回帰分析の場合と同様に，切片 β_0，適性検査評価値の偏回帰係数 β_1，平均勉強時間の偏回帰係数 β_2 によって与えられる（表3）。推定値として，平均をとる（EAP 推定値）とすると，

$$-14.03 + 1.53 \times 適性検査得点 + 0.90 \times 勉強時間$$

で得られる予測値が合否を最もよく予測する。ただし，合否の確率にするには，ロジスティック関数によって変換する必要がある。

表2　各志望者の合否，適性検査評価値，および勉強時間

合否（y）	適性検査（x_1）	平均勉強時間（x_2）
0	3	5
0	4	3
0	2	2
1	5	7
1	7	3
0	3	3
0	4	5
0	5	4
1	9	9
0	3	3
0	4	7
1	9	8
1	7	9
1	8	3
1	8	7
0	8	2
1	5	9
1	9	8
1	9	8
0	7	7
1	7	9
1	8	8
1	9	6

3．テスト得点のモデル

本項では，テスト得点についての統計モデル作りを例として，ベイズ的階層モデルを構成するプロセスを説明する。

心理学では，関心のあるデータ（テスト得点など）を構成概念によって説明することが多い。構成概念を表現する変数を潜在変数 τ[注11] とする（第13章では，受験者特性値とされている。この値は，θ で表すことが多いが，本章では，θ はパ

注11）ギリシャ文字 τ はタウと読む。

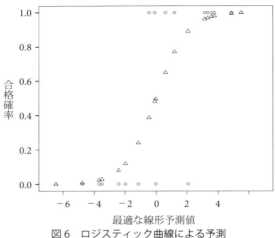

図6 ロジスティック曲線による予測

表3 事後分布の要約値

	平均	SD	2.5%	25%	50%	75%	97.5%
β_0	−14.03	5.92	−28.13	−17.36	−13.07	−9.75	−5.22
β_1	1.53	0.68	0.46	1.04	1.43	1.91	3.15
β_2	0.90	0.45	0.18	0.58	0.84	1.18	1.90

ラメータを一般的に表すために用いている）。心理現象を説明するために，τ に関する推論に関心の対象がある場合が多い。その代表的な例は，学力，能力，適性などのテストである。これらのテストでは，潜在する学力，能力，適性を推定しようとして，テストの反応を得ている。これらのテストで観察される反応は，正答か誤答か，あるいは，いくつかの選択肢のうち1つを選ぶ，いくつかの選択肢から複数を選ぶ，いくつかの選択肢を順序づけする，複数の選択肢のうち2つずつのペアを作り，そのどちらかを選択するなどの形式で得られるデータである。反応の形式に応じて，潜在する τ と観測されるデータ x とを関連づける適切なモデルを作り，潜在変数 τ の事前分布を設定する。テスト項目と潜在変数を結ぶモデルを項目反応理論といい，本書では，第13章Ⅳ節で説明されている。潜在変数とテスト項目をつなげる未知数がパラメータであり，項目パラメータと呼ばれる。

　項目反応理論は，データの種類によっていろいろなモデルを考えることができるが，最もよく使われるモデルでは，正答か誤答かを予測するには，潜在変数 τ のロジスティック関数が使われていることが第13章で説明されている。ただし，ロ

第15章 ベイズ統計学

ジスティック回帰分析と異なり，項目反応理論では，説明変数が潜在変数であることに留意されたい。被験者iの潜在変数（学力など）τ_iについて事前の知識がない場合，あるいは，事前の知識を分析に組み込むことが不都合な場合には，特定の被験者を区別しない中立的な状態を想定すればよい。被験者を区別しない事前分布の1つは，被験者iの潜在変数（学力など）τ_iは同じ母集団からの無作為標本であると見なして，各被験者の潜在変数は同じ分布に従うという仮定である。項目反応理論では，各被験者τ_iの分布は母集団の分布だと解釈されることが多いが，ベイズ統計学では，事前分布の1つである。事前分布であるから，その設定も自由である。たとえば，被験者が3つの学校に分かれているとすると，3つの異なる事前分布を設定すればよい。特定の被験者についてすでに何らかの情報があればそれを事前分布にすることも可能である。

ベイズ統計学からの貢献は，この能力などの指標である潜在変数が1点だけではなく，分布として推定されることである。たとえば，1番目の被験者と2番目の被験者の適性を比較したい場合には，$P(\tau_1 > \tau_2)$を計算すればよい。また，学力などの潜在変数の性質をよく理解することによって，合格の基準τ_0を定めることができるならば，$P(\tau > \tau_0)$を計算すればよい。

ここで述べたことはモデル作りのプロセスをよく物語っている。元来統計モデルの目的は，観測されるデータの発生プロセスを明らかにして，説明や予測をすることである。そのために，知っておくべき未知数がパラメータである。さらに，パラメータや潜在変数の事前分布を設定する。パラメータθの事前分布のパラメータは，ハイパーパラメータと呼ばれる。ここでは，ξ[注12]とする。これがベイズモデルの階層構造の典型である。すなわち，目的変数yを説明するモデルの1つが$p(y|\theta)p(\theta|\xi)$となる。さらに，ハイパーパラメータの事前分布を加えることも可能である。

モデルに，複数のパラメータθ_1, θ_2, $\cdots$, θ_mを含むとき，パラメータのそれぞれが互いに区別がつかないという中立的な事前分布を想定することができる。潜在変数については先述したが，互いに見分けがつかない性質を，交換可能性という。この場合，ハイパーパラメータが所与の場合，パラメータθ_1, θ_2, $\cdots$, θ_mは互いに独立に分布すると仮定してよい。頻度論的な統計学における，独立同一分布の仮定に相当するが，それよりも広い意味をもつ[注13]。

注12) ギリシャ文字ξはクシーと読む。
注13) 複数のパラメータθ_1, θ_2, $\cdots$, θ_mが交換可能であるとき，この分布は$p(\theta_1, \theta_2, \cdots, \theta_m) = \int p(\theta_1, \theta_2, \cdots, \theta_m|\xi)p(\xi)d\xi$であることと等価であることが証明されている。

ベイズ的階層モデルは，このように，階層の数を増やすことができ，かつ，説明変数 x を各階層に含めてモデル化することができる。この階層モデルは，一般的であり，かつ，柔軟なモデル作りができる。以下にモデル作りとしていくつかの例を挙げる。

　観測されるデータが順序である場合には，潜在変数の値に基づいて，それが順序つきのカテゴリにまとめられて観測されるとするモデルを作ればよい。ペアのうちどちらを選ぶかというデータに関しては，一方の刺激に対応する潜在変数が，他方の刺激に対応する潜在変数よりも大きいときに，それを選択するというモデルを考えればよい。潜在変数を導入するモデルのうち，心理学で創案され，発展を続けてきたのが因子分析である。第9章で因子分析についてはすでに説明されているので，ここではベイズ的なアプローチによる因子分析法について簡単に触れる。

　先の項で説明した項目反応理論と因子分析は観測されるデータを潜在変数によって説明する点では同じである。典型的な項目反応理論では，データはカテゴリであり，潜在変数は1つである。一方，因子分析では，データは連続値であり，潜在変数（因子）を複数想定することが多い。ただし，項目反応理論における潜在変数を1つではなく，複数とするモデルに拡張できるし，一方で，因子分析モデルをカテゴリカルデータに適用するように変化させることも可能であり，両者の境界が明確にあるわけではない。

　因子分析において得られた因子が互いに相関している場合（すなわち，斜交解の場合），この因子間の相関構造を説明する高次の因子を仮定することもできる。これは高次因子分析と呼ばれる手法であるが，階層的モデルとして位置づければ理解が容易であろう。

IV　統計モデルのチェック，および評価

　先述したように，ベイズ的アプローチによれば，統計モデルに基づき，いまだ観測されない将来の分布が予測分布として得られる。予測分布は，事前の知識とデータの情報を総合して，ありうるデータの全体，すなわち，母集団の分布を推論するものである。しかし，もちろん，これが真の母集団分布であるという保証はない。真の母集団に十分近いかどうかを検証する方法を論じるのが本節の目的であるが，まずは，この予測分布が実際のデータから乖離していないかどうかをチェックする必要がある。真の母集団をよく反映している前提条件として，実際

のデータをよく近似するモデルになっているかどうかを問うのである。実際のデータは真の母集団から何らかの手段によって得られた数値である。したがって，予測分布がデータのヒストグラムから乖離していれば，この統計モデルは現実を反映していないことになる。説明変数の値が与えられた場合の予測分布は観測対象ごとに予測分布が得られる。この予測がうまくいったかどうかは，この予測分布が実際の観測値をよく予測しているかどうかを見てみればよい。たとえば，回帰分析の応用例として用いた中古車の販売価格の場合でいえば，各予測分布の95％信頼区間の中に実際の中古車価格を含む割合が0.95に近ければ，この予測が機能していることを示している。ベイズ的分析を実施した結果，予測に用いられた中古車338台のうち96.6％がこの95％信頼区間の中に入っていることが確認できた。すなわち，モデルから予想される0.95の確率に近く，モデルがデータに適合していることがわかる。モデルチェックの方法は1つに限られるものではなく，工夫していろいろな角度からデータとモデルの関係を吟味すべきである。たとえば，最小値の存在が気になるとき，それぞれの最小値の予測分布と実際に得られた最小値を比較して，実際に得られた最小値のデータがあまりにかけ離れていれば，モデルを疑うべきである。

データとモデルとの差異を定量的に表現したいこともあろう。頻度論的統計学では，母集団のパラメータが固定されているとして，データ収集が繰り返されるとき，その統計量がどのような分布をするかを問題としたが，ベイズ統計学では，そのパラメータは不確定であり，事後分布によってその分布が与えられる。この事後分布によって統計量の分布を予想することができるが，この予想される分布と実際のデータを代入した統計量とを比較することができる。たとえば，t値の予想される分布と，実際のデータを代入したt値とを比較して，ベイズ的に予測されるt値が実際に計算されたt値よりも大きい確率が非常に大きい（あるいは小さくなる確率が非常に小さい）とき，このモデルの適切さが疑われる。

統計モデルが観測された特定のデータに適合しているかどうかをチェックする際に気をつけなければならない問題がある。このデータに適合するという目的だけで統計モデルを作るならば，そのデータの特徴に合うようにパラメータを増やして複雑なモデルを作れば良いということになる。モデルは将来得られるであろうデータの全体，すなわち，真の母集団分布に適合していなければならない。

このような目的のために使われる指標として情報量基準がある。良く知られている基準として，AIC（Akaike Information Criterion）がある。これは，得られたデータだけのもつ特徴に過剰に適合する程度をペナルティとすることによって得

られる[注14]。

　AICは，頻度論的な統計学で得られる最尤推定値の分布を考慮した指標である。一方，ベイズ的な観点から，得られた事後分布による予測分布と真のモデルに基づいた予測分布とのズレを評価して，モデルの正しさの指標としているのが，WAIC（Widely Applicable Information Criterion，あるいは，Widely Available Information Criterion）である。

　手元にあるデータに過剰に適合するのが問題なのだから，まともなモデルの検証の方法は，推論の結果を新しいデータに適用してその結果から，モデルの妥当性を論じることであろう。交差妥当化（cross validation）として，よく知られている方法であるが，新しくデータを得ることが難しい。この問題を回避する方法として，得られたデータを分割して，一部をパラメータの推定のために用い，一部を，検証用に用いることが考えられる。たとえば，1つのデータだけ検証用に残しておき，その他のデータから予測分布を導く。その予測分布の妥当性を残しておいた1つの検証用データによって評価する。LOO-CV（leave-one-out for cross validation）と呼ばれる評価方法は，この考え方に基づいている（くわしくは，Gelman et al.〔2013〕などを参照されたい）。

　ベイズ的な根拠をもつモデル評価の方法は，モデルが正しいとする確率を直接計算することである。複数のモデルが考えられるとき，それぞれのモデルにおいて予測分布を導く。その予測分布に実際に得られたデータを代入すると，それは各モデルの尤もらしさを示す指標となる。さらに，各モデルを真とする確率を評価し事前確率としてベイズの定理を適用するとそれぞれのモデルを真とする事後確率を得ることができる。

　競合するモデルが2つある場合には，それぞれのモデルを真とする事後確率の比をとると，その2つのモデルの妥当性の比較のために便利である。この2つのモデルにおいて，それぞれのモデルの事前確率が同じであるならば，事後確率の比は，各モデルを正しいとする尤度の比となるが，これは，ベイズファクター（Bayes factor）と呼ばれる[注15]。2つの集団において差があるかどうかを検証するためにふさわしい方法は，実質的な差異があるかどうか判断できるまで観測を続

注14）　AIC＝－2（対数尤度の最大値－モデルに含まれるパラメータの数）という形で用いられる。

注15）　ベイズファクターを評価する1つの目安は次の通りである。3以下ならば，あまり意味がない，3から20までならば，分子におくモデルを支持する，20より大きければ，分子のモデルを真とする強い証拠となるが使われる（Kass et al.〔1995〕によるジェフリーズの基準の修正版）。

表4 ベイズ的アプローチと頻度論的アプローチの比較

論点	ベイズ的アプローチ	頻度論的アプローチ
確率的に変動する量	未知のものすべて(パラメータ,潜在変数,将来の観測値)	観測されるデータおよび統計量
パラメータの推定値	データを観測して得られる事後分布の要約値(たとえば,平均やメディアン)	データから計算される推定値(たとえば,標本平均や不偏分散)
仮説の評価	パラメータについて仮説に合致する範囲を定め,その範囲にパラメータが存在する確率を評価する。検定の結果は確率である。	パラメータの関数(たとえば,母集団平均の差)が1つの値であるという仮説のもとでの統計量の分布に基づく。結果は,帰無仮説の採択か棄却かの決定。
モデルの評価	関心のあるモデルが正しい確率を評価する。競合するモデルがある場合には,ベイズファクターによる。	データの実測値とモデルからの推定値によって予測されるデータとの間の適合度による。
情報量基準	WAIC	AIC

ける方法があろうと書いたが,その際に用いる指標として,ベイズファクターを用いることができる。たとえば,ベイズファクターが一定以上(たとえば,10以上)となるとき,データが決定的にその仮説を支持すると判断するというプロセスを採用することができる(よりくわしい説明として,岡田〔2018〕を参照)。

V 本章のまとめ

　ベイズ統計学の基礎として,主観確率とベイズの定理を基礎となる前提条件から導いた。実験条件の処理の差によって生じる2つの群をベイズ的に分析する方法について説明し,さらに,3つ以上の複数の平均を分析する方法についても説明した。
　次に,ベイズ的なアプローチによる回帰分析の実際を紹介した。これらの分析をもとに,種々考えられるモデルのデータへの適合度のチェックと,真の統計モデルとどれほど近いかというモデル評価の問題をまとめた。
　ベイズ的アプローチと頻度論的アプローチの主要な違いについて,表4にまとめておいた。統計学的な理論の正確さには欠けるが両アプローチの違いについて考える資料にはなることを期待する。

第 5 巻　心理学統計法

◆学習チェック
- □　ベイズ統計学がいくつかの前提条件に基づいていることを理解した。
- □　複数の集団の比較において用いるベイズ的分析を理解した。
- □　ベイズ的アプローチによる回帰分析を理解した。
- □　ベイズ的アプローチによるモデル作りの指針と，モデルチェックやモデル評価の考え方を理解した。

文　　献

Gelman, A. Carlin, J. B. Stern, H. S. et al.（2014）*Bayesian Data Analysis*, 3rd Edition. Chapman and Hall/ CRC.

Kass, R. E. & Rafteley, A. E.（1995）Bayes factor. *Journal of the American Statistical Association*, 90; 773- 795.

岡田謙介（2018）ベイズファクターによる心理学的仮説・モデルの評価．心理学評論, 61; 101- 115.

繁桝算男（1985）ベイズ統計入門．東京大学出版会.

読書案内

　ここでは，本書を読み終えた読者の皆さんに，さらなるステップアップのための本を紹介します。

■　本書全体を通してのお勧め図書　■

南風原朝和（2002）心理統計学の基礎─統合的理解のために．有斐閣．

　　⇒本書を読み終えた次のステップとしてお勧めできる本です。記述統計，推測統計を学んだ後，線形モデルの基礎へと進みます。それ以降の重回帰分析，分散分析，因子分析といったさまざまな手法を線形モデルの枠組みで統合的に理解しようという意図で本が作られています。心理統計学の学習に最適な1冊です。

南風原朝和・〒井洋子・杉澤武俊（2009）心理統計学ワークブック─理解の確認と深化のために．有斐閣．

　　⇒南風原（2002）の内容に準拠した演習書です。心理統計学の演習書というのは珍しく，南風原（2002）と併せて学習することで効果を発揮します。扱われている問題はやや難しいですが，それぞれの問題にくわしい解説が付いているので，解説を読むことで学びを深めることができるでしょう。

南風原朝和（2014）続・心理統計学の基礎─統合的理解を広げ深める．有斐閣．

　　⇒南風原（2002）の続編です。後続の章の基礎としての分布論について説明がなされた後，効果量，信頼区間，検定力が紹介されます。これらはいずれも近年の統計改革に関わる重要な内容で，本書の第14章でも解説がなされています。さらに，対比分析，マルチレベル分析，メタ分析，ベイズ推測と近年の心理学研究で多用されるようになっている統計手法についてバランスよく取り上げられています。

山田剛史・村井潤一郎（2004）よくわかる心理統計．ミネルヴァ書房．

　　⇒いきなり南風原（2002）を読むのはちょっと難しい，と感じた人はこちらを読んでみてください。本書の第7章までの内容について，紙幅を割いて丁寧に解説しています。山田・村井（2004）を読み終えたら，南風原（2002）へとスムーズに移行できるでしょう。

吉田寿夫（1998）本当にわかりやすい すごく大切なことが書いてある ごく初歩の統計の本．北大路書房．

　　⇒本のタイトルには「心理学」という言葉は出てきませんが，内容はまさに「心理統計学」です。取り上げられる例は心理学研究に関するものが多く，具体例も豊富で丁寧な解説がなされています。

吉田寿夫（2018a）本当にわかりやすい すごく大切なことが書いてある ごく初歩の統計の本─補足Ⅰ，Ⅱ．北大路書房．

吉田寿夫（2018b）本当にわかりやすい すごく大切なことが書いてある ちょっと進んだ心に関わる統計的研究法の本Ⅰ〜Ⅲ．北大路書房．

　　⇒吉田（1998）の続編として5巻同時に出版されました。単なる統計学ではなく，心理学研究

読書案内

に関わる統計という視点が徹底されています。1つひとつのトピックについて，たっぷりと紙幅を用いて丁寧な記述がなされています。吉田（1998）の補足，発展として多くの学びを得ることができるでしょう。

繁桝算男・大森拓哉・橋本貴充（2008）心理統計学―データ解析の基礎を学ぶ．培風館．
　⇒心理統計学の理論とその実践方法を包括的に説明しています。記述がコンパクトなので，理解するために十分読み込む必要があります。

■　本書で取り上げた各種統計的方法についてのお勧め図書　■

【データ，記述統計（第1章から第3章まで）】

川端一光・荘島宏二郎（2014）心理学のための統計学入門―ココロのデータ分析．誠信書房．
　⇒具体例が豊富で，わかりやすく記述された心理統計学のテキストです。1つの変数の記述統計についても紙面を割いて丁寧な解説がなされています。

金城俊哉（2017）恋する統計学―記述統計入門［平均，分散，標準偏差，正規分布］．秀和システム．
　⇒記述統計のみを扱ったテキストは珍しいと思います。統計が苦手な人にも読み進めてもらおうという著者の思いが感じられる本です。

繁桝算男・柳井晴夫・森敏昭編（2008）Q&Aで知る統計データ解析―Dos and DON'Ts 第2版．サイエンス社．
　⇒心理学の研究者や実践家が抱く疑問や質問に，数理統計学の理論的基礎に基づき，その問いに関連する研究をしている心理統計家が答えています。統計学に関して予備知識が必要な回答もありますが，得られる情報も多いと思います。

【推測統計，統計的仮説検定（第4章から第6章まで）】

川端一光・岩間徳兼・鈴木雅之（2018）Rによる多変量解析入門―データ分析の実践と理論．オーム社．
　⇒対数線形モデルの理論についてくわしく解説されており，3変数の連関についても検討されています。さらに，統計ソフトウェアRによる分析の仕方についても詳細に解説されています。

石井秀宗（2014）人間科学のための統計分析―こころに関心がある全ての人のために．医歯薬出版．
　⇒クロス集計表や比率に関する統計的推測についてくわしく解説されています。本書では扱われなかった内容として，クロス集計表では，評定の一致度に関する推測について説明されています。比率に関しては，リスク差，リスク比，オッズ比を用いた検討について解説され，多群の比率に関する推測についても取り上げられています。また，2つの比率が同程度であることを主張するための検証法（比率の非劣性）についても説明されています。

渡部洋編（2002）心理統計の技法．福村出版．
　⇒第11章（喜岡恵子「分割表を精査する―対数線形モデル分析」）において，対数線形モデルを使用する際の手順や留意点について分析例とともにくわしく解説されています。また，

主効果や交互作用効果を解釈する際の注意点についても説明されています。

【分散分析（第7章）】

森敏昭・吉田寿夫編（1990）心理学のためのデータ解析テクニカルブック．北大路書房．
⇒心理統計についてのテキストですが，とくに分散分析についての記述がくわしく，3要因の分散分析まで丁寧に解説されています．ノンパラメトリック検定についてもくわしく書かれています．

永田靖・吉田道弘（1997）統計的多重比較法の基礎．サイエンティスト社．
⇒さまざまな多重比較の方法が系統立てて説明されています．手順の説明が明快で，統計ソフトウェアに実装されていない方法でも本書を見ながら自力で容易に実行できます．ノンパラメトリックな多重比較法もくわしく説明されています．

山内光哉（2003）心理・教育のための分散分析と多重比較—エクセル・SPSS解説付き．サイエンス社．
⇒3要因の分散分析まで，心理学の具体的な状況を想定して説明されています．統計量の計算式とともに，統計ソフトウェアSPSSによる実行方法や結果の見方も解説されているため，実際に自分でとったデータを分析するときにも役立ちます．

【重回帰分析，マルチレベル分析（第8章）】

豊田秀樹編（2012）回帰分析入門—Rで学ぶ最新データ解析．東京図書
⇒回帰分析の基礎についてさまざまな事例とともに解説しています．第8章で説明した重回帰分析の基礎を復習するうえで，また連続的でない従属変数を扱う際の（重）回帰分析としてのロジスティック回帰分析，ポアソン回帰分析，さらにはマルチレベルモデルを学ぶうえでも参考になります．

尾崎幸謙・川端一光・山田剛史編（2018）Rで学ぶマルチレベルモデル［入門編］—基本モデルの考え方と分析．朝倉書店．
⇒マルチレベルモデルの基本的な内容について，具体的な研究事例とともに解説した教科書です．第8章で説明した，観測値の独立性やさまざまなモデル表現などについて，よりかみ砕いた説明が必要な読者にとくに有益でしょう．

【因子分析，共分散構造分析（第9章，第10章）】

豊田秀樹編（2012）因子分析入門—Rで学ぶ最新データ解析．東京図書．
⇒探索的因子分析と確認的因子分析について，Rによる分析方法とともにくわしく説明しています．とくに，因子数の決定，回転，因子スコアの推定方法などの難しい内容についてそれぞれ章を割り当て，実例を示しながらわかりやすく説明している点は初学者にとって有益でしょう．

朝野熙彦・鈴木督久・小島隆矢（2005）入門 共分散構造分析の実際．講談社．
⇒本書の次のステップとして読むことをお勧めしたい書籍です．数式による表現を極力抑えて図表などを活用しながら，共分散構造分析を理解して活用するうえで役に立つさまざまな知識が紹介されています．また，実際に分析を行う際に有用となる，実践的なノウハウも豊富です．

読書案内

狩野裕・三浦麻子（2002）グラフィカル多変量解析—AMOS，EQS，CALIS による目で見る共分散構造分析 増補版．現代数学社．
　⇒代表的な共分散構造分析専用の統計ソフトウェアの使い方を解説しながら，ひと通りの代表的なモデルの指定と解釈の方法について紹介している書籍です．実際の分析における具体的な手順を追いながら，共分散構造分析について理解を深めることができます．こちらの書籍も，数学的な表現は少なめです．
豊田秀樹（1998）共分散構造分析［入門編］—構造方程式モデリング．朝倉書店．
　⇒共分散構造分析の基礎を構成している数理的な側面について，包括的に論じている書籍です．理論的な厳密性を重んじているため数式が多く歯応えがありますが，これらは共分散構造分析の仕組みを正確に知るためには避けて通れない情報です．個々の研究の目的に合わせた複雑で応用的なモデルを利用する場合には，このような知識が要求される場合も出てきます．

【数量化，多次元尺度構成法（第 11 章）】
川端一光・岩間徳兼・鈴木雅之（2018）R による多変量解析入門—データ分析の実践と理論．オーム社．
　⇒多変量解析を網羅的に扱った本で，タイトルにあるように R を使って書かれているのですぐに試すことができます．各章は具体的なリサーチクエスチョンでまとめられており，どういうときにどういう分析が適しているかがわかりやすく表現されています．12 章でクラスター分析を扱っています．13 章はコレスポンデンス分析を扱っており，これは本書の数量化Ⅲ類と同様の分析ができるものです．最後に可視化の説明も丁寧になされている良書です．
足立浩平（2006）多変量データ解析法—心理・教育・社会系のための入門．ナカニシヤ出版．
　⇒ 10 の多変量解析モデルを扱っており，わかりやすいクラスター分析から説明が始まります．多変量解析が総じてどのようなことをする分析なのか，1 冊を通じてしっかりと理解することができます．13 章で数量化Ⅲ類を，14 章で多次元尺度構成法を扱っています．他にも構造方程式モデリングの解説や，SPSS などの統計ソフトウェアでの分析方法についても解説されています．比較的薄い本なので，手にとって始めやすい本です．

【ノンパラメトリック検定（第 12 章）】
森敏昭・吉田寿夫編（1990）心理学のためのデータ解析テクニカルブック．北大路書房．
　⇒第 4 章に，第 12 章で取り上げた順位に基づく検定法に加えて，他の関連したノンパラメトリック検定法についても，わかりやすく説明されています．
汪金芳・桜井裕仁，金明哲編（2011）ブートストラップ入門．共立出版．
　⇒ブートストラップ法の入門書であり，R でのスクリプト作成法についても丁寧に説明されています．
　以下，ブートストラップ法についての洋書です．ブートストラップ法については和書ではあまり入門書が存在しないようなので，あえて，洋書を挙げました．
Efron, B. & Tibshirani, R. J.（1993）*An Introduction to the Bootstrap*. Chapman and Hall/CRC.

読書案内

⇒ブートストラップ法の本家本元が書いたものですが,驚くほど読みやすい.Rのパッケージ bootstrap がこの本に基づいています.

Davison, A. C. & Hinkley, D. V.（1997）*Bootstrap Methods and Their Application*. Cambridge University Press.
　⇒Rのパッケージ boot がこの本に基づいており,boot は比較的一般によく使われています.

【テスト理論,項目反応理論（第 13 章）】

加藤健太郎・山田剛史・川端一光（2014）Rによる項目反応理論.オーム社.
　⇒古典的テスト理論や項目反応理論の詳細とこれに基づく分析手続きについて,具体的なソフトウェアの使い方についても紹介しながら,わかりやすく解説されています.項目反応理論における推定の詳細等,やや高度な内容についてもわかりやすく解説されており,初学者だけでなく,教育測定学に興味のある学生にも,ぜひ読んでほしい 1 冊です.

豊田秀樹（2012）項目反応理論［入門編］第 2 版.朝倉書店.
　⇒こちらも,古典的テスト理論や項目反応理論について解説してある初学者向けの書籍です.上述の書籍に比べるとやや数理的な側面が強いですが,教育測定学に興味のある学生,あるいは,適応型テストのアルゴリズムなど上記の書籍で取り上げられなかったトピックに興味のある学生には,ぜひ読んでいただきたい 1 冊です.

【効果量,信頼区間,メタ分析（第 14 章）】

大久保街亜・岡田謙介（2012）伝えるための心理統計―効果量・信頼区間・検定力.勁草書房.
　⇒心理学における統計分析の移り変わりをまとめ,とくに効果量や信頼区間について解説しています.

山田剛史・井上俊哉編（2012）メタ分析入門―心理・教育研究の系統的レビューのために.東京大学出版会.
　⇒心理学研究を念頭においたメタ分析の考え方と手順を,わかりやすく,そしてくわしく紹介しています.

南風原朝和（2014）続・心理統計学の基礎―統合的理解を広げ深める.有斐閣.
　⇒大久保ら（2012）,山田ら（2012）よりも少しだけ高度ですが,非常に丁寧な筆致で,本章で述べた効果量や信頼区間,メタ分析といった概念についてかみ砕いて解説しています.

【ベイズ統計学（第 15 章）】

松浦健太郎,石田基広監修（2016）Stan と R でベイズ統計モデリング.共立出版.
　⇒データ分析の実践のために,Stan を実際に使いたい人のための最良の入門書です.

豊田秀樹編（2017）実践ベイズモデリング―解析技法と認知モデル.朝倉書店.
　⇒わかりやすく,ベイズ的統計分析について説明しており,心理学においてベイズ的にデータを分析しようとする際の良い指南となる書です.

ギリシャ文字一覧

大文字	小文字	読み	大文字	小文字	読み	大文字	小文字	読み
A	α	アルファ	I	ι	イオタ	P	ρ	ロー
B	β	ベータ	K	κ	カッパ	Σ	σ	シグマ
Γ	γ	ガンマ	Λ	λ	ラムダ	T	τ	タウ
Δ	δ	デルタ	M	μ	ミュー	Υ	υ	ユプシロン
E	ε	イプシロン	N	ν	ニュー	Φ	ϕ	ファイ
Z	ζ	ゼータ	Ξ	ξ	クシー／グザイ	X	χ	カイ
H	η	イータ	O	o	オミクロン	Ψ	ψ	プサイ
Θ	θ	シータ	Π	π	パイ	Ω	ω	オメガ

付表1　標準正規分布

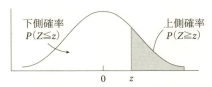

z	P(0≦Z≦z)	P(Z≦z)	P(Z≧z)	z	P(0≦Z≦z)	P(Z≦z)	P(Z≧z)
0.00	0.0000	0.5000	0.5000	0.48	0.1844	0.6844	0.3156
0.01	0.0040	0.5040	0.4960	0.49	0.1879	0.6879	0.3121
0.02	0.0080	0.5080	0.4920	0.50	0.1915	0.6915	0.3085
0.03	0.0120	0.5120	0.4880	0.51	0.1950	0.6950	0.3050
0.04	0.0160	0.5160	0.4840	0.52	0.1985	0.6985	0.3015
0.05	0.0199	0.5199	0.4801	0.53	0.2019	0.7019	0.2981
0.06	0.0239	0.5239	0.4761	0.54	0.2054	0.7054	0.2946
0.07	0.0279	0.5279	0.4721	0.55	0.2088	0.7088	0.2912
0.08	0.0319	0.5319	0.4681	0.56	0.2123	0.7123	0.2877
0.09	0.0359	0.5359	0.4641	0.57	0.2157	0.7157	0.2843
0.10	0.0398	0.5398	0.4602	0.58	0.2190	0.7190	0.2810
0.11	0.0438	0.5438	0.4562	0.59	0.2224	0.7224	0.2776
0.12	0.0478	0.5478	0.4522	0.60	0.2257	0.7257	0.2743
0.13	0.0517	0.5517	0.4483	0.61	0.2291	0.7291	0.2709
0.14	0.0557	0.5557	0.4443	0.62	0.2324	0.7324	0.2676
0.15	0.0596	0.5596	0.4404	0.63	0.2357	0.7357	0.2643
0.16	0.0636	0.5636	0.4364	0.64	0.2389	0.7389	0.2611
0.17	0.0675	0.5675	0.4325	0.65	0.2422	0.7422	0.2578
0.18	0.0714	0.5714	0.4286	0.66	0.2454	0.7454	0.2546
0.19	0.0753	0.5753	0.4247	0.67	0.2486	0.7486	0.2514
0.20	0.0793	0.5793	0.4207	0.68	0.2517	0.7517	0.2483
0.21	0.0832	0.5832	0.4168	0.69	0.2549	0.7549	0.2451
0.22	0.0871	0.5871	0.4129	0.70	0.2580	0.7580	0.2420
0.23	0.0910	0.5910	0.4090	0.71	0.2611	0.7611	0.2389
0.24	0.0948	0.5948	0.4052	0.72	0.2642	0.7642	0.2358
0.25	0.0987	0.5987	0.4013	0.73	0.2673	0.7673	0.2327
0.26	0.1026	0.6026	0.3974	0.74	0.2704	0.7704	0.2296
0.27	0.1064	0.6064	0.3936	0.75	0.2734	0.7734	0.2266
0.28	0.1103	0.6103	0.3897	0.76	0.2764	0.7764	0.2236
0.29	0.1141	0.6141	0.3859	0.77	0.2794	0.7794	0.2206
0.30	0.1179	0.6179	0.3821	0.78	0.2823	0.7823	0.2177
0.31	0.1217	0.6217	0.3783	0.79	0.2852	0.7852	0.2148
0.32	0.1255	0.6255	0.3745	0.80	0.2881	0.7881	0.2119
0.33	0.1293	0.6293	0.3707	0.81	0.2910	0.7910	0.2090
0.34	0.1331	0.6331	0.3669	0.82	0.2939	0.7939	0.2061
0.35	0.1368	0.6368	0.3632	0.83	0.2967	0.7967	0.2033
0.36	0.1406	0.6406	0.3594	0.84	0.2995	0.7995	0.2005
0.37	0.1443	0.6443	0.3557	0.85	0.3023	0.8023	0.1977
0.38	0.1480	0.6480	0.3520	0.86	0.3051	0.8051	0.1949
0.39	0.1517	0.6517	0.3483	0.87	0.3078	0.8078	0.1922
0.40	0.1554	0.6554	0.3446	0.88	0.3106	0.8106	0.1894
0.41	0.1591	0.6591	0.3409	0.89	0.3133	0.8133	0.1867
0.42	0.1628	0.6628	0.3372	0.90	0.3159	0.8159	0.1841
0.43	0.1664	0.6664	0.3336	0.91	0.3186	0.8186	0.1814
0.44	0.1700	0.6700	0.3300	0.92	0.3212	0.8212	0.1788
0.45	0.1736	0.6736	0.3264	0.93	0.3238	0.8238	0.1762
0.46	0.1772	0.6772	0.3228	0.94	0.3264	0.8264	0.1736
0.47	0.1808	0.6808	0.3192	0.95	0.3289	0.8289	0.1711

付　表

z	$P(0 \leqq Z \leqq z)$	$P(Z \leqq z)$	$P(Z \geqq z)$	z	$P(0 \leqq Z \leqq z)$	$P(Z \leqq z)$	$P(Z \geqq z)$
0.96	0.3315	0.8315	0.1685	1.54	0.4382	0.9382	0.0618
0.97	0.3340	0.8340	0.1660	1.55	0.4394	0.9394	0.0606
0.98	0.3365	0.8365	0.1635	1.56	0.4406	0.9406	0.0594
0.99	0.3389	0.8389	0.1611	1.57	0.4418	0.9418	0.0582
1.00	0.3413	0.8413	0.1587	1.58	0.4429	0.9429	0.0571
1.01	0.3438	0.8438	0.1562	1.59	0.4441	0.9441	0.0559
1.02	0.3461	0.8461	0.1539	1.60	0.4452	0.9452	0.0548
1.03	0.3485	0.8485	0.1515	1.61	0.4463	0.9463	0.0537
1.04	0.3508	0.8508	0.1492	1.62	0.4474	0.9474	0.0526
1.05	0.3531	0.8531	0.1469	1.63	0.4484	0.9484	0.0516
1.06	0.3554	0.8554	0.1446	1.64	0.4495	0.9495	0.0505
1.07	0.3577	0.8577	0.1423	1.65	0.4505	0.9505	0.0495
1.08	0.3599	0.8599	0.1401	1.66	0.4515	0.9515	0.0485
1.09	0.3621	0.8621	0.1379	1.67	0.4525	0.9525	0.0475
1.00	0.3643	0.8643	0.1357	1.68	0.4535	0.9535	0.0465
1.11	0.3665	0.8665	0.1335	1.69	0.4545	0.9545	0.0455
1.12	0.3686	0.8686	0.1314	1.70	0.4554	0.9554	0.0446
1.13	0.3708	0.8708	0.1292	1.71	0.4564	0.9564	0.0436
1.14	0.3729	0.8729	0.1271	1.72	0.4573	0.9573	0.0427
1.15	0.3749	0.8749	0.1251	1.73	0.4582	0.9582	0.0418
1.16	0.3770	0.8770	0.1230	1.74	0.4591	0.9591	0.0409
1.17	0.3790	0.8790	0.1210	1.75	0.4599	0.9599	0.0401
1.18	0.3810	0.8810	0.1190	1.76	0.4608	0.9608	0.0392
1.19	0.3830	0.8830	0.1170	1.77	0.4616	0.9616	0.0384
1.20	0.3849	0.8849	0.1151	1.78	0.4625	0.9625	0.0375
1.21	0.3869	0.8869	0.1131	1.79	0.4633	0.9633	0.0367
1.22	0.3888	0.8888	0.1112	1.80	0.4641	0.9641	0.0359
1.23	0.3907	0.8907	0.1093	1.81	0.4649	0.9649	0.0351
1.24	0.3925	0.8925	0.1075	1.82	0.4656	0.9656	0.0344
1.25	0.3944	0.8944	0.1056	1.83	0.4664	0.9664	0.0336
1.26	0.3962	0.8962	0.1038	1.84	0.4671	0.9671	0.0329
1.27	0.3980	0.8980	0.1020	1.85	0.4678	0.9678	0.0322
1.28	0.3997	0.8997	0.1003	1.86	0.4686	0.9686	0.0314
1.29	0.4015	0.9015	0.0985	1.87	0.4693	0.9693	0.0307
1.30	0.4032	0.9032	0.0968	1.88	0.4699	0.9699	0.0301
1.31	0.4049	0.9049	0.0951	1.89	0.4706	0.9706	0.0294
1.32	0.4066	0.9066	0.0934	1.90	0.4713	0.9713	0.0287
1.33	0.4082	0.9082	0.0918	1.91	0.4719	0.9719	0.0281
1.34	0.4099	0.9099	0.0901	1.92	0.4726	0.9726	0.0274
1.35	0.4115	0.9115	0.0885	1.93	0.4732	0.9732	0.0268
1.36	0.4131	0.9131	0.0869	1.94	0.4738	0.9738	0.0262
1.37	0.4147	0.9147	0.0853	1.95	0.4744	0.9744	0.0256
1.38	0.4162	0.9162	0.0838	1.96	0.4750	0.9750	0.0250
1.39	0.4177	0.9177	0.0823	1.97	0.4756	0.9756	0.0244
1.40	0.4192	0.9192	0.0808	1.98	0.4761	0.9761	0.0239
1.41	0.4207	0.9207	0.0793	1.99	0.4767	0.9767	0.0233
1.42	0.4222	0.9222	0.0778	2.00	0.4772	0.9772	0.0228
1.43	0.4236	0.9236	0.0764	2.01	0.4778	0.9778	0.0222
1.44	0.4251	0.9251	0.0749	2.02	0.4783	0.9783	0.0217
1.45	0.4265	0.9265	0.0735	2.03	0.4788	0.9788	0.0212
1.46	0.4279	0.9279	0.0721	2.04	0.4793	0.9793	0.0207
1.47	0.4292	0.9292	0.0708	2.05	0.4798	0.9798	0.0202
1.48	0.4306	0.9306	0.0694	2.06	0.4803	0.9803	0.0197
1.49	0.4319	0.9319	0.0681	2.07	0.4808	0.9808	0.0192
1.50	0.4332	0.9332	0.0668	2.08	0.4812	0.9812	0.0188
1.51	0.4345	0.9345	0.0655	2.09	0.4817	0.9817	0.0183
1.52	0.4357	0.9357	0.0643	2.10	0.4821	0.9821	0.0179
1.53	0.4370	0.9370	0.0630	2.11	0.4826	0.9826	0.0174

付 表

z	$P(0 \leq Z \leq z)$	$P(Z \leq z)$	$P(Z \geq z)$	z	$P(0 \leq Z \leq z)$	$P(Z \leq z)$	$P(Z \geq z)$
2.12	0.4830	0.9830	0.0170	2.61	0.4955	0.9955	0.0045
2.13	0.4834	0.9834	0.0166	2.62	0.4956	0.9956	0.0044
2.14	0.4838	0.9838	0.0162	2.63	0.4957	0.9957	0.0043
2.15	0.4842	0.9842	0.0158	2.64	0.4959	0.9959	0.0041
2.16	0.4846	0.9846	0.0154	2.65	0.4960	0.9960	0.0040
2.17	0.4850	0.9850	0.0150	2.66	0.4961	0.9961	0.0039
2.18	0.4854	0.9854	0.0146	2.67	0.4962	0.9962	0.0038
2.19	0.4857	0.9857	0.0143	2.68	0.4963	0.9963	0.0037
2.20	0.4861	0.9861	0.0139	2.69	0.4964	0.9964	0.0036
2.21	0.4964	0.9864	0.0136	2.70	0.4965	0.9965	0.0035
2.22	0.4868	0.9868	0.0132	2.71	0.4966	0.9966	0.0034
2.23	0.4871	0.9871	0.0129	2.72	0.4967	0.9967	0.0033
2.24	0.4875	0.9875	0.0125	2.73	0.4968	0.9968	0.0032
2.25	0.4878	0.9878	0.0122	2.74	0.4969	0.9969	0.0031
2.26	0.4881	0.9881	0.0119	2.75	0.4970	0.9970	0.0030
2.27	0.4884	0.9884	0.0116	2.76	0.4971	0.9971	0.0029
2.28	0.4887	0.9887	0.0113	2.77	0.4972	0.9972	0.0028
2.29	0.4890	0.9890	0.0110	2.78	0.4973	0.9973	0.0027
2.30	0.4893	0.9893	0.0107	2.79	0.4974	0.9974	0.0026
2.31	0.4896	0.9896	0.0104	2.80	0.4974	0.9974	0.0026
2.32	0.4898	0.9898	0.0102	2.81	0.4975	0.9975	0.0025
2.33	0.4901	0.9901	0.0099	2.82	0.4976	0.9976	0.0024
2.34	0.4904	0.9904	0.0096	2.83	0.4977	0.9977	0.0023
2.35	0.4906	0.9906	0.0094	2.84	0.4977	0.9977	0.0023
2.36	0.4909	0.9909	0.0091	2.85	0.4978	0.9978	0.0022
2.37	0.4911	0.9911	0.0089	2.86	0.4979	0.9979	0.0021
2.38	0.4913	0.9913	0.0087	2.87	0.4979	0.9979	0.0021
2.39	0.4916	0.9916	0.0084	2.88	0.4980	0.9980	0.0020
2.40	0.4918	0.9918	0.0082	2.89	0.4981	0.9981	0.0019
2.41	0.4920	0.9920	0.0080	2.90	0.4981	0.9981	0.0019
2.42	0.4922	0.9922	0.0078	2.91	0.4982	0.9982	0.0018
2.43	0.4925	0.9925	0.0075	2.92	0.4982	0.9982	0.0018
2.44	0.4927	0.9927	0.0073	2.93	0.4983	0.9983	0.0017
2.45	0.4929	0.9929	0.0071	2.94	0.4984	0.9984	0.0016
2.46	0.4931	0.9931	0.0069	2.95	0.4984	0.9984	0.0016
2.47	0.4932	0.9932	0.0068	2.96	0.4985	0.9985	0.0015
2.48	0.4934	0.9934	0.0066	2.97	0.4985	0.9985	0.0015
2.49	0.4936	0.9936	0.0064	2.98	0.4986	0.9986	0.0014
2.50	0.4938	0.9938	0.0062	2.99	0.4986	0.9986	0.0014
2.51	0.4940	0.9940	0.0060	3.00	0.4987	0.9987	0.0013
2.52	0.4941	0.9941	0.0059	⋮	⋮	⋮	⋮
2.53	0.4943	0.9943	0.0057	3.25	0.4994	0.9994	0.0006
2.54	0.4945	0.9945	0.0055	⋮	⋮	⋮	⋮
2.55	0.4946	0.9946	0.0054	3.50	0.4998	0.9998	0.0002
2.56	0.4948	0.9948	0.0052	⋮	⋮	⋮	⋮
2.57	0.4949	0.9949	0.0051	3.75	0.4999	0.9999	0.0001
2.58	0.4951	0.9951	0.0049	⋮	⋮	⋮	⋮
2.59	0.4952	0.9952	0.0048	4.00	0.5000	1.0000	0.0000
2.60	0.4953	0.9953	0.0047				

（出典）　Howell, D. C.（2013）*Statistical Methods for Psychology*, 8th Edition. Wadsworth.

付表2　t 分布

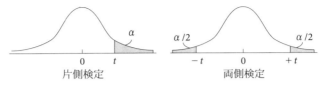

片側検定　　両側検定

自由度	片側検定の有意水準 α								
	0.25	0.20	0.15	0.10	0.05	0.025	0.01	0.005	0.0005
df	両側検定の有意水準 $\alpha/2$								
	0.50	0.40	0.30	0.20	0.10	0.05	0.02	0.01	0.001
1	1.000	1.376	1.963	3.078	6.314	12.706	31.821	63.657	636.620
2	0.816	1.061	1.386	1.886	2.920	4.303	6.965	9.925	31.599
3	0.765	0.978	1.250	1.638	2.353	3.182	4.541	5.841	12.924
4	0.741	0.941	1.190	1.533	2.132	2.776	3.747	4.604	8.610
5	0.727	0.920	1.156	1.476	2.015	2.571	3.365	4.032	6.869
6	0.718	0.906	1.134	1.440	1.943	2.447	3.143	3.707	5.959
7	0.711	0.896	1.119	1.415	1.895	2.365	2.998	3.499	5.408
8	0.706	0.889	1.108	1.397	1.860	2.306	2.896	3.355	5.041
9	0.703	0.883	1.100	1.383	1.833	2.262	2.821	3.250	4.781
10	0.700	0.879	1.093	1.372	1.812	2.228	2.764	3.169	4.587
11	0.697	0.876	1.088	1.363	1.796	2.201	2.718	3.106	4.437
12	0.695	0.873	1.083	1.356	1.782	2.179	2.681	3.055	4.318
13	0.694	0.870	1.079	1.350	1.771	2.160	2.650	3.012	4.221
14	0.692	0.868	1.076	1.345	1.761	2.145	2.624	2.977	4.140
15	0.691	0.866	1.074	1.341	1.753	2.131	2.602	2.947	4.073
16	0.690	0.865	1.071	1.337	1.746	2.120	2.583	2.921	4.015
17	0.689	0.863	1.069	1.333	1.740	2.110	2.567	2.898	3.965
18	0.688	0.862	1.067	1.330	1.734	2.101	2.552	2.878	3.922
19	0.688	0.861	1.066	1.328	1.729	2.093	2.539	2.861	3.883
20	0.687	0.860	1.064	1.325	1.725	2.086	2.528	2.845	3.850
21	0.686	0.859	1.063	1.323	1.721	2.080	2.518	2.831	3.819
22	0.686	0.858	1.061	1.321	1.717	2.074	2.508	2.819	3.792
23	0.685	0.858	1.060	1.319	1.714	2.069	2.500	2.807	3.768
24	0.685	0.857	1.059	1.318	1.711	2.064	2.492	2.797	3.745
25	0.684	0.856	1.058	1.316	1.708	2.060	2.485	2.787	3.725
26	0.684	0.856	1.058	1.315	1.706	2.056	2.479	2.779	3.707
27	0.684	0.855	1.057	1.314	1.703	2.052	2.473	2.771	3.690
28	0.683	0.855	1.056	1.313	1.701	2.048	2.467	2.763	3.674
29	0.683	0.854	1.055	1.311	1.699	2.045	2.462	2.756	3.659
30	0.683	0.854	1.055	1.310	1.697	2.042	2.457	2.750	3.646
40	0.681	0.851	1.050	1.303	1.684	2.021	2.423	2.704	3.551
50	0.679	0.849	1.047	1.299	1.676	2.009	2.403	2.678	3.496
100	0.677	0.845	1.042	1.290	1.660	1.984	2.364	2.626	3.390
∞	0.674	0.842	1.036	1.282	1.645	1.960	2.326	2.576	3.291

（出典）　Howell, D. C.（2013）*Statistical Methods for Psychology*, 8th Edition. Wadsworth.

付表3　χ²分布

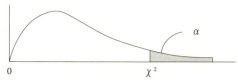

自由度 df	有意水準 α											
	0.995	0.99	0.975	0.95	0.9	0.75	0.5	0.25	0.1	0.05	0.025	0.01	0.005
1	0.00	0.00	0.00	0.00	0.02	0.10	0.45	1.32	2.71	3.84	5.02	6.63	7.88
2	0.01	0.02	0.05	0.10	0.21	0.58	1.39	2.77	4.61	5.99	7.38	9.21	10.60
3	0.07	0.11	0.22	0.35	0.58	1.21	2.37	4.11	6.25	7.82	9.35	11.35	12.84
4	0.21	0.30	0.48	0.71	1.06	1.92	3.36	5.39	7.78	9.49	11.14	13.28	14.86
5	0.41	0.55	0.83	1.15	1.61	2.67	4.35	6.63	9.24	11.07	12.83	15.09	16.75
6	0.68	0.87	1.24	1.64	2.20	3.45	5.35	7.84	10.64	12.59	14.45	16.81	18.55
7	0.99	1.24	1.69	2.17	2.83	4.25	6.35	9.04	12.02	14.07	16.01	18.48	20.28
8	1.34	1.65	2.18	2.73	3.49	5.07	7.34	10.22	13.36	15.51	17.54	20.09	21.96
9	1.73	2.09	2.70	3.33	4.17	5.90	8.34	11.39	14.68	16.92	19.02	21.66	23.59
10	2.15	2.56	3.25	3.94	4.87	6.74	9.34	12.55	15.99	18.31	20.48	23.21	25.19
11	2.60	3.05	3.82	4.57	5.58	7.58	10.34	13.70	17.28	19.68	21.92	24.72	26.75
12	3.07	3.57	4.40	5.23	6.30	8.44	11.34	14.85	18.55	21.03	23.34	26.21	28.30
13	3.56	4.11	5.01	5.89	7.04	9.30	12.34	15.98	19.81	22.36	24.74	27.69	29.82
14	4.07	4.66	5.63	6.57	7.79	10.17	13.34	17.12	21.06	23.69	26.12	29.14	31.31
15	4.60	5.23	6.26	7.26	8.55	11.04	14.34	18.25	22.31	25.00	27.49	30.58	32.80
16	5.14	5.81	6.91	7.96	9.31	11.91	15.34	19.37	23.54	26.30	28.85	32.00	34.27
17	5.70	6.41	7.56	8.67	10.09	12.79	16.34	20.49	24.77	27.59	30.19	33.41	35.72
18	6.26	7.01	8.23	9.39	10.86	13.68	17.34	21.60	25.99	28.87	31.53	34.81	37.15
19	6.84	7.63	8.91	10.12	11.65	14.56	18.34	22.72	27.20	30.14	32.85	36.19	38.58
20	7.43	8.26	9.59	10.85	12.44	15.45	19.34	23.83	28.41	31.41	34.17	37.56	40.00
21	8.03	8.90	10.28	11.59	13.24	16.34	20.34	24.93	29.62	32.67	35.48	38.93	41.40
22	8.64	9.54	10.98	12.34	14.04	17.24	21.34	26.04	30.81	33.93	36.78	40.29	42.80
23	9.26	10.19	11.69	13.09	14.85	18.14	22.34	27.14	32.01	35.17	38.08	41.64	44.18
24	9.88	10.86	12.40	13.85	15.66	19.04	23.34	28.24	33.20	36.42	39.37	42.98	45.56
25	10.52	11.52	13.12	14.61	16.47	19.94	24.34	29.34	34.38	37.65	40.65	44.32	46.93
26	11.16	12.20	13.84	15.38	17.29	20.84	25.34	30.43	35.56	38.89	41.92	45.64	48.29
27	11.80	12.88	14.57	16.15	18.11	21.75	26.34	31.53	36.74	40.11	43.20	46.96	49.64
28	12.46	13.56	15.31	16.93	18.94	22.66	27.34	32.62	37.92	41.34	44.46	48.28	50.99
29	13.12	14.26	16.05	17.71	19.77	23.57	28.34	33.71	39.09	42.56	45.72	49.59	52.34
30	13.78	14.95	16.79	18.49	20.60	24.48	29.34	34.80	40.26	43.77	46.98	50.89	53.67
40	20.67	22.14	24.42	26.51	29.06	33.67	39.34	45.61	51.80	55.15	59.34	63.71	66.80
50	27.96	29.68	32.35	34.76	37.69	42.95	49.34	56.33	63.16	67.50	71.42	76.17	79.52
60	35.50	37.46	40.47	43.19	46.46	52.30	59.34	66.98	74.39	79.08	83.30	88.40	91.98
70	43.25	45.42	48.75	51.74	55.33	61.70	69.34	77.57	85.52	90.53	95.03	100.44	104.24
80	51.14	53.52	57.15	60.39	64.28	71.15	79.34	88.13	96.57	101.88	106.63	112.34	116.35
90	59.17	61.74	65.64	69.13	73.29	80.63	89.33	98.65	107.56	113.14	118.14	124.13	128.32
100	67.30	70.05	74.22	77.93	82.36	90.14	99.33	109.14	118.49	124.34	129.56	135.82	140.19

（出典）　Howell, D. C.（2013）*Statistical Methods for Psychology*, 8th Edition. Wadsworth.

付表4　F分布

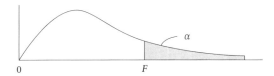

有意水準 $\alpha = 0.05$

分母の自由度	\multicolumn{16}{c}{分子の自由度}
	1	2	3	4	5	6	7	8	9	10	15	20	25	30	40	50
1	161.4	199.5	215.8	224.8	230	233.8	236.5	238.6	240.1	242.1	245.2	248.4	248.9	250.5	250.8	252.6
2	18.51	19.00	19.16	19.25	19.30	19.33	19.35	19.37	19.38	19.40	19.43	19.44	19.46	19.47	19.48	19.48
3	10.13	9.55	9.28	9.12	9.01	8.94	8.89	8.85	8.81	8.79	8.70	8.66	8.63	8.62	8.59	8.58
4	7.71	6.94	6.59	6.39	6.26	6.16	6.09	6.04	6.00	5.96	5.86	5.80	5.77	5.75	5.72	5.70
5	6.61	5.79	5.41	5.19	5.05	4.95	4.88	4.82	4.77	4.74	4.62	4.56	4.52	4.50	4.46	4.44
6	5.99	5.14	4.76	4.53	4.39	4.28	4.21	4.15	4.10	4.06	3.94	3.87	3.83	3.81	3.77	3.75
7	5.59	4.74	4.35	4.12	3.97	3.87	3.79	3.73	3.68	3.64	3.51	3.44	3.40	3.38	3.34	3.32
8	5.32	4.46	4.07	3.84	3.69	3.58	3.50	3.44	3.39	3.35	3.22	3.15	3.11	3.08	3.04	3.02
9	5.12	4.26	3.86	3.63	3.48	3.37	3.29	3.23	3.18	3.14	3.01	2.94	2.89	2.86	2.83	2.80
10	4.96	4.10	3.71	3.48	3.33	3.22	3.14	3.07	3.02	2.98	2.85	2.77	2.73	2.70	2.66	2.64
11	4.84	3.98	3.59	3.36	3.20	3.09	3.01	2.95	2.90	2.85	2.72	2.65	2.60	2.57	2.53	2.51
12	4.75	3.89	3.49	3.26	3.11	3.00	2.91	2.85	2.80	2.75	2.62	2.54	2.50	2.47	2.43	2.40
13	4.67	3.81	3.41	3.18	3.03	2.92	2.83	2.77	2.71	2.67	2.53	2.46	2.41	2.38	2.34	2.31
14	4.60	3.74	3.34	3.11	2.96	2.85	2.76	2.70	2.65	2.60	2.46	2.39	2.34	2.31	2.27	2.24
15	4.54	3.68	3.29	3.06	2.90	2.79	2.71	2.64	2.59	2.54	2.40	2.33	2.28	2.25	2.20	2.18
16	4.49	3.63	3.24	3.01	2.85	2.74	2.66	2.59	2.54	2.49	2.35	2.28	2.23	2.19	2.15	2.12
17	4.45	3.59	3.20	2.96	2.81	2.70	2.61	2.55	2.49	2.45	2.31	2.23	2.18	2.15	2.10	2.08
18	4.41	3.55	3.16	2.93	2.77	2.66	2.58	2.51	2.46	2.41	2.27	2.19	2.14	2.11	2.06	2.04
19	4.38	3.52	3.13	2.90	2.74	2.63	2.54	2.48	2.42	2.38	2.23	2.16	2.11	2.07	2.03	2.00
20	4.35	3.49	3.10	2.87	2.71	2.60	2.51	2.45	2.39	2.35	2.20	2.12	2.07	2.04	1.99	1.97
22	4.30	3.44	3.05	2.82	2.66	2.55	2.46	2.40	2.34	2.30	2.15	2.07	2.02	1.98	1.94	1.91
24	4.26	3.40	3.01	2.78	2.62	2.51	2.42	2.36	2.30	2.25	2.11	2.03	1.97	1.94	1.89	1.86
26	4.23	3.37	2.98	2.74	2.59	2.47	2.39	2.32	2.27	2.22	2.07	1.99	1.94	1.90	1.85	1.82
28	4.20	3.34	2.95	2.71	2.56	2.45	2.36	2.29	2.24	2.19	2.04	1.96	1.91	1.87	1.82	1.79
30	4.17	3.32	2.92	2.69	2.53	2.42	2.33	2.27	2.21	2.16	2.01	1.93	1.88	1.84	1.79	1.76
40	4.08	3.23	2.84	2.61	2.45	2.34	2.25	2.18	2.12	2.08	1.92	1.84	1.78	1.74	1.69	1.66
50	4.03	3.18	2.79	2.56	2.40	2.29	2.20	2.13	2.07	2.03	1.87	1.78	1.73	1.69	1.63	1.60
60	4.00	3.15	2.76	2.53	2.37	2.25	2.17	2.10	2.04	1.99	1.84	1.75	1.69	1.65	1.59	1.56
120	3.92	3.07	2.68	2.45	2.29	2.18	2.09	2.02	1.96	1.91	1.75	1.66	1.60	1.55	1.50	1.46
200	3.89	3.04	2.65	2.42	2.26	2.14	2.06	1.98	1.93	1.88	1.72	1.62	1.56	1.52	1.46	1.41
500	3.86	3.01	2.62	2.39	2.23	2.12	2.03	1.96	1.90	1.85	1.69	1.59	1.53	1.48	1.42	1.38
1000	3.85	3.01	2.61	2.38	2.22	2.11	2.02	1.95	1.89	1.84	1.68	1.58	1.52	1.47	1.41	1.36

（出典）　Howell, D. C.（2013）*Statistical Methods for Psychology*, 8th Edition. Wadsworth.

有意水準 α = 0.01

分母の自由度	分子の自由度															
	1	2	3	4	5	6	7	8	9	10	15	20	25	30	40	50
1	4048	4993	5377	5577	5668	5924	5992	6096	6132	6168	6079	6168	6214	6355	6168	6213
2	98.50	99.01	99.15	99.23	99.30	99.33	99.35	99.39	99.40	99.43	99.38	99.48	99.43	99.37	99.44	99.59
3	34.12	30.82	29.46	28.71	28.24	27.91	27.67	27.49	27.34	27.23	26.87	26.69	26.58	26.51	26.41	26.36
4	21.20	18.00	16.69	15.98	15.52	15.21	14.98	14.80	14.66	14.55	14.20	14.02	13.91	13.84	13.75	13.69
5	16.26	13.27	12.06	11.39	10.97	10.67	10.46	10.29	10.16	10.05	9.72	9.55	9.45	9.38	9.29	9.24
6	13.75	10.92	9.78	9.15	8.75	8.47	8.26	8.10	7.98	7.87	7.56	7.40	7.30	7.23	7.14	7.09
7	12.25	9.55	8.45	7.85	7.46	7.19	6.99	6.84	6.72	6.62	6.31	6.16	6.06	5.99	5.91	5.86
8	11.26	8.65	7.59	7.01	6.63	6.37	6.18	6.03	5.91	5.81	5.52	5.36	5.26	5.20	5.12	5.07
9	10.56	8.02	6.99	6.42	6.06	5.80	5.61	5.47	5.35	5.26	4.96	4.81	4.71	4.65	4.57	4.52
10	10.04	7.56	6.55	5.99	5.64	5.39	5.20	5.06	4.94	4.85	4.56	4.41	4.31	4.25	4.17	4.12
11	9.65	7.21	6.22	5.67	5.32	5.07	4.89	4.74	4.63	4.54	4.25	4.10	4.01	3.94	3.86	3.81
12	9.33	6.93	5.95	5.41	5.06	4.82	4.64	4.50	4.39	4.30	4.01	3.86	3.76	3.70	3.62	3.57
13	9.07	6.70	5.74	5.21	4.86	4.62	4.44	4.30	4.19	4.10	3.82	3.66	3.57	3.51	3.43	3.38
14	8.86	6.51	5.56	5.04	4.69	4.46	4.28	4.14	4.03	3.94	3.66	3.51	3.41	3.35	3.27	3.22
15	8.68	6.35	5.42	4.89	4.56	4.32	4.14	4.00	3.89	3.80	3.52	3.37	3.28	3.21	3.13	3.08
16	8.53	6.23	5.29	4.77	4.44	4.20	4.03	3.89	3.78	3.69	3.41	3.26	3.16	3.10	3.02	2.97
17	8.40	6.11	5.18	4.67	4.34	4.10	3.93	3.79	3.68	3.59	3.31	3.16	3.07	3.00	2.92	2.87
18	8.29	6.01	5.09	4.58	4.25	4.01	3.84	3.71	3.60	3.51	3.23	3.08	2.98	2.92	2.84	2.78
19	8.18	5.93	5.01	4.50	4.17	3.94	3.77	3.63	3.52	3.43	3.15	3.00	2.91	2.84	2.76	2.71
20	8.10	5.85	4.94	4.43	4.10	3.87	3.70	3.56	3.46	3.37	3.09	2.94	2.84	2.78	2.69	2.64
22	7.95	5.72	4.82	4.31	3.99	3.76	3.59	3.45	3.35	3.26	2.98	2.83	2.73	2.67	2.58	2.53
24	7.82	5.61	4.72	4.22	3.90	3.67	3.50	3.36	3.26	3.17	2.89	2.74	2.64	2.58	2.49	2.44
26	7.72	5.53	4.64	4.14	3.82	3.59	3.42	3.29	3.18	3.09	2.81	2.66	2.57	2.50	2.42	2.36
28	7.64	5.45	4.57	4.07	3.75	3.53	3.36	3.23	3.12	3.03	2.75	2.60	2.51	2.44	2.35	2.30
30	7.56	5.39	4.51	4.02	3.70	3.47	3.30	3.17	3.07	2.98	2.70	2.55	2.45	2.39	2.30	2.25
40	7.31	5.18	4.31	3.83	3.51	3.29	3.12	2.99	2.89	2.80	2.52	2.37	2.27	2.20	2.11	2.06
50	7.17	5.06	4.20	3.72	3.41	3.19	3.02	2.89	2.78	2.70	2.42	2.27	2.17	2.10	2.01	1.95
60	7.08	4.98	4.13	3.65	3.34	3.12	2.95	2.82	2.72	2.63	2.35	2.20	2.10	2.03	1.94	1.88
120	6.85	4.79	3.95	3.48	3.17	2.96	2.79	2.66	2.56	2.47	2.19	2.03	1.93	1.86	1.76	1.70
200	6.76	4.71	3.88	3.41	3.11	2.89	2.73	2.60	2.50	2.41	2.13	1.97	1.87	1.79	1.69	1.63
500	6.69	4.65	3.82	3.36	3.05	2.84	2.68	2.55	2.44	2.36	2.07	1.92	1.81	1.74	1.63	1.57
1000	6.67	4.63	3.80	3.34	3.04	2.82	2.66	2.53	2.43	2.31	2.06	1.90	1.79	1.72	1.61	1.54

（出典）　Howell, D. C.（2013）*Statistical Methods for Psychology*, 8th Edition. Wadsworth.

付表5　ウィルコクソンの順位和検定（$n_1 \leqq n_2$）

$n_1 = 1$

n_2	0.001	0.005	0.01	0.025	0.05	0.1	$2\overline{W}$
2							4
3							5
4							6
5							7
6							8
7							9
8						—	10
9						1	11
10						1	12
11						1	13
12						1	14
13						1	15
14						1	16
15						1	17
16						1	18
17						1	19
18					—	1	20
19					1	2	21
20					1	2	22
21					1	2	23
22					1	2	24
23					1	2	25
24					1	2	26
25					1	2	27

$n_1 = 2$

n_2	0.001	0.005	0.01	0.025	0.05	0.1	$2\overline{W}$
2						—	10
3						3	12
4					—	3	14
5					3	4	16
6					3	4	18
7					3	4	20
8				3	4	5	22
10				3	4	5	24
10				3	4	6	26
11				3	4	6	28
12			—	4	5	7	30
13			3	4	5	7	32
14			3	4	6	8	34
15			3	4	6	8	36
16			3	4	6	8	38
17			3	5	6	8	40
18		—	3	5	7	8	42
19	3	4	5	7	10	44
20	3	4	5	7	10	46
21	3	4	6	8	11	48
22	3	4	6	8	11	50
23	3	4	6	8	12	52
24	3	4	6	9	12	54
25	—	3	4	6	9	12	56

$n_1 = 3$

n_2	0.001	0.005	0.01	0.025	0.05	0.1	$2\overline{W}$
3					6	7	21
4				—	6	7	24
5				6	7	8	27
6			—	7	8	8	30
7			6	7	8	10	33
8		—	6	8	9	11	36
9		6	7	8	10	11	39
10		6	7	9	10	12	42
11		6	7	9	11	13	45
12		7	8	10	11	14	48
13		7	8	10	12	15	51
14		7	8	11	13	16	54
15		8	9	11	13	16	57
16	—	8	9	12	14	17	60
17	6	8	10	12	15	18	63
18	6	8	10	13	15	19	66
19	6	9	10	13	16	20	69
20	6	9	11	14	17	21	72
21	7	9	11	14	17	21	75
22	7	10	12	15	18	22	78
23	7	10	12	15	19	23	81
24	7	10	12	16	19	24	84
25	7	11	13	16	20	25	87

$n_1 = 4$

n_2	0.001	0.005	0.01	0.025	0.05	0.1	$2\overline{W}$
4			—	10	11	13	36
5		—	10	11	12	14	40
6		10	11	12	13	15	44
7		10	11	13	14	16	48
8		11	12	14	15	17	52
10	—	11	13	14	16	19	56
10	10	12	13	15	17	20	60
11	10	12	14	16	18	21	64
12	10	13	15	17	19	22	68
13	11	13	15	18	20	23	72
14	11	14	16	19	21	25	76
15	11	15	17	20	22	26	80
16	12	15	17	21	24	27	84
17	12	16	18	21	25	28	88
18	13	16	19	22	26	30	92
19	13	17	19	23	27	31	96
20	13	18	20	24	28	32	100
21	14	18	21	25	29	33	104
22	14	19	21	26	30	35	108
23	14	19	22	27	31	36	112
24	15	20	23	27	32	38	116
25	15	20	23	28	33	38	120

			$n_1 = 5$					
		有意水準（片側）					$2\overline{W}$	
n_2	0.001	0.005	0.01	0.025	0.05	0.1		
5		15	16	17	19	20	55	
6		16	17	18	20	22	60	
7	—	16	18	20	21	23	65	
8	15	17	19	21	23	25	70	
9	16	18	20	22	24	27	75	
10	16	19	21	23	26	28	80	
11	17	20	22	24	27	30	85	
12	17	21	23	26	28	32	90	
13	18	22	24	27	30	33	95	
14	18	22	25	28	31	35	100	
15	19	23	26	29	33	37	105	
16	20	24	27	30	34	38	110	
17	20	25	28	32	35	40	115	
18	21	26	29	33	37	42	120	
19	22	27	30	34	38	43	125	
20	22	28	31	35	40	45	130	
21	23	29	32	37	41	47	135	
22	23	29	33	38	43	48	140	
23	24	30	34	39	44	50	145	
24	25	31	35	40	45	51	150	
25	25	32	36	42	47	53	155	

			$n_1 = 6$					
		有意水準（片側）					$2\overline{W}$	
0.001	0.005	0.01	0.025	0.05	0.1			n_2
—	23	24	26	28	30	78		6
21	24	25	27	29	32	84		7
22	25	27	29	31	34	90		8
23	26	28	31	33	36	96		9
24	27	29	32	35	38	102		10
25	28	30	34	37	40	108		11
25	30	32	35	38	42	114		12
26	31	33	37	40	44	120		13
27	32	34	38	42	46	126		14
28	33	36	40	44	48	132		15
29	34	37	42	46	50	138		16
30	36	39	43	47	52	144		17
31	37	40	45	49	55	150		18
32	38	41	46	51	57	156		19
33	39	43	48	53	59	162		20
33	40	44	50	55	61	168		21
34	42	45	51	57	63	174		22
35	43	47	53	58	65	180		23
36	44	48	54	60	67	186		24
37	45	50	56	62	69	192		25

			$n_1 = 7$					
		有意水準（片側）					$2\overline{W}$	
n_2	0.001	0.005	0.01	0.025	0.05	0.1		
7	29	32	34	36	39	41	105	
8	30	34	35	38	41	44	112	
9	31	35	37	40	43	46	119	
10	33	37	39	42	45	49	126	
11	34	38	40	44	47	51	133	
12	35	40	42	46	49	54	140	
13	36	41	44	48	52	56	147	
14	37	43	45	50	54	59	154	
15	38	44	47	52	56	61	161	
16	39	46	49	54	58	64	168	
17	41	47	51	56	61	66	175	
18	42	49	52	58	63	69	182	
19	43	50	54	60	65	71	189	
20	44	52	56	62	67	74	196	
21	46	53	58	64	69	76	203	
22	47	55	59	66	72	79	210	
23	48	57	61	68	74	81	217	
24	49	58	63	70	76	84	224	
25	50	60	64	72	78	86	231	

			$n_1 = 8$					
		有意水準（片側）					$2\overline{W}$	
0.001	0.005	0.01	0.025	0.05	0.1			n_2
40	43	45	49	51	55	136		8
41	45	47	51	54	58	144		9
42	47	49	53	56	60	152		10
44	49	51	55	59	63	160		11
45	51	53	58	62	66	168		12
47	53	56	60	64	69	176		13
48	54	58	62	67	72	184		14
50	56	60	65	69	75	192		15
51	58	62	67	72	78	200		16
53	60	64	70	75	81	208		17
54	62	66	72	77	84	216		18
56	64	68	74	80	87	224		19
57	66	70	77	83	90	232		20
59	68	72	79	85	92	240		21
60	70	74	81	88	95	248		22
62	71	76	84	90	98	256		23
64	73	78	86	93	101	264		24
65	75	81	89	96	104	272		25

付　表

n_2	\multicolumn{6}{c|}{$n_1 = 9$}							
	\multicolumn{5}{c	}{有意水準（片側）}	$2\overline{W}$
	0.001	0.005	0.01	0.025	0.05	0.1	
9	52	56	59	62	66	70	171
10	53	58	61	65	69	73	180
11	55	61	63	68	72	76	189
12	57	63	66	71	75	80	198
13	59	65	68	73	78	83	207
14	60	67	71	76	81	86	216
15	62	69	73	79	84	90	225
16	64	72	76	82	87	93	234
17	66	74	78	84	90	97	243
18	68	76	81	87	93	100	252
19	70	78	83	90	96	103	261
20	71	81	85	93	99	107	270
21	73	83	88	95	102	110	279
22	75	85	90	98	105	113	288
23	77	88	93	101	108	117	297
24	79	90	95	104	111	120	306
25	81	92	98	107	114	123	315

n_2	\multicolumn{6}{c	}{$n_1 = 10$}
	0.001	0.005	0.01	0.025	0.05	0.1	$2\overline{W}$
10	65	71	74	78	82	87	210
11	67	73	77	81	86	91	220
12	69	76	79	84	89	94	230
13	72	79	82	88	92	98	240
14	74	81	85	91	96	102	250
15	76	84	88	94	99	106	260
16	78	86	91	97	103	109	270
17	80	89	93	100	106	113	280
18	82	92	96	103	110	117	290
19	84	94	99	107	113	121	300
20	87	97	102	110	117	125	310
21	89	99	105	113	120	128	320
22	91	102	108	116	123	132	330
23	93	105	110	119	127	136	340
24	95	107	113	122	130	140	350
25	98	110	116	126	134	144	360

n_2	\multicolumn{6}{c	}{$n_1 = 11$}
	0.001	0.005	0.01	0.025	0.05	0.1	$2\overline{W}$
11	81	87	91	96	100	106	253
12	83	90	94	99	104	110	264
13	86	93	97	103	108	114	275
14	88	96	100	106	112	118	286
15	90	99	103	110	116	123	297
16	93	102	107	113	120	127	308
17	95	105	110	117	123	131	319
18	98	108	113	121	127	135	330
19	100	111	116	124	131	139	341
20	103	114	119	128	135	144	352
21	106	117	123	131	139	148	363
22	108	120	126	135	143	152	374
23	111	123	129	139	147	156	385
24	113	126	132	142	151	161	396
25	116	129	136	146	155	165	407

n_2	\multicolumn{6}{c	}{$n_1 = 12$}
	0.001	0.005	0.01	0.025	0.05	0.1	$2\overline{W}$
12	98	105	109	115	120	127	300
13	101	109	113	119	125	131	312
14	103	112	116	123	129	136	324
15	106	115	120	127	133	141	336
16	109	119	124	131	138	145	348
17	112	122	127	135	142	150	360
18	115	125	131	139	146	155	372
19	118	129	134	143	150	159	384
20	120	132	138	147	155	164	396
21	123	136	142	151	159	169	408
22	126	139	145	155	163	173	420
23	129	142	149	159	168	178	432
24	132	146	153	163	172	183	444
25	135	149	156	167	176	187	456

n_2	\multicolumn{6}{c	}{$n_1 = 13$}
	0.001	0.005	0.01	0.025	0.05	0.1	$2\overline{W}$
13	117	125	130	136	142	149	351
14	120	129	134	141	147	154	364
15	123	133	138	145	152	159	377
16	126	136	142	150	156	165	390
17	129	140	146	154	161	170	403
18	133	144	150	158	166	175	416
19	136	148	154	163	171	180	429
20	139	151	158	167	175	185	442
21	142	155	162	171	180	190	455
22	145	159	166	176	185	195	468
23	149	163	170	180	189	200	481
24	152	166	174	185	194	205	494
25	155	170	178	189	199	211	507

n_2	\multicolumn{6}{c	}{$n_1 = 14$}
	0.001	0.005	0.01	0.025	0.05	0.1	$2\overline{W}$
14	137	147	152	160	166	174	406
15	141	151	156	164	171	179	420
16	144	155	161	169	176	185	434
17	148	159	165	174	182	190	448
18	151	163	170	179	187	196	462
19	155	168	174	183	192	202	476
20	159	172	178	188	197	207	490
21	162	176	183	193	202	213	504
22	166	180	187	198	207	218	518
23	169	184	192	203	212	224	532
24	173	188	196	207	218	229	546
25	177	192	200	212	223	235	560

付表

$n_1 = 15$

n_2	0.001	0.005	0.01	0.025	0.05	0.1	$2\overline{W}$
15	160	171	176	184	192	200	465
16	163	175	181	190	197	206	480
17	167	180	186	195	203	212	495
18	171	184	190	200	208	218	510
19	175	189	195	205	214	224	525
20	179	193	200	210	220	230	540
21	183	198	205	216	225	236	555
22	187	202	210	221	231	242	570
23	191	207	214	226	236	248	585
24	195	211	219	231	242	254	600
25	199	216	224	237	248	260	615

$n_1 = 16$

	0.001	0.005	0.01	0.025	0.05	0.1	$2\overline{W}$	n_2
	184	196	202	211	219	229	528	16
	188	201	207	217	225	235	544	17
	192	206	212	222	231	242	560	18
	196	210	218	228	237	248	576	19
	201	215	223	234	243	255	592	20
	205	220	228	239	249	261	608	21
	209	225	233	245	255	267	624	22
	214	230	238	251	261	274	640	23
	218	235	244	256	267	280	656	24
	222	240	249	262	273	287	672	25

$n_1 = 17$

n_2	0.001	0.005	0.01	0.025	0.05	0.1	$2\overline{W}$
17	210	223	230	240	249	259	595
18	214	228	235	246	255	266	612
19	219	234	241	252	262	273	629
20	223	239	246	258	268	280	646
21	228	244	252	264	274	287	663
22	233	249	258	270	281	294	680
23	238	255	263	276	287	300	697
24	242	260	269	282	294	307	714
25	247	265	275	288	300	314	731

$n_1 = 18$

	0.001	0.005	0.01	0.025	0.05	0.1	$2\overline{W}$	n_2
	237	252	259	270	280	291	666	18
	242	258	265	277	287	299	684	19
	247	263	271	283	294	306	702	20
	252	269	277	290	301	313	720	21
	257	275	283	296	307	321	738	22
	262	280	289	303	314	328	756	23
	267	286	295	309	321	335	774	24
	273	292	301	316	328	343	792	25

$n_1 = 19$

n_2	0.001	0.005	0.01	0.025	0.05	0.1	$2\overline{W}$
19	267	283	291	303	313	325	741
20	272	289	297	309	320	333	760
21	277	295	303	316	328	341	779
22	283	301	310	323	335	349	798
23	288	307	316	330	342	357	817
24	294	313	323	337	350	364	836
25	299	319	329	344	357	372	855

$n_1 = 20$

	0.001	0.005	0.01	0.025	0.05	0.1	$2\overline{W}$	n_2
	298	315	324	337	348	361	820	20
	304	322	331	344	356	370	840	21
	309	328	337	351	364	378	860	22
	315	335	344	359	371	386	880	23
	321	341	351	366	379	394	900	24
	327	348	358	373	387	403	920	25

$n_1 = 21$

n_2	0.001	0.005	0.01	0.025	0.05	0.1	$2\overline{W}$
21	331	349	359	373	385	399	903
22	337	356	366	381	393	408	924
23	343	363	373	388	401	417	945
24	349	370	381	396	410	425	966
25	356	377	388	404	418	434	987

$n_1 = 22$

	0.001	0.005	0.01	0.025	0.05	0.1	$2\overline{W}$	n_2
	365	386	396	411	424	439	990	22
	372	393	403	419	432	448	1012	23
	379	400	411	427	441	457	1034	24
	385	408	419	435	450	467	1056	25

$n_1 = 23$

n_2	0.001	0.005	0.01	0.025	0.05	0.1	$2\overline{W}$
23	402	424	434	451	465	481	1081
24	409	431	443	459	474	491	1104
25	416	439	451	468	483	500	1127

$n_1 = 24$

	0.001	0.005	0.01	0.025	0.05	0.1	$2\overline{W}$	n_2
	440	464	475	492	507	525	1176	24
	448	472	484	501	517	535	1200	25

$n_1 = 25$

n_2	0.001	0.005	0.01	0.025	0.05	0.1	$2\overline{W}$
25	480	505	517	536	552	570	1275

(出典) Howell, D. C. (2013) *Statistical Methods for Psychology*, 8th Edition. Wadsworth.

(注) $2\overline{W} = n_1(n_1 + n_2 + 1)$。グループサイズの小さい方の昇順で求めた順位和の統計量 W が平均 $\overline{W}$ を超えた場合には，$W' = 2\overline{W} - W$ を計算し，W' を付表中の臨界値と比較する。

付　表

付表6　ウィルコクソンの符号付き順位検定

N	\multicolumn{8}{c}{有意水準（片側）}
	\multicolumn{2}{c}{0.05}	\multicolumn{2}{c}{0.025}	\multicolumn{2}{c}{0.01}	\multicolumn{2}{c}{0.005}
	T	α	T	α	T	α	T	α
5	0	0.0313						
	1	0.0625						
6	2	0.0469	0	0.0156				
	3	0.0781	1	0.0313				
7	3	0.0391	2	0.0234	0	0.0078		
	4	0.0547	3	0.0391	1	0.0156		
8	5	0.0391	3	0.0195	1	0.0078	0	0.0039
	6	0.0547	4	0.0273	2	0.0117	1	0.0078
9	8	0.0488	5	0.0195	3	0.0098	1	0.0039
	9	0.0645	6	0.0273	4	0.0137	2	0.0059
10	10	0.0420	8	0.0244	5	0.0098	3	0.0049
	11	0.0527	9	0.0322	6	0.0137	4	0.0068
11	13	0.0415	10	0.0210	7	0.0093	5	0.0049
	14	0.0508	11	0.0269	8	0.0122	6	0.0068
12	17	0.0461	13	0.0212	9	0.0081	7	0.0046
	18	0.0549	14	0.0261	10	0.0105	8	0.0061
13	21	0.0471	17	0.0239	12	0.0085	9	0.0040
	22	0.0549	18	0.0287	13	0.0107	10	0.0052
14	25	0.0453	21	0.0247	15	0.0083	12	0.0043
	26	0.0520	22	0.0290	16	0.0101	13	0.0054
15	30	0.0473	25	0.0240	19	0.0090	15	0.0042
	31	0.0535	26	0.0277	20	0.0108	16	0.0051
16	35	0.0467	29	0.0222	23	0.0091	19	0.0046
	36	0.0523	30	0.0253	24	0.0107	20	0.0055
17	41	0.0492	34	0.0224	27	0.0087	23	0.0047
	42	0.0544	35	0.0253	28	0.0101	24	0.0055
18	47	0.0494	40	0.0241	32	0.0091	27	0.0045
	48	0.0542	41	0.0269	33	0.0104	28	0.0052
19	53	0.0478	46	0.0247	37	0.0090	32	0.0047
	54	0.0521	47	0.0273	38	0.0102	33	0.0054
20	60	0.0487	52	0.0242	43	0.0096	37	0.0047
	61	0.0527	53	0.0266	44	0.0107	38	0.0053
21	67	0.0479	58	0.0230	49	0.0097	42	0.0045
	68	0.0516	59	0.0251	50	0.0108	43	0.0051
22	75	0.0492	65	0.0231	55	0.0095	48	0.0046
	76	0.0527	66	0.0250	56	0.0104	49	0.0052
23	83	0.0490	73	0.0242	62	0.0098	54	0.0046
	84	0.0523	74	0.0261	63	0.0107	55	0.0051
24	91	0.0475	81	0.0245	69	0.0097	61	0.0048
	92	0.0505	82	0.0263	70	0.0106	62	0.0053
25	100	0.0479	89	0.0241	76	0.0094	68	0.0048
	101	0.0507	90	0.0258	77	0.0101	69	0.0053
26	110	0.0497	98	0.0247	84	0.0095	75	0.0047
	111	0.0524	99	0.0263	85	0.0102	76	0.0051
27	119	0.0477	107	0.0246	92	0.0093	83	0.0048
	120	0.0502	108	0.0260	93	0.0100	84	0.0052
28	130	0.0496	116	0.0239	101	0.0096	91	0.0048
	131	0.0521	117	0.0252	102	0.0102	92	0.0051
29	140	0.0482	126	0.0240	110	0.0095	100	0.0049
	141	0.0504	127	0.0253	111	0.0101	101	0.0053
30	151	0.0481	137	0.0249	120	0.0098	109	0.0050
	152	0.0502	138	0.0261	121	0.0104	110	0.0053

N	有意水準（片側）							
	0.05		0.025		0.01		0.005	
	T	α	T	α	T	α	T	α
31	163	0.0491	147	0.0239	130	0.0099	118	0.0049
	164	0.0512	148	0.0251	131	0.0105	119	0.0052
32	175	0.0492	159	0.0249	140	0.0097	128	0.0050
	176	0.0512	160	0.0260	141	0.0103	129	0.0053
33	187	0.0485	170	0.0242	151	0.0099	138	0.0049
	188	0.0503	171	0.0253	152	0.0104	139	0.0052
34	200	0.0488	182	0.0242	162	0.0098	148	0.0048
	201	0.0506	183	0.0252	163	0.0103	149	0.0051
35	213	0.0484	195	0.0247	173	0.0096	159	0.0048
	214	0.0501	196	0.0257	174	0.0100	160	0.0051
36	227	0.0489	208	0.0248	185	0.0096	171	0.0050
	228	0.0505	209	0.0258	186	0.0100	172	0.0052
37	241	0.0487	221	0.0245	198	0.0099	182	0.0048
	242	0.0503	222	0.0254	199	0.0103	183	0.0050
38	256	0.0493	235	0.0247	211	0.0099	194	0.0048
	257	0.0509	236	0.0256	212	0.0104	195	0.0050
39	271	0.0492	249	0.0246	224	0.0099	207	0.0049
	272	0.0507	250	0.0254	225	0.0103	208	0.0051
40	286	0.0486	264	0.0249	238	0.0100	220	0.0049
	287	0.0500	265	0.0257	239	0.0104	221	0.0051
41	302	0.0488	279	0.0248	252	0.0100	233	0.0048
	303	0.0501	280	0.0256	253	0.0103	234	0.0050
42	319	0.0496	294	0.0245	266	0.0098	247	0.0049
	320	0.0509	295	0.0252	267	0.0102	248	0.0051
43	336	0.0498	310	0.0245	281	0.0098	261	0.0048
	337	0.0511	311	0.0252	282	0.0102	262	0.0050
44	353	0.0495	327	0.0250	296	0.0097	276	0.0049
	354	0.0507	328	0.0257	297	0.0101	277	0.0051
45	371	0.0498	343	0.0244	312	0.0098	291	0.0049
	372	0.0510	344	0.0251	313	0.0101	292	0.0051
46	389	0.0497	361	0.0249	328	0.0098	307	0.0050
	390	0.0508	362	0.0256	329	0.0101	308	0.0052
47	407	0.0490	378	0.0245	345	0.0099	322	0.0048
	408	0.0501	379	0.0251	346	0.0102	323	0.0050
48	426	0.0490	396	0.0244	362	0.0099	339	0.0050
	427	0.0500	397	0.0251	363	0.0102	340	0.0051
49	446	0.0495	415	0.0247	379	0.0098	355	0.0049
	447	0.0505	416	0.0253	380	0.0100	356	0.0050
50	466	0.0495	434	0.0247	397	0.0098	373	0.0050
	467	0.0506	435	0.0253	398	0.0101	374	0.0051

（出典）　Howell. D. C.（2013）*Statistical Methods for Psychology*, 8th Edition. Wadsworth.

索　引

アルファベット

AIC　166, 293
CFI　166, 187
EAP 推定値　281
F 値　128
F 統計量　128
F 分布　129
k-means 法（k 平均法）　205
LOO-CV　294
MCMC（マルコフ連鎖モンテ
　カルロ）法　283
RMSEA　166, 187
SRMR　166, 187
t 検定　121
　対応のある――　114
t 統計量　112
t 分布　112, 282
U 字相関　51
WAIC　294
z 得点　39

あ行

α 係数　242
η^2　265
逸脱度　104
因子分析　156, 292
　因子　157, 177
　因子軸の回転　170
　因子的妥当性　239
　因子得点　164
　因子の命名　170
　因子負荷量　158, 162
　因子分析モデル　158
　確認的因子分析　157
　斜交回転　171
　探索的因子分析　158,
　　168

直交回転　171
　プロマックス回転　171
ウィルコクソンの順位和検
　定　209, 212
ウィルコクソンの符号付き
　順位検定　219
ウェルチの検定　122
円グラフ　28

か行

回帰分析　167, 286
　回帰係数　56
　回帰直線　55
　偏回帰係数　141
階級　30
外生変数　181
階層線形モデル　149
階層的クラスター分析　204
階層データ　149
χ^2 検定　92
　χ^2 値　47, 166
　χ^2 統計量　92
確率変数　63
片側検定　82, 115
合併効果　54
カテゴリ　28
間隔尺度　19, 21
観測度数　89
観測変数　161, 176
棄却域　81
擬似相関　53
記述統計　27, 43
基準変数　55
基準関連妥当性　239
期待値　65
期待度数　89
基本統計量　32

帰無仮説　78
帰無分布　79
逆 U 字相関　51
級内相関係数　152
共通性　164
共分散　48
共分散行列　159
共分散構造分析　161, 174
局所独立性　251
曲線相関　51
区間推定　72, 113, 120,
　267
クラスカル・ワリスの検定
　209, 216
クラスター分析　203
クロス集計表　43, 86
クロスレベル交互作用　154
群間自由度　128
群間平均平方　128
群間平方和　128
群内自由度　127
群内平均平方　127
群内平方和　127
群平均　126
決定係数　58, 130, 243,
　266
検出力　81, 216
検定統計量　78
検定力　81
効果量　262
　分散分析の――　264
　平均値差の――　262
交互作用効果　103, 136
交差妥当化　294
構成概念　156
構造方程式　181
項目－テスト得点間相関

235
項目特性曲線　247
項目特性図　236
項目反応モデル　246
項目反応理論　245, 290
コーエンの d　264
誤差　177
古典的テスト理論　243
固有値　168
混合研究法　17
困難度　234

さ行

再検査信頼性　240
最小二乗推定値（推定量）　75
最小二乗法　57
採択域　81
再標本法　229
最頻値　33
最尤推定値（推定量）　74
最尤法　74
差得点　110
残差　56
残差分析　94
残差平方和　58
散布図　45
散布度　35
サンプル　61
サンプルサイズ　62
事後確率　279
事前確率　279
質的研究　14
質的データ　14
質的変数　22, 27, 43, 86
シミュレーション　226
尺度水準　19
尺度得点　18, 29
重回帰分析　140, 190
重相関係数　145
収束的妥当性　238
従属変数　125
自由度　92, 112
自由度調整済み決定係数　130, 148

周辺度数　44
主観確率　275
受験者特性値　246
主効果　103
主成分分析　168
順位相関係数　52
順位和　212
順序尺度　19, 22
初期解　169
信用区間　285
信頼区間　76, 84, 113, 120, 267
　相関係数の――　270
　平均値差の――　268
　平均値の――　267
信頼係数　76
信頼限界　76
信頼性　240
水準　125
推定値（推定量）　72
数値要約　32
数量化理論　189
　数量化 I 類　190
　数量化III類　195
　数量化 II 類　192
　数量化IV類　199
スクリープロット　168
正確検定　218
正確有意確率　218
正規確率変数　69
正規分布　68
正答率　234
折半法　241
切片　56
説明変数　55
漸近有意確率　218
線形対比　285
潜在特性値　246
潜在変数　161, 177
全体自由度　128
選抜効果　54
全平均　126
相関　48
　――の希薄化　245
相関行列　159

相関係数　50, 266
双対尺度法　196
総度数　44
層別相関　54
双方向矢印　178
測定方程式　181

た行

第一四分位数　31
第 1 種の過誤　81
対応のある 2 群　110
　対応のない 2 群　118
対応分析　196
第三四分位数　31
第 3 の変数　53, 145
対数線形モデル　102
対数尤度（関数）　75
代替検査信頼性　241
第 2 種の過誤　81
代表値　32
タイプ I エラー　81
タイプII エラー　81
対立仮説　78
多次元尺度構成法　199
多重共線性　147
多重比較　131
妥当性　236
多変量解析　189
単回帰分析　55
単純構造　171
単純主効果　138
単純無作為抽出　62
単方向矢印　177
中央値　31, 32
中心極限定理　70, 216
調整済み標準化残差　95
ディストリビューションフリー検定　208
適合度指標　158, 165, 186
テキストマイニング　198
テスト情報量曲線　252
テスト特性曲線　254
テスト得点　289
　――の分析　233
データ　14

317

索引

データ発生モデル分布　280
テューキー法　134
点推定　72, 267
等化　254
統計的仮説検定　77
統計的有意性　80
等分散仮定　119
独自性　163
独立　66, 87
　　——な2群　118
独立性の検定　86
独立モデル　103
度数　28
度数分布表　27, 30

な行

内生変数　181
内的整合性　242
並び替え検定　225
二項分布　67
ノンパラメトリック検定法
　　207

は行

ハイパーパラメータ　291
箱ひげ図　31
パス係数　183
パス図　176
外れ値　35, 52
パラメータ　62, 70, 207
範囲　37
反復測定データ　116
判別スコア　194
判別分析　192
非階層的クラスター分析
　　205
被験者間要因　125
被験者内要因　125
比尺度　19
ヒストグラム　30
非標準化解　185
非標準化効果量　263
非復元抽出　226
標準化　38
標準化解　185

標準化効果量　264
標準化残差　94
標準誤差　71, 230
　　予測の——　58
標準正規分布　69
標準得点　38
標準偏回帰係数　142
標準偏差　37
標本　61
　　——の大きさ　62
標本共分散行列　184
標本誤差　76
標本統計量　62
　　——の実現値　63
標本比率　71
標本分散　65
標本分布　70
標本平均　65
標本割合　71
比率の差の検定
　　対応のある——　100
　　対応のない——　98
ファイ係数　47
フィッシャーの直接確率法
　　96
フォレストプロット　272
復元抽出　229
符号（サイン）検定　209, 219, 221
布置　200
ブートストラップ法　207, 229
不偏推定量　73
不偏性　73
不偏分散　113
不飽和モデル　103
分散
　　2群をプールした——
　　119
分散説明率　59
分散分析　124
　　分散分析表　129
平均値　32
平均偏差　36
平行検査信頼性　241

ベイズ信頼区間　285
ベイズ的階層モデル　289
ベイズ統計学　275
ベイズの定理　278
ベイズファクター　294
併存的妥当性　237
ヘッジの g　264
ベルヌーイ試行　66
ベルヌーイ分布　66
偏 η^2　265
偏差　35, 48
偏差値　39
変数　18
偏相関係数　54
弁別的妥当性　238
棒グラフ　28, 44
飽和モデル　103
母共分散行列　185
母集団　61
母集団分布　70
母数　62, 70, 207
ボンフェロニ法　131

ま行

マッチング　116
マン・ホイットニーの検定
　　209, 212
無限母集団　62
無作為標本　62
名義尺度　19, 22
メタ分析　271
　　相関係数の——　272
　　平均値差の——　271
メディアン　32
目的変数　55
モデル　176
モード　33
モンテカルロ・シミュレーション　226

や行

有意水準　81
有限母集団　62
尤度　74, 281
尤度関数　74

索　引

尤度比基準　104
要因　125
予測の誤差分散　58
予測変数　55

　　　ら行
ランク（順位）　212
ランダマイゼーション検定　225
離散型確率変数　64
リサンプリング法　229
リッカート法　25
両側検定　82, 115
量的研究　14
量的データ　15
量的変数　22, 30, 43
臨界値　81, 224
臨界領域　224
連関係数　46
　　クラメールの——　46
レンジ　37
連続型確率変数　64
ロジスティック回帰分析　288
ロジスティックモデル
　　1パラメータ・——　246
　　3パラメータ・——　249
　　2パラメータ・——　248

319

付　　録

付録
大学及び大学院における必要な科目

○大学における必要な科目
Ａ．心理学基礎科目
　①公認心理師の職責
　②心理学概論
　③臨床心理学概論
　④心理学研究法
　⑤心理学統計法
　⑥心理学実験
Ｂ．心理学発展科目
（基礎心理学）
　⑦知覚・認知心理学
　⑧学習・言語心理学
　⑨感情・人格心理学
　⑩神経・生理心理学
　⑪社会・集団・家族心理学
　⑫発達心理学
　⑬障害者（児）心理学
　⑭心理的アセスメント
　⑮心理学的支援法
（実践心理学）
　⑯健康・医療心理学
　⑰福祉心理学
　⑱教育・学校心理学
　⑲司法・犯罪心理学
　⑳産業・組織心理学
（心理学関連科目）
　㉑人体の構造と機能及び疾病
　㉒精神疾患とその治療
　㉓関係行政論
Ｃ．実習演習科目
　㉔心理演習
　㉕心理実習（80時間以上）

○大学院における必要な科目
Ａ．心理実践科目
　①保健医療分野に関する理論と支援の展開
　②福祉分野に関する理論と支援の展開
　③教育分野に関する理論と支援の展開
　④司法・犯罪分野に関する理論と支援の展開
　⑤産業・労働分野に関する理論と支援の展開
　⑥心理的アセスメントに関する理論と実践
　⑦心理支援に関する理論と実践
　⑧家族関係・集団・地域社会における心理支援

に関する理論と実践
　⑨心の健康教育に関する理論と実践
Ｂ．実習科目
　⑩心理実践実習（450時間以上）
　※「Ａ．心理学基礎科目」、「Ｂ．心理学発展科
　　目」、「基礎心理学」、「実践心理学」、「心理学
　　関連科目」の分類方法については、上記とは
　　異なる分類の仕方もありうる。

○大学における必要な科目に含まれる事項
Ａ．心理学基礎科目
①「公認心理師の職責」に含まれる事項
　1. 公認心理師の役割
　2. 公認心理師の法的義務及び倫理
　3. 心理に関する支援を要する者等の安全の確保
　4. 情報の適切な取扱い
　5. 保健医療，福祉，教育その他の分野における
　　公認心理師の具体的な業務
　6. 自己課題発見・解決能力
　7. 生涯学習への準備
　8. 多職種連携及び地域連携
②「心理学概論」に含まれる事項
　1. 心理学の成り立ち
　2. 人の心の基本的な仕組み及び働き
③「臨床心理学概論」に含まれる事項
　1. 臨床心理学の成り立ち
　2. 臨床心理学の代表的な理論
④「心理学研究法」に含まれる事項
　1. 心理学における実証的研究法（量的研究及び
　　質的研究）
　2. データを用いた実証的な思考方法
　3. 研究における倫理
⑤「心理学統計法」に含まれる事項
　1. 心理学で用いられる統計手法
　2. 統計に関する基礎的な知識
⑥「心理学実験」に含まれる事項
　1. 実験の計画立案
　2. 統計に関する基礎的な知識
Ｂ．心理学発展科目
（基礎心理学）
⑦「知覚・認知心理学」に含まれる事項
　1. 人の感覚・知覚等の機序及びその障害
　2. 人の認知・思考等の機序及びその障害
⑧「学習・言語心理学」に含まれる事項
　1. 人の行動が変化する過程
　2. 言語の習得における機序
⑨「感情・人格心理学」に含まれる事項
　1. 感情に関する理論及び感情喚起の機序

2. 感情が行動に及ぼす影響
3. 人格の概念及び形成過程
4. 人格の類型，特性等
⑩「神経・生理心理学」に含まれる事項
1. 脳神経系の構造及び機能
2. 記憶，感情等の生理学的反応の機序
3. 高次脳機能障害の概要
⑪「社会・集団・家族心理学」に含まれる事項
1. 対人関係並びに集団における人の意識及び行動についての心の過程
2. 人の態度及び行動
3. 家族，集団及び文化が個人に及ぼす影響
⑫「発達心理学」に含まれる事項
1. 認知機能の発達及び感情・社会性の発達
2. 自己と他者の関係の在り方と心理的発達
3. 誕生から死に至るまでの生涯における心身の発達
4. 発達障害等非定型発達についての基礎的な知識及び考え方
5. 高齢者の心理
⑬「障害者（児）心理学」に含まれる事項
1. 身体障害，知的障害及び精神障害の概要
2. 障害者（児）の心理社会的課題及び必要な支援
⑭「心理的アセスメント」に含まれる事項
1. 心理的アセスメントの目的及び倫理
2. 心理的アセスメントの観点及び展開
3. 心理的アセスメントの方法（観察，面接及び心理検査）
4. 適切な記録及び報告
⑮「心理学的支援法」に含まれる事項
1. 代表的な心理療法並びにカウンセリングの歴史，概念，意義，適応及び限界
2. 訪問による支援や地域支援の意義
3. 良好な人間関係を築くためのコミュニケーションの方法
4. プライバシーへの配慮
5. 心理に関する支援を要する者の関係者に対する支援
6. 心の健康教育
（実践心理学）
⑯「健康・医療心理学」に含まれる事項
1. ストレスと心身の疾病との関係
2. 医療現場における心理社会的課題及び必要な支援
3. 保健活動が行われている現場における心理社会的課題及び必要な支援
4. 災害時等に必要な心理に関する支援

⑰「福祉心理学」に含まれる事項
1. 福祉現場において生じる問題及びその背景
2. 福祉現場における心理社会的課題及び必要な支援
3. 虐待についての基本的知識
⑱「教育・学校心理学」に含まれる事項
1. 教育現場において生じる問題及びその背景
2. 教育現場における心理社会的課題及び必要な支援
⑲「司法・犯罪心理学」に含まれる事項
1. 犯罪・非行，犯罪被害及び家事事件についての基本的知識
2. 司法・犯罪分野における問題に対して必要な心理に関する支援
⑳「産業・組織心理学」に含まれる事項
1. 職場における問題（キャリア形成に関することを含む。）に対して必要な心理に関する支援
2. 組織における人の行動
（心理学関連科目）
㉑「人体の構造と機能及び疾病」に含まれる事項
1. 心身機能と身体構造及びさまざまな疾病や障害
2. がん，難病等の心理に関する支援が必要な主な疾病
㉒「精神疾患とその治療」に含まれる事項
1. 精神疾患総論（代表的な精神疾患についての成因，症状，診断法，治療法，経過，本人や家族への支援を含む。）
2. 向精神薬をはじめとする薬剤による心身の変化
3. 医療機関との連携
㉓「関係行政論」に含まれる事項
1. 保健医療分野に関係する法律，制度
2. 福祉分野に関係する法律，制度
3. 教育分野に関係する法律，制度
4. 司法・犯罪分野に関係する法律，制度
5. 産業・労働分野に関係する法律，制度
㉔「心理演習」に含まれる事項
（略）
㉕「心理実習」に含まれる事項
（略）

執筆者一覧

繁桝算男（しげますかずお：東京大学名誉教授）＝編者
山田剛史（やまだつよし：横浜市立大学国際教養学部）＝編者

脇田貴文（わきたたかふみ：関西大学社会学部）
村井潤一郎（むらいじゅんいちろう：文京学院大学人間学部）
岩間徳兼（いわまのりかず：北海道大学高等教育推進機構）
山本倫生（やまもとみちお：大阪大学大学院人間科学研究科）
安永和央（やすながかずひろ：岡山大学学術研究院教育学域）
中村健太郎（なかむらけんたろう：十文字学園女子大学社会情報デザイン学部）
橋本貴充（はしもとたかみつ：大学入試センター研究開発部）
宇佐美　慧（うさみさとし：東京大学大学院教育学研究科，東京大学高大接続研究開発センター
　　（兼任））
尾崎幸謙（おざきこうけん：筑波大学ビジネスサイエンス系）
室橋弘人（むろはしひろと：金沢学院大学文学部）
小杉考司（こすぎこうじ：専修大学人間科学部）
宮﨑康夫（みやざきやすお：バージニア工科大学教育学部）
登藤直弥（とうどうなおや：東京都立大学人文社会学部）
岡田謙介（おかだけんすけ：東京大学大学院教育学研究科）

監修　野島一彦（のじまかずひこ：九州大学名誉教授・跡見学園女子大学名誉教授）
　　　繁桝算男（しげますかずお：東京大学名誉教授）

編者略歴
繁桝　算男（しげます・かずお）
1946 年生まれ。
東京大学名誉教授。
1974 年，アイオワ大学大学院修了（Ph. D.）。

主な著書：『後悔しない意思決定』（岩波書店，2007），『意思決定の認知統計学』（朝倉書店，1995），『ベイズ統計入門』（東京大学出版会，1985）ほか

山田　剛史（やまだ・つよし）
1970 年生まれ。
横浜市立大学国際教養学部教授。
2001 年，東京大学大学院教育学研究科博士課程単位取得退学。

主な著書：『よくわかる心理統計』（共著，ミネルヴァ書房，2004 年），『R による心理データ解析』（共著，ナカニシヤ出版，2015 年），『SPSS による心理統計』（共著，東京図書，2017 年）ほか

公認心理師の基礎と実践⑤ ［第 5 巻］
心理学統計法

2019 年 3 月 31 日　第 1 刷
2024 年 4 月 1 日　第 2 刷

監修者　野島一彦・繁桝算男
編　者　繁桝算男・山田剛史
発行人　山内俊介
発行所　遠見書房
製作協力　ちとせプレス（http://chitosepress.com）

〒 181-0001 東京都三鷹市井の頭 2-28-16
株式会社　遠見書房
TEL 0422-26-6711　FAX 050-3488-3894
tomi@tomishobo.com　https://tomishobo.com
遠見書房の書店　https://tomishobo.stores.jp

印刷　太平印刷社・製本　井上製本所
ISBN978-4-86616-055-9　C3011
©Nojima, K., Shigemasu, K., & Tomishobo, Inc.　2019
Printed in Japan

※心と社会の学術出版　遠見書房の本※

全巻刊行！完結！

公認心理師の基礎と実践 全23巻

監修　(九州大学名誉教授) 野島一彦・(東京大学名誉教授) 繁桝算男

最良の実践家・研究者による公認心理師カリキュラムに沿った全23巻のテキスト・シリーズ！各2200円～3080円

❶公認心理師の職責 ◇ 野島一彦（跡見学園女子大）／❷心理学概論 ◇ 繁桝算男（慶応義塾大）／❸臨床心理学概論 ◇ 野島一彦ほか／❹心理学研究法 ◇ 村井潤一郎（文京学院大）ほか／❺心理学統計法 ◇ 繁桝算男ほか／❻心理学実験 ◇ 山口真美（中央大）ほか／❼知覚・認知心理学 ◇ 箱田裕司（京都女子大）／❽学習・言語心理学 ◇ 楠見孝（京都大）／❾感情・人格心理学 ◇ 杉浦義典（広島大）／❿神経・生理心理学 ◇ 梅田聡（慶應義塾大）／⓫社会・集団・家族心理学 ◇ 竹村和久（早稲田大）／⓬発達心理学 ◇ 本郷一夫（東北大）／⓭障害者・障害児心理学 ◇ 柘植雅義（筑波大）ほか／⓮心理的アセスメント ◇ 津川律子（日本大）ほか／⓯心理学的支援法 ◇ 大山泰宏（放送大）／⓰健康・医療心理学 ◇ 丹野義彦（東京大）／⓱福祉心理学 ◇ 中島健一（愛知学院大）／⓲教育・学校心理学 ◇ 石隈利紀（東京成徳大）／⓳司法・犯罪心理学 ◇ 岡本吉生（日本女子大）／⓴産業・組織心理学 ◇ 新田泰生（神奈川大）／㉑人体の構造と機能及び疾病 ◇ 斎藤清二（立命館大）／㉒精神疾患とその治療 ◇ 加藤隆弘（九州大）ほか／㉓関係行政論 ◇ 元永拓郎（帝京大）［名前は筆頭編者，所属は刊行時］

混合研究法の手引き
トレジャーハントで学ぶ
研究デザインから論文の書き方まで
　　　　マイク・フェターズ／抱井尚子編
優れた研究論文を 10 のポイントを押さえて読み解くことで，混合研究法を行うためのノウハウがよく分かる。宝探し感覚で学べる入門書。2,860 円，B5 並

乳幼児虐待予防のための多機関連携のプロセス研究——産科医療機関における「気になる親子」への気づきから
　　　　（山口県立大学）唐田順子著
【質的研究法 M-GTA 叢書 2】看護職者の気づきをいかに多機関連携につなげるかを M-GTA（修正版グランデッドセオリーアプローチ）で読み解く。2,420 円，A5 並

思いこみ・勘ちがい・錯誤の心理学
なぜ犠牲者のほうが非難され，完璧な計画ほどうまくいかないのか
　　　　（認知心理学者）杉本崇著
マンガをマクラに，「公正世界信念」「後知恵バイアス」「賭博者の錯誤」「反実思考」「計画の錯誤」といった誤謬の心理学が学べる入門書。1,980 円，四六並

公認心理師基礎用語集　改訂第3版
よくわかる国試対策キーワード
　　　　松本真理子・永田雅子編
試験範囲であるブループリントに準拠したキーワードを 138 に厳選。多くの研究者・実践家が執筆。名古屋大教授の2人が編んだ必携，必読の国試対策用語集です。2,420 円，四六並

価格は税込みです